A VIDA?

… É LOGO ALI

Blucher

A VIDA?
... É LOGO ALI

David Léo Levisky

A vida? ... É logo ali
© 2018 David Léo Levisky
Editora Edgard Blücher Ltda.

1ª reimpressão - 2018

Imagem da capa: iStockphoto

Blucher

Rua Pedroso Alvarenga, 1245, 4º andar
04531-934 – São Paulo – SP – Brasil
Tel.: 55 11 3078-5366
contato@blucher.com.br
www.blucher.com.br

Segundo o Novo Acordo Ortográfico, conforme 5. ed. do *Vocabulário Ortográfico da Língua Portuguesa*, Academia Brasileira de Letras, março de 2009.

É proibida a reprodução total ou parcial por quaisquer meios sem autorização escrita da editora.

Todos os direitos reservados pela Editora Edgard Blücher Ltda.

Dados Internacionais de Catalogação na Publicação (CIP)
Angélica Ilacqua CRB-8/7057

Levisky, David Léo
A vida?... É logo ali / David Léo Levisky. – São Paulo : Blucher, 2018.
274 p.

ISBN 978-85-212-1365-9 (e-book)
ISBN 978-85-212-1364-2 (impresso)

1. Ficção brasileira I. Título.

18-1570   CDD B869

Índice para catálogo sistemático:
1. Ficção brasileira

Agradecimentos

Um livro, ainda que escrito por uma só pessoa, é fruto de muitos relacionamentos, pesquisas, aprendizados, consultas, palpites, vivências capazes de gerar mais ideias que aquelas que cabem no texto. A todos deixo minha gratidão.

Porém, há um agradecimento especial a pacientes, pais, filhos, irmãos, familiares e amigos cujas vidas enriqueceram minha compreensão sobre as pessoas e sobre mim mesmo.

Ao Centro de Habilitação da Associação de Pais e Amigos dos Excepcionais (Apae) de São Paulo, agradeço pelo muito que fez pela minha formação profissional e como cidadão. Encabeçada, à época, pelo diretor clínico Stanislau Krynski, essa associação me incentivou a prosseguir em meus estudos no início das atividades profissionais, graças às bolsas oferecidas pelo governo da França e pela Fundação de Amparo à Pesquisa do Estado de São Paulo (FAPESP) junto ao Hôpital Universitaire Pitié-Salpêtrière e ao Centre Alfred Binet, em Paris. Ao retornar, colaborei por alguns anos com a Apae antes de ingressar na formação psicanalítica, instrumento riquíssimo à prática clínica.

Agradeço aos amigos Levi Rubinstein, Luba Marx e Tônia Frochtengarten, que se dedicaram à leitura dos rascunhos, sugerindo, criticando e apoiando este trabalho. Ao Sérgio Telles e ao Ricardo Azevedo, amigos sempre presentes, que ofereceram sua experiência. À Mina Regen, amiga de longas jornadas no trabalho por uma infância mais saudável.

Agradeço ao Hilário Franco Júnior, amigo, incentivador e mestre, pelas caminhadas reflexivas realizadas nas ruelas das ruínas de Clichy e de Lisboa.

Agradeço à Audrey Farabós, agente de documentação e de coleções do Musée Basque et de l'histoire de Bayonne, na França, que me acolheu com muita atenção e profissionalismo ao colocar farto material documental à disposição.

Meu reconhecimento, amizade e gratidão aos meus revisores, Áurea Rampazzo e Roberto Furquim Marinho, pela orientação na maneira de tornar o texto mais palatável.

À Ruth, minha companheira de todas as horas, meu carinho pela tolerância, estímulo e confiança diante dos momentos criativos e imprevisíveis de nossos caminhos.

Aos meus filhos, Adriana, Flávia e Ricardo, às netas, Nina, Lis e Cecília, e aos genros, a alegria e o privilégio de compartilhar com vocês a viagem que tem sido a nossa trajetória.

David

Personagens

Lina: filha de Gabriela, nasce em 1989; formatura em 2010.

Hernandez: amigo de Lina.

Gabriela: mãe de Lina.

João: pai de Lina.

Lucas: irmão de Lina; nasce em 1992.

Fábio: irmão caçula de Lina; nasce em 1995.

Sérgio: amigo de Gabriela.

Renata: tia postiça de Lina.

Márcio: pai de um adolescente.

Nelson: adolescente.

Suzana: amiga de Márcio.

Paulo: marido de Suzana.

Clarice: filha de Suzana.

Hector: filho de Suzana.

José: funcionário da empresa.

Pedro: amigo da família.

Marta: filha de Pedro.

1. Lina

Com um copo na mão, atravessei o salão para alcançar outra mesa de amigos, onde uma dúzia de garrafas vazias, irmanadas obsessivamente, denunciava o estado de ânimo da turma. Uma estranha sensação de liberdade me animava, em plena quarta-feira, com o salão repleto de gente. Vozerio e risadas enchiam o ar. Conversar era quase impossível. Estava um calor de rachar, nada de chuva. A cerveja geladíssima descia redondo e gostoso. Um pouco zonza, me enfiei entre as pessoas que conversavam em pé. Uns se afastaram, outros sorriram, até que trombei com um rapaz que prontamente se desculpou, apesar de eu ter achado que a culpa fosse minha.

– *Perdóname.*

Sorrimos enquanto nossos olhares se cruzaram. Percebi que a fala era estrangeira, mas segui em frente. Mais tarde, enquanto conversava com outros colegas ouvi novamente aquele som diferente:

– *¡Hola! ¿Cómo estás? ¿Podemos hablar un pouquinho? Soy Hernandez.*

– *Claro que si* – respondi, enquanto jogava meus cabelos para trás, fazia um coque e, ao mesmo tempo, apresentava-o para o grupo:

– Este é Carlos, aquele é o João, e *Yo soy Lina*, brinquei.

– *Hablas bien el español. Eres muy guapa, muito linda!*

– *Hablo portunhol.*

Entre sorrisos, agradeci o elogio e ele me perguntou se poderia sentar-se com o grupo. Apontei uma cadeira e o papo prosseguiu. Cerveja, bolinho de queijo e mandioca frita compunham o cardápio. Ele conversou com todos até que nos vimos sozinhos, um pouco à margem do grupo. Falamos de curiosidades e das situações políticas dos nossos países, da liberação da maconha, dos estudos e bandas da atualidade:

– Estudo marketing e curso a faculdade de música.

– Duas faculdades! Uma já é tão difícil – disse-lhe.

Explicou-me que seu sonho era ser regente de orquestra, mas sabia que a vida de artista era instável e penosa:

– Fui aconselhado a ter uma outra formação para me garantir, apesar de gostar mesmo é da música. Meu instrumento é o piano e me dedico, como *hobby*, ao canto lírico.

– Quantas coisas diferentes! Minha perspectiva é outra. Pretendo iniciar um trabalho fixo no próximo ano. Estamos às vésperas das férias e com exames pela frente. Quero ganhar algum dinheiro para me manter, depender menos dos meus pais e aliviar a barra da minha mãe, sobrecarregada com meus dois irmãos com deficiência.

– O que você quer dizer com irmãos com deficiência?

– Meus irmãos têm deficiência intelectual. Nasceram com muitos problemas de saúde. Eles não têm o mesmo desenvolvimento das outras crianças de sua idade. Principalmente o menor, que tem muitas limitações para se locomover, se comunicar, entender as ideias e controlar suas necessidades. Mas agora eles estão melhores.

– Deve ter sido bem complicado para você e seus pais.

– Minha família viveu períodos conturbados, com muitos sofrimentos, idas frequentes a médicos, discussões quanto ao que fazer com os meninos.

– Seus pais devem ter se ajudado muito para superar as dificuldades.

– Não foi bem assim. Eles tentaram, mas as diferenças de entendimento, as frustrações geraram agressões que esgarçaram o relacionamento, e a ruptura tornou-se inevitável. Meu pai não aguentou a barra. Minha mãe conduziu a família praticamente sozinha. Comeu o pão que o diabo amassou e ainda continua a fazê-lo em meio a sucessivas trombadas. É uma guerreira vencedora. Tenho muito orgulho dela.

Hernandez ouvia-me interessado. Após um grande silêncio, ele exclamou:

– Deve ser bem difícil para você!

– É verdade. Não tem sido nada fácil. Meus pais depositaram muitas expectativas sobre mim e eu sou superexigente comigo mesma. Quero ser boa aluna, projetar-me na vida profissional. Gosto de ajudar em casa e de cuidar dos meus irmãos. Tenho também dois gatos lindos e enormes, um tímido, Schubert, e outro elétrico, Schumann.

– Puxa! Nunca ouvi falar de gatos com esses nomes. Que engraçado! São dois músicos importantes. Você os conhece? Schubert era austríaco e viveu no século XVIII e início do XIX. Foi influenciado por Mozart. Já Robert Schumann era alemão e viveu no século XIX. Era tido como meio louco. Aliás, dizem que os artistas são todos um pouco loucos.

– Você está se preparando para ser artista, não é? Veremos no que vai dar.

Hernandez aparentava surpresa com minha história. Talvez estivesse assustado, mas eu não estava preocupada com isso; liberada pela cerveja, minha necessidade era falar:

– Acho que não tive tempo para ser criança. Precisei crescer rápido em meio às dificuldades do dia a dia. Agora quero curtir o que tenho direito. Vivi na pele o sofrimento dos meus irmãos, que várias vezes se aproximaram da morte. O ambiente familiar era de apreensão constante. Falava-se baixo, dormia-se cedo. Na casa imperava o silêncio. Evitavam-se ruídos e movimentos bruscos que pudessem excitar meus irmãos, pois desencadeavam reações de choro incontroláveis. Os horários eram seguidos à risca para tomar os remédios para dores, febres, infecções, convulsões e problemas cardíacos. Hora para banho, fisioterapia e outras terapias. Hora para comer, dormir, fazer a higiene. Fui invadida por pensamentos terríveis ao me sentir dividida entre o carinho que sinto por eles e a raiva de ter de suportar tais situações.

– Você tem sofrido muito! – exclamou Hernandez, que me olhava com ternura e talvez pena.

Sorri para ele:

– Desculpe-me por falar tanto. Acho que estava precisando desabafar para alguém que pudesse me ouvir sem críticas nem julgamentos.

– Não se preocupe. Pode falar. Estou interessado em ouvi-la.

– Inúmeras vezes fiquei sozinha em casa, morrendo de medo, quando acordava de madrugada sobressaltada ao perceber que meus pais precisavam ir às pressas para o pronto-socorro. Eu ficava chorando baixinho sem entender o que estava se passando. Houve vezes em que fui acordada para irmos todos, pois não tinham com quem me deixar. Eram dores de ouvido, diarreias, febres, falta de ar, convulsões, choros e mais choros desesperados que invadiam as noites. Não sei por que estou contando tudo isso a você.

– É mais fácil compartilhar com um desconhecido do que com alguém com quem tenha laços afetivos. Prossiga. Quero ouvi-la.

– Meu irmão mais velho se chama Lucas, e o menor, Fabinho. A fragilidade deles e a necessidade de cuidados constantes fazia com que a casa vivesse em estado de alerta. Ambos se desenvolviam muito devagar, mas com Fabinho era mais difícil, pois durante muito tempo permaneceu praticamente inerte, mole e com poucas reações em seu berço, sendo preciso adivinhar o que queria.

– E com Lucas, foi diferente?

– Sim. Ele reagia. Apesar de ter demorado para sentar e andar, seu rosto tinha expressão. Com o tempo passou a indicar e mais tarde a falar com dificuldade, mas se comunicava. Eu queria brincar com eles, mas só eu falava e inventava as situações. Eu me colocava como boa escoteira, sempre alerta e pronta para ajudar. Lembro-me de dizer nas brincadeiras "você vai ficar bom", "tenha paciência", "logo vai passar", frases que ouvia de minha mãe. Manter a rotina da casa era fundamental. A falta de alguma das duas cuidadoras gerava enormes transtornos no cotidiano de cada um. De início, meus pais tentaram dar conta da situação por eles mesmos. Não havia dinheiro suficiente para contratar cuidadoras. Poucas eram as moças que tinham paciência para cuidar deles e disponibilidade para dar o carinho de que necessitavam.

– Foi nessa época que seus pais passaram a se desentender?

– Que eu me lembre, foi nessa época, mas acho que os desentendimentos deles eram mais antigos. Meu pai participava pouco dos cuidados; ele mais bancava as despesas da casa. Amigos de minha mãe vinham às vezes dar uma força. Uns faziam compras, outros levavam as roupas para lavar ou vinham ficar conosco quando minha mãe precisava sair. Ela não gostava de depender dos outros nem de importunar ninguém. Costumava dizer que roupa suja se lava em casa e que tínhamos muito para lavar.

– Vocês não têm parentes que possam ajudar?

– Tem os meus tios, que estão ocupados com os seus problemas. Meus avós são idosos e moram em outra cidade. Raramente vêm para cá. Quando isso acontece, suportam mal a situação. Meu avô alega que precisa ficar cuidando da sua loja e vovó se desdobra para colaborar, mas sofre muito ao ver minha mãe e os meninos. Minha mãe trabalha o dia todo. Ela é publicitária em um escritório de arquitetura. Grande parte do sustento vem do seu trabalho. As despesas da família são grandes devido aos muitos tratamentos que meus irmãos fazem.

– Conte-me de você no meio desse turbilhão de problemas.

– De pequena, eu tinha o hábito de enrolar o cabelo no dedo até ficar com falhas na cabeça. Também roía as unhas, deixando-as em carne viva. Com frequência meus pais me mandavam parar com essas manias. Havia noites em que eu não conseguia dormir, invadida por pesadelos assustadores. Tentava me controlar, mas isso só piorava a situação. Eu sentia muitos medos e um deles era de acordar. Sentia pavor diante de uma bexiga prestes a estourar... estas com que as crianças gostam de brincar... Acho que vou parar de falar por aqui. Você deve estar me achando uma louca. Mal nos conhecemos e já estou contando tudo isso.

– Não se preocupe. É uma história de vida impressionante. Prossiga. Não me incomoda, pelo contrário.

– Calhou de você estar aí, todo compenetrado, me escutando no meio de toda essa barulheira. Nem havia me dado conta de que eu tinha tanta coisa para pôr para fora. Estou usando você como uma caixa onde posso depositar minhas bagunças. Preciso dizer que por essas e outras razões fui parar numa terapia.

– Que bom que você tem com quem conversar. Eu também faço terapia. Sei como são essas coisas.

Delicadamente, Hernandez segurou minha mão, mas eu a retirei abruptamente. Desconcertada, continuei a falar:

– Quando voltar das férias devo começar a trabalhar. Será sacrificado, mas é a esperança de me livrar das cobranças de minha mãe que repete frases da minha avó, como "Você pensa que dinheiro cai do céu!". Pensamento que me estimula a criar condições de maior independência. Minha avó também diz "Trabalhe direito que o dinheiro vem".

– Você não está sozinha diante destes pensamentos. Ouço coisas parecidas, como "Se quiser ser alguém na vida precisará estudar, se dedicar, ser responsável". Acho que os pais se preocupam com o futuro dos filhos e, talvez, com o futuro deles mesmos.

– Minha mãe se queixa de que trabalha muito e que também tem o direito de se divertir, de recarregar as baterias. Ela é muito sozinha. Fico aflita, sem saber o que fazer. Quando olho para trás me surpreendo ao pensar nas situações que ela viveu. Tento entendê-la, mas ela fala como se eu já devesse saber sobre a vida. Estou imersa nos meus questionamentos e ela vem com pressões, martelando minha cabeça como se eu já devesse ter a responsabilidade de uma adulta.

– Acho que todos os pais são assim. Esperam dos filhos o que eles não são. Gostariam que fôssemos como eles nos imaginam. Eles também não são o que esperamos deles. Essas diferenças devem ser normais. Vejo isso também entre os meus amigos.

– Quando minha mãe sai para fazer compras é um alívio para mim. Penso que para ela também, como se ela precisasse de um tempo livre para si. É como cabular uma aula, se livrar de alguma responsabilidade. Eu gosto muito dela, da casa, dos meus irmãos, mas sinto raiva de ter de viver o que vivo, cheia de culpas por sonhar com um mundo diferente da realidade que vivo. Não pedi para vir ao mundo, mas tenho de engolir, seja como for.

– E seu pai, como ele é?

– É um cara legal. Ele pega mais leve do que minha mãe. É menos crítico. Mas está todo enrolado. É muito irresponsável nos seus compromissos como pai, no relacionamento com minha mãe e até no trabalho. Parece que se esqueceu de crescer.

Devo ter permanecido um bom tempo em silêncio, bebericando a cerveja, perdida em devaneios, quando percebi que Hernandez me olhava com ternura, até me perguntar:

– Você está bem? Parecia estar tão longe perdida em pensamentos.

– Não. Eu estou bem. Me distraí um pouco.

– Sua história é tão intensa! Muitas sinfonias foram inspiradas em situações dramáticas, mas nada que se compare com o que acabou de me contar. Assisti, recentemente, a uma ópera chamada *O anão*, de Alexander von Zemlinsky, inspirada em texto de Oscar Wilde. Ela mostra os prazeres perversos de uma adolescente que brinca com os sentimentos de um anão. Ao dar-lhe uma rosa, gera nele a ilusão de amá-lo para, finalmente, colocá-lo diante de um espelho no intuito de desvendar-lhe sua feiura. Abandona-o para ir dançar, indiferente à dor da humilhação imposta; ele sucumbe ao sofrimento. A natureza da vida contém a criação, mas junto vem a perversão. Conjuntos indissociáveis, como guerra e paz.

– Às vezes sonho acordar em um outro mundo. Em um lugar com praia, sol, vento, onde eu possa correr até cair extenuada na areia fofa. Ser uma garota sadia, sem deficiências, até me dá medo na medida em que sou diferente dos meus irmãos. Penso nos porquês desta situação e o que isso pode representar quanto ao meu futuro. São ideias que vão e voltam, que borbulham em minha cabeça. Sinto-me uma garota diferente das meninas de minha idade que saem para baladas, como a de hoje. Elas viajam, frequentam a casa de amigos. No meu caso, vivo em estado contínuo de prontidão, alerta para qualquer emergência por mais que tudo esteja calmo. Devo estar me sentindo como esse anão da ópera, rejeitada por ser diferente. Lamento ter desabafado desse jeito.

– Está tudo bem. É bom poder se livrar de um peso. Estamos nos conhecendo e, certamente, há outros aspectos que fazem parte de nossas vidas...

– É verdade. A vida é feita também de outros momentos.

Sorrimos e eu prossegui:

– Já falei demais, agora quero ouvi-lo. Conte-me: o que faz? De onde você é? Está de férias no Brasil?

– Vamos dizer que estou de férias, mas também a trabalho. Vim conhecer a Orquestra Sinfônica do Estado de São Paulo e a orquestra do Theatro Municipal de São Paulo. Você conhece essas orquestras?

– Já fui assistir a cada uma delas. Sempre ouvi falar que são muito boas. Como é ser músico? É sempre tudo tão grandioso, empolgante.

– Eu estudo música. Toco piano mas meu objetivo é ser regente de orquestra.

– Puxa! Que coisa importante.

– É. Eu gosto muito de música clássica, de canto lírico. Morei um tempo nos Estados Unidos e lá tive oportunidade de me dedicar ao canto operístico. Sou uruguaio. Tenho um professor de repertório em Buenos Aires, mestre do Teatro Colón, e outro em Montevidéu, com quem repasso as aulas. Meus pais não são artistas, mas adoram música. Meu pai canta tangos... de brincadeira. Acho que puxei esse jeito dele. Pavarotti, Plácido Domingo, Carreras, Callas, Kiri Te Kanawa são nomes de cantores tradicionais que aprendi a apreciar. Vozes magníficas. Já ouviu falar deles?

– Não. Meu universo é outro. Curso a faculdade de História. Devo me formar no próximo ano. Mas você pretende ser cantor, regente ou músico?

– É muita coisa mesmo. Elas estão interligadas; mas as formações são bem diferentes. Não me vejo cantor. Gosto mais de entender a composição musical, de liderar uma orquestra, de ver aquelas pessoas reunidas, buscando harmonia e perfeição. É algo que me parece divino. Por sinal, música e história se complementam. A arte tem muito a ver com o contexto cultural e momento histórico de onde ela vem.

– Sim. Mas em que aspectos você está pensando? Dá para aprofundar essa ideia?

– A música expressa um momento da cultura, da história de uma sociedade em sua maneira de perceber e manifestar sentimentos e emoções, da biografia de cada compositor ao colocar no tema musical movimentos de sua alma, conflitos, sonhos e dores. E também a maneira como o ouvinte a recebe.

– Gosto de ouvir música, mas nunca me detive nessas questões. Acho a História fascinante ao revelar lutas pelo poder, mentalidades, características dos povos, com suas lendas, mitos, utopias, pensamentos e transformações das ideias. Li, recentemente, um autor argentino que muito me sensibilizou, Marcos Aguinis. Ele escreveu *A saga do marrano*. Você já leu?

– Não. Não o conheço.

– Ele conta a história de um jovem que nasceu em Tucumán no século XVI, estudante de Medicina em Córdoba. Depois foi para

Lima e de lá para o Chile, onde praticava sua profissão. Esse médico, casado com uma linda mulher da aristocracia hispânica, foi perseguido por ser descendente de marranos, coisa que ele desconhecia. Você sabe o que são marranos?

– Não. Nunca ouvi essa palavra.

– São judeus que se converteram ao cristianismo forçados pela Inquisição espanhola em 1492; mais tarde essa lei também foi aplicada em Portugal. Curiosamente, ao aprofundar uma pesquisa sobre os conquistadores espanhóis na América, descobri que o chocolate, ou melhor, o cacau, foi levado do México para a Europa em 1528. Um dos militares da esquadra de Colombo, Hernán Cortés, foi o protagonista dessa história. Ele teria recebido de Montezuma II, imperador dos astecas, sementes dessa fruta com as quais produziam uma bebida amarga e revigorante utilizada nos rituais religiosos.

– Nossa conversa está muito sofisticada! Estou achando interessante.

– Eu sou fanática por chocolate. Adoro. Serve para mim de calmante e energético. Me dá espinhas no rosto. Preciso me cuidar para não engordar. Minha mãe me dá umas broncas quando exagero. Começo a comer e acho difícil ter de parar. O amargo, aquele escuro e sem leite, é o meu preferido. Basta comer um pedacinho que me sinto outra. Ajuda-me a encarar o dia, alivia as tensões e dá energia para seguir em frente.

– Eu gosto de tomar mate. É um hábito do meu país. Carrego comigo uma garrafa térmica com água quente e uma cuia para o mate. Ele tem o mesmo efeito que o chocolate tem para você.

A conversa rolava solta. Muitos do grupo já tinham ido embora. Hernandez e eu estávamos numa das extremidades da mesa quando alguém observou que uma tênue luminosidade anunciava o amanhecer.

Os compromissos do dia seguinte entraram como um tsunami em minha cabeça. Pensei na bronca que levaria de minha mãe por chegar tão tarde em um período de provas. Eu havia mandado meus compromissos para o espaço. Imaginar me deitar para acordar dali a pouco me fez sentir o peso do dia.

Hernadez, mais três amigos e eu caminhamos a passos lentos até a frente do bar na Vila Madalena. Dois funcionários empilhavam as cadeiras sobre as mesas para lavar a calçada, preparando a casa para um novo dia.

Senti um arrepio gelado, o rosto esfogueado e o coração batendo acelerado quando Hernandez se aproximou de mim para se despedir. Ele me beijou no rosto. Só então me dei conta de que ele havia mexido com meus desejos e sentimentos.

– Você vai dirigir sozinha a esta hora? Posso acompanhá-la e depois irei para casa. Terei o dia livre, sem compromissos. Dormirei até mais tarde.

Sorri sem graça, tentada pelos desejos, mas a voz da consciência me dizia para me despedir ali mesmo. Não era hora de bagunçar minha cabeça. Imaginei minha mãe espiando pela janela ao me ver chegar em casa, de madrugada, apagando a luz do quarto para ir dormir tranquila. Apressei-me a sair dali.

Hernandez era um tipo alto, braços fortes, pele morena e bronzeada, olhos penetrantes, cabelos negros e lisos. Talvez descendente de indígenas. Contou-me que vinha com frequência ao Brasil para surfar nas praias de Florianópolis. Sua presença me excitou, mas eu não estava disposta a um compromisso "fogo de palha", resultante de um tesão imediato, que acabaria rápido, com uma boa transa, para depois me afundar no vazio. Não queria ficar com lembranças de um relacionamento descontinuado ou acordar com um cara deitado ao meu lado de quem eu mal sabia o nome e que nada tinha a ver comigo. Já havia passado pela fase de experimentar só pra ver no que iria dar. Contabilizar com quantos caras eu já havia ficado em uma balada também não fazia mais sentido. Queria me sentir mulher pela minha personalidade, pelo meu caráter, disposta a encontrar outras formas de descarregar as tensões sem bagunçar ainda mais a minha cabeça.

Terminar os exames para ficar lagarteando estendida ao sol, ouvindo o barulhinho das ondas do mar, sentindo o vento balançar minha alma, era o meu desejo. Vida sentimental e sexo geravam compromissos e eu não queria, agora, isso para mim. Dar uns "tapinhas" num baseado e flutuar num céu apertadinho de estrelas eram os meus objetivos imediatos. Os prazeres da carne com cortes abruptos no relacionamento estavam me fazendo mal.

Enquanto devaneava, Hernandez insistiu:

– Eu gostaria de encontrá-la só um pouquinho, você aceita?

– No momento preciso me manter concentrada no que terei de enfrentar nos próximos dias. Vamos deixar para uma próxima oportunidade, tá?

– Está bem. Mas podemos trocar mensagens? Eu gostei de você. Quero conhecê-la melhor. Pode ser?

– Vamos ver.

– Está difícil, hein!

Eu possuía a habilidade de não deixar nada claro, pois assim eu tinha a ilusão de ser dona do tempo, de poder decidir do jeito que eu quisesse. Dizer simplesmente não era uma empreitada difícil. Sentia-me dividida entre o desejo de não querer vê-lo e saber que em breve ele retornaria a Montevidéu.

– Puxa vida! Conversamos a noite toda e você não vai me dar a oportunidade de vê-la novamente? Pareceu-me que desabafar foi bom para você. Poderíamos continuar a nos conhecer, mas você precisa deixar que isso aconteça.

– Começo a pensar que não quero engolir a vida como ela é.

– Também penso dessa forma, mas descobri que *pelear*, brigar com tudo e com todos, me levará para o hospício! É preciso ter calma.

– Eu sei. Às vezes não consigo me controlar e minha revolta leva a brigas frequentes com meus pais. Temos pontos de vista e costumes diferentes. Meus pais estão separados. Quando ele chegava em casa chapado, de olhos congestionados e pupilas grandes alegando excesso de trabalhado, eu sabia que era tudo mentira. Penso nas dificuldades que meus pais e irmãos enfrentam com médicos, planos de saúde, resgate do dinheiro de consultas e internações, fico puta com a sociedade e as instituições. Elas não enxergam como é difícil educar filhos sem deficiências, pior ainda quando eles têm problemas. As imagens dos meninos me acompanham a cada canto. É algo que eu não gosto de dividir com ninguém, não que eu sinta vergonha deles, mas não suporto que tenham pena de mim.

– Não tenho pena de você, mas compreendo sua dor e revolta. Por tudo o que está me contando, sua sinceridade e transparência despertaram admiração por você. Quero conhecê-la melhor! Há algum mal nisso?

– Obrigada por me escutar, Hernandez. Preciso ir. Já está muito tarde. Falaremos depois. Mande-me uma mensagem.

Nos dias seguintes dediquei-me aos afazeres acadêmicos. Fiz ligações e enviei mensagens para me despedir dos amigos antes de viajar. Marquei revisão médica para não deixar nada pendente. Conhecia o preço da preguiça ao empurrar as obrigações para depois enquanto mantinha papos intermináveis pelo WhatsApp. Só saía do comodismo empurrada pela bronca ou invadida por uma angústia atroz. Sinal de alerta para a existência de perigos como as incontroláveis oscilações de humor, levando-me a estados de desorganização pessoal. Era preciso deixar de brincar de gangorra com meus sentimentos, tomada por estados extremos de euforia ou depressão. Nessas horas, ouvia de minha mãe que eu só pensava em mim, sendo capaz de alongar ou encurtar o tempo conforme as minhas conveniências, sem me ligar na realidade. O mundo podia cair ao meu redor e eu reagia como se nada tivesse a ver comigo.

Estava em terapia, que muito me ajudava. Relutei em aceitá-la, mas hoje vejo que minha mãe tinha razão ao me pressionar para fazê-la. Eu achava que terapia era coisa de louco, até perceber a carga que eu carregava. Como eu era capaz de misturar coisas da vida real, da minha imaginação e outras que não me pertenciam. Levou tempo até cair a ficha de que eu precisava lidar comigo de outra maneira. Não foi fácil dar a mão à palmatória e rever minhas ideias. Eu não acreditava que tinha competência para fazer mal a mim mesma até perceber que era um tipo cabeça-dura como meu pai.

Minha mãe evitava confrontos, mas quando ficava furiosa jogava um monte de coisas na cara dele. Inclusive o recriminava por usar maconha como um adoidado. Ele queria acreditar que a gente não sabia, mas a casa ficava empesteada. O cheiro da erva maldita caminhava com ele. Apesar de ela recriminar seu uso, às vezes o acompanhava, dando seus "tapinhas". Era um escape. Hoje posso entender que, por mais amor que dessem a mim e aos meninos, a dor que eles sentiam devia ser insuportável. Tinham de conviver com noites mal dormidas, choros incontroláveis, doenças, médicos e hospitais que geravam cansaço físico e sucessivas frustrações. Ser pai e mãe de filhos com deficiência intelectual e com problemas físicos de saúde não era tarefa fácil. Quantas vezes vi minha mãe chorando, sozinha no quarto ou no banheiro, e ao perguntar-lhe porque chorava ela me trazia para junto do seu corpo e me dizia que não era nada.

Na verdade, ela era a forte da casa até que um dia a depressão e a loucura tomaram conta dela, indo parar em um hospital psiquiátrico. Passou meses internada por ter abandonado tudo, inclusive a si mesma. Inerte, sem comer e sem se cuidar, passava dias deitada no leito, talvez à espera da morte que não vinha. Precisava ser levada ao banheiro. Urinava na cama e mal avisava quando queria evacuar. Diante do desespero foi meu pai quem providenciou a internação. O processo de recuperação dela foi longo. Necessitou de vários tratamentos, inclusive uma terapia psicanalítica intensa, com três sessões na semana.

Meu pai não aguentava aquela situação com meus irmãos doentes, minha mãe daquele jeito, a presença dos meus avós para cuidar da casa. Era o caos. Quando olho para esse quadro, vejo que a maconha era um mal necessário. Talvez um equivalente do meu apego ao chocolate amargo. Uma tentativa de entender as mazelas do meu pai, que pouco se lixava com as críticas feitas pelos meus avós, pais da minha mãe, que vieram para ajudar a família. Além de todas essas dificuldades, pairava no ar o fantasma de que um dia a polícia viria bater à porta por suspeita de tráfico de drogas. Para ele, o perigo maior estava em ter de lidar com o dia a dia, com a rotina da vida. Ele era um bom sujeito, carinhoso, apesar de atrapalhado. Esquecia de pagar as contas, estava sempre atrasado nos encontros, comprometia-se e não cumpria o combinado. Seu astral era bom ao amenizar o peso das coisas. Acreditava que no final encontrariam soluções para os problemas. Porém, o pagamento das contas de telefone, luz, água, aluguel não esperava; elas tinham seu próprio tempo.

A relação entre meus pais não suportou as feridas causadas pelas decepções de ambos. Ninguém tinha culpa de terem tido os filhos que tiveram. Porém, na hora das brigas eles se acusavam mutuamente. Eu me sentia insegura, ameaçada por algo que não sabia nomear, machucada no fundo da alma. Procurava encontrar um mundo moralmente mais justo, com oportunidades iguais para todos em termos de saúde, transporte, moradia, educação, trabalho, ética. Mas a vida se revelava promíscua, dominada pela corrupção. Eu tinha nojo dos médicos, dos hospitais, dos políticos. O dinheiro parecia vir antes de tudo. Independentemente dos partidos, a maioria dos políticos estava metida em conchavos voltados para interesses particulares. Pouco se lixavam se as condições de vida do povo eram boas ou más. Nem mesmo se importavam com a juventude e, menos ainda, com a vida das pessoas com deficiência.

Um desses políticos apareceu na faculdade para dar uma palestra. Teve a cara de pau de dizer que a compra de votos e o "caixa dois" eram fenômenos naturais, que todo mundo fazia e que a sociedade aceitava:

– No final os benefícios voltam para o próprio povo.

O pior é que esse cara se reelegeu e passou a ocupar um cargo importante no governo. Por trás de tudo está sempre a preservação do poder e da grana. Políticos corruptos, mensalões, polícia, todos em conluio com o crime. Isso me faz pensar que nossa sociedade é de fachada. Vai ver a realidade é isso que está aí e sou eu que sonho com um mundo que não existe.

Dias antes da partida para o Rio de Janeiro, Hernandez me enviou uma mensagem de WhatsApp: "Podemos nos encontrar? Sei que está prestes a viajar. Queria me despedir de você".

– Tenho muitas coisas para fazer, agora não vai dar. Se você quiser, apareça na Rodoviária do Tietê na quarta-feira à noite antes do meu embarque. Chegarei lá entre 22h e 22h30, horário combinado com o grupo. Partiremos à 0h05. Beijos.

Era como se eu dissesse "passe lá em casa para tomar um café", aquele tipo de convite que a gente faz sem qualquer compromisso, só por falar.

No dia da partida para o Rio de Janeiro, temerosa de me atrasar, pois a cidade estava congestionada, saí de casa mais cedo para me encontrar com o grupo. Havia muita gente caminhando pelas ruas. As lojas estavam repletas com as compras de final de ano. Muitos de nós nunca tinham viajado de ônibus. Fui a primeira a chegar à rodoviária, que estava apinhada de viajantes com malas e pacotes. O grupo foi chegando aos poucos. Os viajantes aguardavam, uns sentados, outros em pé em meio a uma multidão circulante à procura da plataforma de embarque. Nos reunimos em um ponto marcado no saguão enquanto esperávamos a liberação da plataforma de acesso ao ônibus. Eu estava atordoada com todo aquele movimento quando um sorriso maroto e desafiador se colocou bem à minha frente:

– ¿*Cómo estás?*

Hernandez me deu um beijo no rosto e, de forma provocativa, disse:

– ¡*Yo te habia dicho que viria! ¿No acreditaste?*

Estendeu-me um pacote enfeitado com uma rosa. Ele sorria como uma criança que queria esconder a traquinagem que acabara de fazer.

– *Es para no esquecer de mí durante o viagem.*

Sufocada pela emoção, estendi a mão para receber o lindo arranjo quando minha bolsa, que estava a tiracolo, escorregou pelo braço e levou junto o fone de ouvido do *player* de música. Foi aquela gozação, com o grupo gritando em coro: "Abre! Abre! Abre!"

Ouvi um sonoro "Uau!" Meu rosto estava pegando fogo. A turma foi se afastando e ficamos a sós na multidão. Uma das minhas amigas não aguentou e veio me socorrer ao perceber como eu estava atrapalhada para segurar mochila, casaco, fone de ouvido e o pacote misterioso. É claro que eu e o mundo queríamos saber o que havia dentro do tal pacote. A turma voltou a me cercar repetindo o coro: "Abre! Abre! Abre!"

As bochechas me doíam de tanto sorrir. Prendi a rosa entre os dentes, abri o pacote e retirei um bombom Sonho de Valsa:

– Nossa! Como você descobriu que eu adoro chocolate?

– Sou um bom detetive! Você havia me contado na noite em que nos conhecemos qual era a sua paixão. Esqueceu-se disso?

– De fato, é a minha paixão. Adoro Sonho de Valsa!

A excitação da partida se confundiu com a magia do encontro rosa-chocolate, resultando em uma valsa de sonhos e olhares aquecidos que derretiam meu coração. Ele desembrulhou o bombom para mim. Retirou a rosa dos meus lábios umedecidos e colocou-o em minha boca. Delicadamente o abocanhei. Fez-se um crac… um ruído suave dos fragmentos que se formaram na boca. Hernandez se aproximou do meu rosto para também abocanhar o chocolate. Com um delicado movimento de mão o interrompi. Sorrimos.

Tudo foi tão rápido. Conversamos pouco. Logo o grupo começou a se movimentar para descer à plataforma e ocupar seus lugares no ônibus. Hernandez me acompanhou até o ônibus sem que eu soubesse se ele era ou não membro do grupo. O motorista se despediu dos funcionários quando o embarque dos passageiros e das bagagens havia sido completado e anunciou a partida para dentro de alguns minutos.

Abraçamo-nos. Eu, ainda de boca cheia, Hernandez com o coração na boca. Acenamos um para o outro. O ronco do motor aumentou e eu precisei me esticar para colocar o pé no degrau da porta ao mesmo tempo que, lentamente, o ônibus começou a se movimentar.

Hernandez agitava os braços e gritava:

– Espere! Espere! Sua mochila!

Desci correndo para pegá-la, esquecida, apoiada em uma pilastra. Beijei Hernandez no rosto e embarquei afobada, vermelha de vergonha.

A porta do ônibus se fechou, mas pude ouvir:

– ¡Llámote por teléfono!

Dentro do ônibus foi aquela gozação. As luzes da cidade foram se rareando. Aos poucos o pessoal foi se acalmando entre conversas e risinhos. Encostei a cabeça no ombro de minha amiga, fechei os olhos e tentei adormecer. Mas as imagens da despedida não me saíam da cabeça, tomada de uma excitação estranha. Só fui acordar em meio aos ruídos da rodoviária do Rio, que despertava. As lembranças da despedida haviam desaparecido, iluminadas pelo novo cenário da cidade maravilhosa.

Fomos de táxi direto para o albergue. Um casarão antigo, de tipo colonial, bem legal, não longe da praia. Conheci lá muita gente. Parecia que o mundo havia se concentrado ali: israelenses, americanos, franceses, alemães, espanhóis e até brasileiros. Muita gente entrando e saindo em meio a uma confusão de línguas. Tudo era intenso.

Dormia-se tarde e acordava-se no entardecer, a tempo de aproveitar o mar aquecido sem a presença do sol abrasador. Perdi muitos passeios com as noites cheias de atividades. O cansaço que se instalava era leve, distante das pressões familiares, da faculdade e de outras responsabilidades. Minha pele foi resgatando o brilho e pude curtir o bronzeado do meu corpo. Depois da praia, um bom banho frio levava o cansaço e o resto das cervejas embora. Sentia-me outra pessoa. Punha um vestidinho leve, sem nada me apertando, ou uma bermuda bem folgada. Era uma delícia ficar sentada no beiral da porta do nosso chalé jogando conversa fora enquanto passava creme para desembaraçar meu cabelo. Havia tempo para me cuidar, dar uma cochilada e me preparar para a noite: roda de samba, barzinho, Pão de Açúcar, Jardim Botânico, Corcovado e, se sobrasse tempo, ir a algum museu.

Numa dessas noites mágicas assisti a um concerto ao ar livre, no Jardim Botânico. Espaço lindo e romântico, cercado de palmeiras imperiais e casas coloniais, onde a Orquestra Sinfônica Brasileira se apresentava. Nunca tinha vivido algo semelhante. Imaginei Hernandez segurando aquele bastãozinho mágico, a batuta, fazendo com que os músicos tocassem cada um a seu tempo e em conjunto em busca de harmonia. Foi fascinante. Hernandez queria ser algo que o fizesse sentir-se importante, como regente de orquestra. Por detrás do silêncio com que me ouviu, ele devia gostar de mandar e de aparecer. Eu também procurava me realizar fazendo coisas que dessem sentido à minha existência. Vi as imagens de Hernandez no bar, na rodoviária ou regendo a orquestra. Imagens que me faziam sorrir ao embalar minha alma carente, agitada pela brisa suave da noite iluminada pelo brilho das estrelas.

A semana passou rápido. Logo estávamos no ônibus a caminho de Salvador.

Eu havia desligado meu celular após ter falado com minha mãe, ainda no Rio, para tranquilizá-la de que havíamos feito uma boa viagem. Só fui me lembrarr de religar o aparelho ao chegarmos em Salvador, mas a bateria havia descarregado. Não quis pedir o celular emprestado de algum amigo para avisar minha mãe de que eu estava bem. Desencanei de qualquer preocupação.

A viagem para a Bahia tinha sido puxada. Calor intenso, meu corpo grudava de suor. Eu havia ficado menstruada durante o trajeto. Sentia-me melada e irritada, não vendo a hora de tomar um bom banho.

Ao chegar em Salvador fomos direto para o Albergue do Porto, um velho casarão amarelo, pertinho da praia da Barra. Um monte de mochileiros como nós aguardava a vez de preencher a ficha cadastral de entrada no hotel.

– Que sorte a nossa de termos feito a reserva com antecedência – disse eu, quando uma das minhas amigas insinuou:

– Aquele uruguaio é um cara de pau! Ele teve a pachorra de procurar você na rodoviária! Àquela hora da noite! Ele está dando em cima de você. O cara não mandou nenhuma mensagem? Ainda vai aparecer por aqui.

Dei de ombros, e disse:

– Deixei meu celular desligado e agora está descarregado. Nem sei se alguém me chamou.

– É bom você se ligar. Vai dispensar um cara desses?

– Por quê? Você ficou a fim dele? Tá com inveja, é?

– Vê se não me enche, tá?

A provocação em tom de brincadeira começou a me inquietar. E se ele aparecer por aqui? Seria tão louco de vir sem mais nem menos, na "porra louca"? Era pouco provável, mas não me pareceu impossível. Fiquei apreensiva.

– Ele ficou fissurado em você – disse-me outra parceira de viagem.

– Vamos parar com isso, gente!

Rimos, mas eu estava dominada por um riso nervoso, até que chegou minha vez de fazer o *check-in*, atrapalhando-me ao preencher os dados da ficha de hóspede do albergue. Enquanto procurava minha carteira de estudante na mochila, lembrei-me de que Hernandez havia me perguntado, ainda no bar da Vila Madalena, para onde eu pretendia viajar nas férias. Eu mesma havia dito o nome do albergue, orgulhosa de ter conseguido fazer a reserva online. As garotas se dividiram em dois quartos, três em cada um, e um terceiro para os dois rapazes. Outros quartos foram distribuídos para os amigos que haviam chegado antes de nós.

Hernandez, no bar, havia me dito sobre o seu desejo de conhecer Salvador e, naquela ocasião, insinuei:

– Não vale a pena ir tão longe a troco de nada – disse-lhe, como uma provocação não tão ingênua como eu havia pensado que fosse.

– Por quê? Você se considerada um nada? Acha que eu perderia o meu tempo por nada?

Pensei com os meus botões: que cantada babaca. Não estou nem aí para esse cara. Queria me livrar daquele papo. O que ele faria ou deixaria de fazer não estava me interessando. Acabei por sugerir:

– Sei lá! Isso é com você. Acho melhor você perguntar ao grupo para saber o que eles pensam.

Mas agora, em Salvador, um fantasma rondava minha cabeça e me questionava sobre o que eu faria se aquele maluco aparecesse por aqui. Eu não sabia se estava com medo da presença dele, dos meus desejos ou de outro sentimento cujo nome eu desconhecia.

Após alguns dias em Salvador, Hernandez havia desaparecido de minha cabeça. Muita praia, gente nova, baladas todas as noites. Voltávamos da praia no final da tarde, tendo de passar pela recepção para chegar aos quartos. No saguão principal do albergue um cara dormia encostado em uma grande mochila. Ele cochilava com um gorro enterrado na cabeça de forma que mal dava para ver seu rosto. Passei por ele sem dar maior atenção. Havia gente entrando e saindo com mochilas, pacotes e berimbaus. Grupinhos de amigos conversavam sentados nas almofadas, recostados nas paredes e espalhados pelo chão. Uns fumavam, outros bebiam ou namoravam naquela tranquilidade.

Minha amiga disse-me que ficaria papeando com um grupinho de estrangeiros e que tomaria banho mais tarde. Queria treinar o seu inglês. Disse-lhe que eu iria para o quarto tirar a areia do corpo e dormir um pouco para aguentar a programação da noite. A outra companheira de quarto me alertou:

– Você viu que há um recado para você na portaria? Alguém está à sua procura. O rapaz que atende no balcão me passou esse recado. Ele sabe que estamos juntas e pediu para avisá-la.

– Mas quem estaria me procurando? – indaguei em voz alta.

– Ora, quem? Veja se você adivinha. Só pode ser o seu amiguinho uruguaio!

– Hernandez! Merda – foi o que consegui dizer ao recuperar o fôlego. – Porra! Que saco! E agora, que farei?

Minha amiga comentou só para me sacanear:

– Xiii! Isso é paixão!

E fez um trejeito tirando sarro de mim me arremedando: "Eu não quero nada com ninguém. Estou noutra".

– Agora quero ver você se livrar desse cara grudento – ela me disse.

Perturbada, entrei no chuveiro em aparente indiferença, como se não fosse comigo. Lavei o cabelo com xampu, tranquilamente. Sequei, passei creme para desembaraçá-lo. Pus um vestidinho leve, branco, que contrastava com minha pele já bem bronzeada. Perfumei-me e pensei em ir ao saguão. Mas, no final, disse para mim mesma: "Vou me deitar um pouco, ele que espere".

Comecei a ler na perspectiva de adormecer, mas não conseguia me concentrar. Virei para cá e para lá e acabei adormecendo, exausta.

Acordei perto da meia-noite. O quarto vazio, fui para o saguão ver se encontrava alguém da turma para irmos juntos à balada em um barzinho próximo ao albergue. O silêncio era total. Sentei-me no sofá irritada por ter dormido tanto. Achei que havia perdido o programa. Aos poucos a turma foi chegando para a noite de despedida em Salvador. De súbito surge Hernandez diante de mim. Ele se aproximou papeando com um grupinho de amigos. Deu um "oi" geral e veio em minha direção com aquele sorriso de moleque travesso que eu havia conhecido na rodoviária de São Paulo.

Sem deixar transparecer entusiasmo, disse-lhe com ligeira surpresa:

– Você veio mesmo, hein!

– *Quando yo hablo es de verdad*. Adoro desafios. Segui a sugestão que você mesma me deu. Falei com o pessoal do grupo. Disse-lhes que estava interessado em conhecer a Bahia e a resposta foi que não haveria problemas em me juntar a eles desde que eu aceitasse a condição de dividir as despesas. Jovens de várias faculdades estariam reunidos para juntos irmos à Chapada Diamantina. Era a oportunidade para reencontrá-la. Não falei desse meu desejo para ninguém, nem mesmo para você. Queria fazer uma surpresa e tive receio de ouvir um sonoro não. Entendi que seu momento era difícil e não queria incomodá-la. Seus amigos não viram nenhum problema em eu vir para Salvador e me juntar ao grupo. Espero que minha vinda não a perturbe. Aliás, espero mesmo que você goste da minha presença.

– O problema não é meu... mas acho você muito ousado.

– Eu vim até aqui por sua causa!

– Por minha causa? Bom, agora que está aqui o melhor é aproveitar, não é?

Fui relaxando ao me dar conta de que, apesar de incomodada com a presença dele, eu estava gostando de estar sendo cortejada. Orgulhosa mesmo de fazer parte das motivações que o trouxeram a Salvador. Caminhamos juntos para o barzinho enquanto ele me contava sobre sua permanência em São Paulo, ida para o Rio e chegada a Salvador. Foi quando ele me disse:

– Sei que amanhã, quer dizer, hoje à tarde, o grupo partirá para a Chapada Diamantina, onde pretende ficar uma semana, não é?

– Você está bem por dentro. Sim, partiremos no meio da tarde. Minha intuição diz que você virá conosco. Estou certa?

– Você é muito intuitiva. Adivinhou.

Eu me sentia feliz e encabulada. No íntimo, radiante, achando que era capaz de disfarçar o meu entusiasmo. Eu devia ser a única a acreditar nisso quando alguém da turma alertou:

– Vamos mais rápido, gente! Já é tarde. Se quisermos ir ao barzinho é melhor andar rápido. A diária do albergue terminará às 14h e às 15h precisaremos estar na rodoviária para pegar o ônibus que nos levará a Lençóis, um dos municípios da Chapada.

Ficamos no barzinho conversando com o grupo, bebericando até as cinco da manhã, com muita música. Dava até para dançar. Na volta para o albergue, cada um foi para o seu quarto.

Eu estava surpresa com a boa integração dele ao grupo. Depois, fiquei sabendo que em São Paulo ele havia encontrado alguns dos participantes da viagem, com os quais havia estabelecido amizade. No bar, Hernandez pôde tocar piano e cantou músicas regionais gaúchas do Uruguai e uma seleção dos Paralamas do Sucesso, grupo brasileiro muito querido em Montevidéu.

A permanência na Chapada foi maravilhosa. Fizemos lindas caminhadas à Cachoeira do Sossego, da Fumaça, ao Vale do Capão, do Pati, à Gruta da Pratinha. Num desses passeios, Hernandez, sem perceber, quase pisou em uma cobra-coral. Passado o susto, rimos muito quando o guia, um garoto genial que nos acompanhava, brincou que, se a cobra o tivesse picado, ele pediria socorro por meio do seu "aparelho molecular". Isto é, ele, o moleque, iria correndo pedir ajuda no vilarejo e traria um jegue para carregá-lo.

Visitamos comunidades alternativas, em sua maioria formadas por jovens desejosos de educar os filhos em outros referenciais, diferentes das grandes metrópoles, e em contato com a natureza. Lá, plantavam, colhiam e criavam os produtos de sua alimentação. Transformavam o lixo em adubo, eram os mestres dos seus filhos e se mantinham distantes da vida consumista da sociedade urbana. Transformavam sonhos em componentes da vida ideal.

Caminhávamos entre as árvores quando Hernandez me puxou para debaixo de uma delas e me beijou profundamente. Relutei não mais do que uma fração de segundos para me entregar aos seus braços e abraços.

– *Estoy apasionado por tí. Es algo muy fuerte, un extrañamiento que me toma.*

As palavras de Hernandez penetraram em mim como um raio de luz que, por uma fresta, atingiu o meu coração. Um encontro do belo da Natureza que fez acender uma tocha em minha alma escurecida. O meu Poço Encantado, caverna em cujo centro há uma lagoa de águas límpidas, cristalinas e suavemente azulada, cuja escuridão é iluminada por um feixe de luz do sol. No meu caso, pela luz do amor:

– *Te quiero como mi novia para estar siempre a tu lado*, ouvi arrepiada.

Nossos corações haviam mergulhado em algo divino e nós nos perdemos em amores. A divisão entre ficar com ele ou me sentir livre de compromissos havia se esvaído. A simpatia e o carinho dele fizeram me sentir desejada, lisonjeada. Minha autoestima foi às alturas e esqueci que os afetos podem ser evanescentes e permanecer apenas como memórias.

Foram dias de transe e transa, fumo e cerveja, encantados que estávamos, em clima de lua de mel. Dez dias de Chapada Diamantina e o grupo retornou a São Paulo. Hernandez e eu permanecemos acampados em uma comunidade, desfrutando do campo e do tempo sem tempo. Era lindo acordar com o canto dos pássaros, com o rolar das águas da cachoeira, com o perfume do campo em meio ao frescor do orvalho matinal. Raios de sol anunciavam o calor do dia. Tomávamos café na barraca ou na sede da comunidade. Cada um se inscrevia nas diversas atividades programadas para o dia. Podia-se ajudar cuidando das crianças, na construção de uma cerca ou na colheita de frutos. Para trabalhar no apiário era preciso estar acompanhado de alguém mais experiente que conhecesse o comportamento das abelhas. Cada indivíduo fazia o que gostava e os interesses coletivos deveriam ser preservados, uma espécie de *kibutz*, como eu sabia existir em Israel. Nada era de ninguém, tudo era de todos. Lá e cá vivia-se do cultivo de frutas, hortaliças, mel silvestre, leite. A educação dada às crianças era de liberdade e de responsabilidade. Era um lugar para se ficar. Mas o som da realidade me fez pensar em meus irmãos e na minha mãe, sozinhos em São Paulo. Senti culpa por estar vivendo esse momento. Seria bom trazê-los para essa vida, mas eu sabia que não viriam. Não havia médicos, hospitais, farmácia próxima e terapeutas.

Durante a caminhada à Cachoeira do Sossego, Hernandez me fez uma proposta perturbadora:

– Vamos deixar São Paulo e Montevidéu? Podemos ficar por aqui! Será lindo compartilhar sonhos, ideias e ideais.

– Ah! Você ficou louco. Que bobagem. Só pode ser piada ou brincadeira.

Este pensamento estranho ficou em mim. Tocou em algum ponto de minha intimidade que eu não sabia identificar. Me assustou. Prosseguimos, bordejando as margens do rio Ribeirão, caminhando contra a correnteza inicialmente calma, marcada por filetes d'água que, progressivamente, deram lugar a um fluxo violento ao nos aproximarmos da lagoa formada pela cachoeira. Hernandez segurava minha mão. Saltávamos de uma pedra para outra e qualquer escorregão poderia ser fatal. A aventura impressionante nos deixou molhados pela água que respingava das rochas até alcançarmos a lagoa com a cachoeira ao fundo. Cenário cinematográfico.

Éramos Adão e Eva no paraíso terreno cercados por samambaias e flores do campo. Chegamos a uma cratera arredondada, de onde se via uma linda queda d'água de uns vinte metros de altura. A experiência de liberdade só dependia de nós. Nadamos até alcançar as pedras que ficavam por detrás da queda-d'água gelada, cujo impacto deixava a pele arroxeada e uma sensação deliciosa. Retornamos para a margem oposta da lagoa, onde havíamos deixado nossas mochilas. Exaustos, nos deitamos na relva ensolarada sobre uma toalha aberta próximo a uma árvore. Borboletas amarelas e laranja voavam delicadamente, pousando aqui e ali. Hernandez tirou da mochila um pacau, enrolou um cigarro, acendeu-o, deu uma primeira tragada e me ofereceu. Inspiramos profundamente e nos acariciamos de olhos fechados para melhor desfrutar do momento. Foi lindo, muito lindo. Flutuei no gozo estonteante do êxtase iluminado por *flashes* de cores suaves azuis, roxas, amarelas e vermelhas para adormecer abraçada a ele, sem preocupação com o antes, com o agora nem com o depois. Um momento sublime de prazer e de amor.

Após dias de intensa calma, uma angústia súbita me invadiu ao me dar conta de que Hernandez e eu quase nada sabíamos um do outro. Dele conhecia seus dotes artísticos, determinação, simpatia e carinho. Inspirava-me confiança, mas pouco sabia de sua história pessoal, caráter e família. Tomada por um medo abrasador, as imagens de meus irmãos em crise e de minha mãe atarefada tentando pôr ordem na casa emergiram em meus pensamentos. O alarme da realidade soou, acompanhado de um sentido de responsabilidade. Uma necessidade imperiosa de voltar para casa tomou conta de mim. Procurei me acalmar, desfazer as tensões, mas o artifício durou algumas horas, até atingir um sofrimento insuportável, acompanhado de raiva de mim e de tudo. Eu não havia conseguido me controlar como achava que deveria ter feito. Mas qual seria esse outro jeito?

Hernandez ficou surpreso, talvez assustado com minha mudança abrupta de humor, e me questionou:

– Por que tanto sofrimento? O que está acontecendo?

– Não sei, mas preciso voltar urgente para São Paulo, estou muito aflita. Não dá mais para ficar. Está muito bom aqui com você, mas esta não é a minha vida. Há compromissos que me aguardam. Preciso retornar. Você pode ficar, se quiser. Eu não ficarei chateada. Vou compreendê-lo. O sonho acabou. É só isso!

– Ficar aqui sem você não faz sentido. Estão sendo os dias mais lindos da minha vida. Aqui é tudo muito precário, faltam recursos médicos, educação, trabalho. Porém, vive-se de forma autêntica, longe do barulho, do consumismo, da competitividade desenfreada, da insegurança. Montevidéu é ainda provinciana, porém tem tudo do que a população necessita. São Paulo está insuportável, apesar de ser o centro da América Latina, da produção, da criatividade. Você está acostumada àquela bagunça e deve estar estranhando o sossego desta região.

– É estranho. Eu sei que você tem razão. Não há uma razão objetiva para ficar aflita. Estou me sentindo egoísta ao perceber que abandonei minha família em benefício próprio. Tantas coisas a serem feitas e eu aqui. Penso na mediocridade humana, na miséria das pessoas estampadas nas imagens da "cracolândia" no centro de São Paulo. O contraste social entre a miséria humana nas ruas de São Paulo e a sofisticação da Sala São Paulo com seus magníficos concertos e gente bonita. Sinto vergonha de ter a vida que tenho, da cidade que tolera essas condições. Estou com vergonha de mim.

– Você simplesmente está em férias mais prolongadas, é verdade, e talvez queira voltar, retomar sua rotina e trabalho. Se for desta forma, não há razão para tanta aflição. Basta revermos nossos planos e voltarmos.

Me acalmei no ombro amigo de Hernandez. E fiquei mais tranquila ao conseguir falar com minha mãe por telefone, depois de dias sem me comunicar com ela. Contou-me sobre os meninos e ela mesma, atenuando minhas fantasias de abandono e tragédia. Descrevi para ela a vivência da vida em comunidade na Chapada e como poderia ser bom esse ambiente para Lucas e Fabinho. Nada falei da presença de Hernandez, mas ela intuiu que alguma coisa estava acontecendo:

– Dá vontade de morar num lugar desses, não é? Eu sei, mas é distante de tudo, das necessidades dos meninos e da nossa realidade de vida com trabalho, escola, médicos e terapias. Na sua idade, seu pai e eu vivemos sonhos desse tipo. No seu retorno contarei detalhes dessa época que vivi com seu pai.

– Vocês também viveram fora de São Paulo? Por que nunca me contou?

– Não sei. Quem sabe estive sempre tão envolvida com os problemas dos meninos que não me lembrei de contar que passamos uma temporada em Trancoso e depois fomos morar em Jericoacoara, no Ceará.

– No Ceará?

– Eu achava que havia contado para você.

– Não, mãe. Esse seu lado aventureiro é uma surpresa para mim. Quer dizer que estou repetindo a sua história?

– Pelo jeito está, né? Quando você pretende voltar? Lembre-se do seu compromisso no emprego. Se não me engano, ele ficou marcado para o início do próximo mês. Certo?

– É isso mesmo, mãe. Sabe aquele amigo uruguaio que conheci no barzinho na Vila Madalena? Lembra-se? É. O que estuda música. Isso mesmo. Ele veio para cá com o grupo. Ele me perguntou se dá para passar alguns dias em casa antes de retornar para o Uruguai. O que você acha?

– Vocês estão namorando?

– Acho que sim.

– Xii, Lina! Conheço essa história. Preciso pensar. Você sabe, aqui em casa é sempre complicado. Não há outro jeito? Ele não pode ficar na casa de algum amigo?

– É que eu queria que ele ficasse em casa.

– Isso vai mal, hein! Não acha que está sendo precipitada?

– Pode ser. Mas assim você poderá conhecê-lo melhor e dar a sua opinião.

– Vou perguntar também para o seu pai e ver o que ele pensa. Por sinal, você está se cuidando? Está usando camisinha? Veja para não arrumar uma encrenca em sua vida. Já temos problemas o suficiente. Vá devagar. Cuide-se.

– Tá bom, mãe. Estou me cuidando... ufa! Não se preocupe.

– Pense bem para não se arrepender depois.

– Pare de me encher, tá? Não fique me controlando.

– Precisamos conversar, Lina. Não é bem assim. Já fui adolescente. Lembro-me que na sua idade eu era capaz de fazer coisas sem pensar. Só mais tarde fui me dar conta das consequências. A paixão deixa a gente cega. Quando você volta para casa?

– De uma semana, dez dias... Assim que definir a data eu ligo para dizer.

– Filha, estou preocupada com esse encantamento de férias. Falarei com as cuidadoras para termos uma noite livre para conversarmos. Aí você me leva nesse famoso barzinho da Vila Madalena? Pense bem antes de fazer qualquer besteira. Leva-se tempo para construir, porém é rápido para se destruir. Cuide-se bem, minha filha, para não precisar pedir socorro. Beijos.

– Beijos.

Eu pouco sabia do início de vida dos meus pais. Apenas algumas ideias de que haviam feito uma aventura no norte e nordeste do país. Intuí que havia segredos a serem desvendados.

Liguei no dia seguinte. Minha mãe havia concordado que Hernandez permanecesse um tempo em casa. Pediu-me que eu o previnisse sobre nosso estilo de vida, da rotina exigente em função das necessidades e hábitos dos meninos.

Hernandez e eu resolvemos logo voltar para São Paulo. Uma vez em casa, minha mãe foi receptiva e até muito carinhosa com ele. Perguntou como tinha sido a experiência da viagem, as diferenças culturais entre Brasil e Uruguai que ele havia sentido e o que gostava de tomar e comer no café da manhã. Ele, por sua vez, me elogiou como pessoa e comentou que eu havia contado algumas passagens das experiências vividas com os meninos. Quando ele tocou neste ponto minha mãe aproveitou para descrever as regras da casa quanto ao silêncio, principalmente no momento em que eles iam dormir. Mais tarde, Hernandez comentou a disciplina hospitalar da casa, e o que mais havia lhe chamado a atenção foi o fato de, após as seis da tarde, a casa entrar em silêncio absoluto. Nos poucos dias em que permaneceu conosco pôde interagir com Lucas, montando um quebra-cabeça, e também cantou para o Fabinho. Ambos reagiram com expressões de afeto e de alegria, deixando-me muito contente. Apreciei a delicadeza com que Hernandez se aproximou dos meninos e a compreensão do que era possível realizar naquele contato passageiro.

Assim que Hernandez retornou a Montevidéu, rapidinho minha mãe marcou nosso encontro. Ela queria ter uma conversa de mulher para mulher. Havia gostado dele, não só o achou educado e bonito, mas apreciou, principalmente, a maneira suave e o humor brincalhão de sua interação com ela, com os meninos e comigo. A questão era saber se o amor suportaria os efeitos da distância, do tempo, das transformações dos sentimentos e projetos de vida.

2. Gabriela

Estava ansiosa para encontrar-me com Lina. Queria ouvir sobre seu novo amor e também contar a ela passagens do início de minha vida com seu pai. Ela pouco sabia dos dramas, mas deve ter registrado em suas vivências momentos de alegria e ternura entre muitos outros de tensão, sem saber de onde vinham nem as repercussões sobre sua pessoa. Sempre evitei compartilhar meu passado com Lina. Achava que seria sobrecarregar uma criança cuja vida por si só se tornara pesada, cheia de incertezas, agravada com o nascimento dos meninos. Eu havia me permitido romper com a rotina de colocar os meninos para dormir. Já era hora de as verdades virem à tona.

Cheguei ao encontro no barzinho da Vila Madalena no final da tarde. O local ainda vazio mudaria de figura com o término do expediente em uma região cheia de escritórios e lojas; era um tradicional ponto de encontro da juventude. Lina havia escolhido uma mesa de canto, distante do burburinho dos clientes que se reuniam após a jornada de trabalho. Com um copo de cerveja à mão, sorridente, me beijou e me abraçou. Logo foi dizendo:

– Mãe, pedi aipim e carne-seca acebolada. Você gosta? Estava morrendo de vontade de uma comidinha baiana.

– Adoro. Há tempos que eu não dava uma escapadinha como esta. Estou me cuidando, meu corpo já não é como antes, mas hoje vou sair do regime. Vamos pedir também uma cerveja?

– Não precisa, mãe. O garçom já vem trazendo. Pedi uma garrafa grande. Vamos dividir. Se precisar pedimos outra. Assim ela fica mais geladinha.

Segurei a mão dela e disse da minha alegria em estar vivendo aquele momento. Rimos enquanto Lina me mostrava o sapato novo que havia comprado. Salto doze. Provou-o. Caminhou ao redor da mesa com graça e elegância. Pude admirar a mulher sensual em que minha filha havia se transformado.

– Você fica muito bem nele. Está muito elegante – disse-lhe. Deve ter pago uma nota!

– Não, nem tanto. Comprei em uma ponta de estoque. Estão em liquidação. Estava baratinho. Você gostou? Por que não passa lá para ver se tem alguma coisa que fique bem em você? É pertinho daqui. Pensei em comprar um par para você, mas é algo tão pessoal, tamanho, modelo, a combinar com que roupa, que preferi deixar para irmos juntas.

– Gostei muito. Mas não consigo me equilibrar em cima de um salto como esse. Prefiro uma sapatilha tipo anabela ou rasteirinha. Um salto assim me dói o pé... tenho joanete. Não sei como você consegue! Não dói em você?

– Um pouco, mas é tão legal! Vou me acostumar. Ah! Comprei este vestidinho leve, bem decotado, para aproveitar o fim do verão. Tem estado tão quente!

Toda excitada, Lina revirava a sacola no intuito de retirar outra peça para me mostrar.

– Achei baratinho e comprei também esta blusinha sem mangas. Veja se serve em você. Se gostar, pode ficar com ela. Eu não tinha certeza do seu número.

Ela abriu os pacotes e colocou cada roupa sobre seu corpo esguio.

"Que mulherão!", pensei, admirada.

– Puxa, você se entusiasmou, hein! Quantas coisas bonitas. Já está gastando por conta do salário que ainda não recebeu?

– Ah, mãe, não começa! Eu tenho algum dinheiro. Não vamos estragar este momento precioso.

– Claro que não. Está tão gostoso aqui, só nós duas. Um privilégio.

Após breve silêncio, respirei fundo antes de entrar no que, de fato, eu pretendia conversar com Lina:

– Assim que você me contou sobre o seu envolvimento com Hernandez, lembrei-me do que aconteceu quando seu pai e eu resolvemos viver juntos, recordações guardadas no fundo do baú.

– Segredos?

– Não. Hoje está mais fácil contar, apesar de certo constrangimento. Não sei o que você irá pensar. Talvez eu quisesse poupar você ou, o mais provável, a mim mesma. Naquela época eu não tinha com quem conversar. Olho para trás e sinto um misto de coragem, ousadia e vergonha por transgredir as ideias dos seus avós. Aprontei muito quando jovem. Causei muitos transtornos para os meus pais e não me arrependo de nada do que fiz. Por isso, minha filha, admiro sua liberdade e coragem ao dizer o que sente e o que pensa sobre si. E, se você quiser, gostaria de saber o que pensa sobre o que irei contar.

– Nem sempre sai do jeito que quero, mas tentarei. Agora, estou curiosa para saber o que é que você tem para me contar. Desembucha logo.

– Está bem. Tudo começou durante o Regime Militar, em março de 1964, processo que durou 21 anos, período em que o Brasil foi governado por vários militares. Um golpe depôs o presidente João Goulart. A ditadura durou até 1985, quando foi eleito Tancredo Neves, após ser decretada pelo Figueiredo a Lei da Anistia, pondo fim ao regime de exceção.

– Mãe, já sei de tudo isso. Esqueceu que sou estudante de História e que faz parte do curso a cadeira de História do Brasil?

– Claro que não. Estou tentando situar o clima emocional e político da época, além de fazer o meu aquecimento antes de entrar direto no assunto. Se tiver calma chegaremos lá. Seu pai e eu saíamos em passeatas clamando por democracia. Vários dos nossos amigos haviam sido presos ou tinham se refugiado em outros países. Falava-se de prisão, tortura e morte de pessoas conhecidas. Queríamos construir um país justo, livre, democrático e distante da miséria. Eram os nossos ideais. Seu pai era um líder, e isso me encantava.

– Que bacana, mãe! Estou gostando de ouvir.

– O medo caminhava pelas ruas, alguém ao seu lado ou policiais infiltrados nas faculdades poderiam ser os delatores. Conheci seu pai durante uma dessas passeatas em prol da democracia, um pouco antes de o Tancredo ser eleito presidente da República de forma indireta. Ele faleceu em abril de 85, e o vice, o Sarney, assumiu. Após a posse dele, João e eu viajamos para a Bahia e depois para Jericoacoara, uma praia quase deserta no litoral do Ceará.

– Por que tão longe? O que estavam procurando? Realização ou simplesmente uma aventura?

– Diziam que Jeri era uma praia paradisíaca, um pequeno povoado que se desenvolvia com grande potencial turístico. Seu pai e eu imaginávamos viver com liberdade, pouco dinheiro e sem precisar dar satisfação a ninguém. Era uma aventura com sabor de desafio. Não estávamos preocupados com nosso futuro e outras responsabilidades. O país estava em clima de turbulência política e econômica, com uma inflação cavalar. Os preços mudavam diariamente. Você nem sabe o que é isso.

– Ouvi falar dessa praia, mas não consigo imaginar o que sentiram para tomar uma decisão dessas. Imagino a aflição dos meus avós.

– Em Jeri, no início, vendíamos sanduíche natural, cuidávamos de crianças dos habitantes locais, ajudávamos e fazíamos aquilo que fosse possível para ganhar alguns trocados. Antes de viajarmos, João fazia um bico como corretor de imóveis. Vendeu alguns terrenos em Bertioga e com o dinheiro ganho das comissões comprou um para ele, mas não chegou a tomar posse. O terreno foi desapropriado pelo Departamento de Estradas e Rodagem para a construção da rodovia Piaçaguera-Guarujá. Ofereceram um valor irrisório, mas ele nunca viu a cor desse dinheiro. A gatunagem política de hoje já era atuante naquela época de poucas oportunidades de trabalho. Abandonamos tudo que fazíamos em São Paulo. Deixei a faculdade de Publicidade e seu pai a de Filosofia. Ele era um sonhador. Queria reformar o mundo com seus discursos políticos intermináveis que me encantavam. Ele costumava dizer que a vida era para ser vivida e aproveitada agora, conceito que para mim mudou quando engravidei, mas ele continuou o mesmo sonhador.

– Você me disse certa vez que eu tinha sido feita durante uma viagem. Foi nessa aí? Quando perguntei, você desconversou. Disse que depois me contaria. Estou esperando até hoje!

– Eu disse isso? Nem me lembro.

– Pelo visto, sou o fruto de sua libertação. E agora, na hora em que estou desejosa de conquistar a minha, tenho de enfrentar a sua oposição? Isso não está muito certo, não é?

Entre sorrisos e carícias prossegui preenchendo as lacunas existentes em nossa intimidade:

— Não é bem assim, Lina. Simplesmente estou exercendo meu papel de mãe. Fico preocupada com um relacionamento intenso com um rapaz que mora em outro país em um momento da vida em que ainda estão estudando. É um alerta. Quando se é jovem não se pensa nas consequências. Eu sei do que estou falando. A vontade vem e a gente faz o que dá na cabeça. Quando se acorda, dá de cara com as dificuldades e aí enxerga onde foi que se meteu. É por isso mesmo que estou sendo chata, a desmancha-prazeres, alertando-a a sentir e pensar antes de agir. Na minha época de jovem, eu não tinha com quem falar. Meus pais estavam dominados por muitos medos. Censuravam, proibiam mais do que conversavam.

— Acho estranho que você não tinha intimidade para falar com seus pais. Vovó e vovô são tão legais. Talvez você fosse a rebelde da época, influenciada pelos *hippies* e pelo movimento de 68 na França? Os jovens queriam emancipação sexual, liberação da maconha, paz e amor. O que você e papai buscavam além de liberdade?

— Não sei, minha filha. Pode ser que outras motivações nos inquietassem. Minhas iniciativas na adolescência preocupavam teus avós. O clima político era tenso. Só mais tarde fui entender que o comportamento deles era uma forma de amor. Porém, eu carregava uma sensação de ser controlada. Havia perigos reais e outros eram reflexos, produtos de recordações traumáticas da infância deles. Durante a Segunda Guerra Mundial fugiram de país em país devido às perseguições políticas e religiosas, até chegarem ao Brasil.

— Entendo. Mas aconteceu algo entre você e papai para carregarem uma história que mais parece uma novela cheia de mistérios. Conte logo as bobagens que fizeram.

— Está bem. Primeiro, João e eu viajamos para Salvador com um grupo de estudantes do centro acadêmico da Faculdade de Medicina. Organizaram um programa de viagem em conjunto com amigos de outras faculdades. Sérgio era o coordenador do grupo.

Um rapaz magrinho, feio que dói, mas de uma simpatia e generosidade incríveis, um amigo de verdade, hábil articulador que se mantinha na liderança sem precisar se impor. Foi contratado um ônibus com dois motoristas que nos acompanharam o tempo todo. A viagem só sairia se conseguíssemos quarenta pessoas para lotar o ônibus. Nos empenhamos e a viagem saiu. Foi aquela farra. Batucada, piadas, cerveja e pinga, além do baseado que circulava às escondidas, mas que todos sabiam e sentiam a sua presença. O grupo se entrosou, apesar da formação de grupinhos de afinidade. Em Salvador a turma resolveu ir à boate da moda, Xixi de Anjo, nome de uma aguardente envelhecida dentro do coco seco. Nessa noite conhecemos um rapaz de Salvador que se enturmou e convidou parte do grupo para passar o fim de semana em sua casa de praia na ilha de Itaparica. As meninas ficaram entusiasmadas com os caras novos. João e eu estávamos "amarrados" um no outro e despertávamos inveja nas solteiras à procura de parceiros. Marcamos para o dia seguinte um encontro no Pelourinho para conhecer melhor o cara e combinar como seria a viagem.

– Você não teve medo? Com toda a repressão dos seus pais, ainda se meteu com gente desconhecida? Você devia ser bem maluquinha! Imagine se eu tivesse feito uma coisa dessas!

– Pode ser. Olhando para trás, você tem razão. Mas nenhuma dessas preocupações nos incomodava. Resolvemos encarar. Criou-se uma "caixinha" coletiva para despesas gerais e uma distribuição de tarefas. Nem me lembro qual era o dinheiro da época, mas não era o real. Talvez fosse o cruzeiro novo ou cruzado, não sei. As meninas se encarregariam de comprar as comidas e os rapazes, as bebidas. Na ilha poderia ser difícil e caro fazer compras. Era preciso levar lanternas e sacos de dormir, pois não havia cama suficiente para todos. Os garotos pareciam ser bem legais, "bacanas", como se dizia naquela época. Amigos do dono da casa se juntaram a nós, excitando ainda mais as solteiras. Imaginávamos uma casa de praia como as que conhecíamos no Guarujá ou no litoral norte de São Paulo. Sexta-feira pela manhã embarcamos no terminal de São Joaquim rumo à Vila da Ilha de Itaparica em um barco grande e malcuidado. O tempo em Salvador estava instável, com ventos fortes e o mar agitado, jogando a embarcação de um lado para o outro. Raios cortavam o céu. Havia gente vomitando, crianças chorando. Os crentes rezavam. Foi minha primeira e inesquecível experiência de navegação. A viagem tornou-se assustadora. Uma densa névoa impedia a visibilidade. O velho capitão se orientava por uma bússola trêmula ao lado de muita intuição. Ele nos tranquilizou. Sugeriu que desembarcássemos em Mar Grande, pois o ancoradouro da Vila poderia estar impraticável devido à violência das ondas. Com muita dificuldade o barco se aproximou do cais e rapidamente desembarcamos. Tudo balançava muito. Pisar em terra firme foi um alívio, apesar da chuva e do vento forte. Corremos para um armazém próximo que nos serviu de abrigo. A casa ficava a alguns quilômetros dali. Enquanto aguardávamos alguma tomada de decisão do nosso anfitrião, aproveitamos para explorar a loja que vendia desde papel higiênico até ratoeira, entre ração animal, enlatados, cebola, tomate, carne de sol, peixe seco, munição, querosene e remédios para todos os males.

– Você é doida mesmo. E o medo?

– Tive medo, sim, minha filha. Foi o início de uma série de experiências incríveis. Boas para se contar, ruins de serem vividas. Mas eu aceitava tudo que seu pai me dizia. Eu o colocava nos céus. Ele era muito audacioso, tinha grande capacidade de liderança. Minha paixão por ele me cegava a ponto de não discriminar o que eu queria e o que deveria fazer. As meninas davam muito em cima dele. No centro acadêmico ele era atuante, muito diferente do que é nos dias de hoje. Havia idealismo, ideologia, vontade de mudar a vida e o país. Tudo era feito pensando na melhoria do coletivo e na conquista da liberdade. Meus pais me alertavam que eu estava encantada com ele e que não enxergava a realidade para avaliar se ele era um bom parceiro para mim. Eu achava que meus pais estavam se metendo na minha vida e segui em frente com João.

– Por que você não ouvia seus pais? Era falta de respeito, de confiança ou de consideração? Ao menos poderia pensar no que eles falavam e ponderar se levava ou não em consideração aquelas ideias. Mas negar simplesmente é muita imaturidade. Mas e aí, o que foi que aconteceu com vocês? Continue! A vovó e o vovô devem ter sofrido muito com as coisas que você aprontava... se é que eles chegaram a saber!

– Muitas coisas eu mantinha em segredo, palavra-chave naqueles tempos. Saber manter em segredo. Claro que eles tinham medos. Acreditavam que as passeatas poderiam se tornar violentas, ainda que concordassem com nossas motivações. Todos desejavam melhor qualidade de vida. Ninguém aguentava mais a presença dos militares nem dos políticos corruptos, verdadeiros cânceres para o país. Meus pais falavam sobre suas ideias e comparavam-nas com as nossas ao tentar nos demover, a mim e aos seus tios, da ideia de luta armada, de movimentos revolucionários e clandestinos.

– Que barra, mãe! Mas continue a contar sobre a viagem. Você parou no meio da sua aventura em Itaparica. Não vai continuar? Fiquei curiosa.

– Me perdi em lembranças. Eu me considerava uma garota corajosa. Gostava de aventuras, mas não tomava iniciativa. Era a primeira vez que viajava sozinha e para tão longe. Passei por maus bocados. Não queria que isto se repetisse com você. Já temos problemas suficientes, não acha? Sei que é jovem, que está descobrindo a vida, o amor, o mundo e deseja novas experiências. Os tempos são outros e os perigos também. Eu era uma menina mimada, caçula e inexperiente. Viajar, sentir-me livre de controles era uma ambição. Queria romper os obstáculos familiares e conseguir expressar livremente meus pensamentos e ações.

– Mas e a viagem? O que foi que aconteceu?

– Bem... voltando à viagem. O dono da casa e mais dois rapazes foram procurar transporte enquanto nós, as garotas, aguardávamos no armazém. Meia hora mais tarde, os rapazes retornaram com um caminhão cuja carroceria estava coberta com lona para nos proteger da chuva que entrava pelos lados. Anoitecia. Rodamos aos solavancos por uma estrada enlameada até chegarmos encharcados a uma casinha malcuidada, isolada de tudo e cercada pela vegetação. A chuva e o vento não davam tréguas. Era um charco só entre a mata e a estrada. Ouvia-se ao longe o barulho das ondas quebrando na areia. Tremíamos de frio. Não via a hora de chegar em casa e de me deitar debaixo das cobertas e ali ficar quietinha no quentinho. Estávamos assustados. A mansão da minha imaginação se transformara em um casebre malcuidado, cercado de mato, sem que se pudesse imaginar o que haveria em seu interior. Não se conseguia abrir a fechadura enferrujada pela maresia e pelo desuso. Após algumas tentativas, um dos rapazes deu um chute na porta, que se escancarou. O interruptor de luz do que deveria ser a sala não funcionava. Acendemos nossas lanternas e uma revoada de morcegos cruzou o caminho, deixando-nos em polvorosa.

– Meu Deus! Não tinha telefone, alguém com quem se comunicar?

– Não. Não tinha nada. Nosso porto seguro havia se transformado em filme de terror. Atulhado de móveis velhos envoltos em teias de aranha, e insetos e até escorpiões caminhavam pelo chão e pelas paredes da sala. A chão da casa era de terra batida. Dois cômodos e sala com um fogão a lenha e uma pia em um dos cantos. A porta dos fundos da sala levava ao quintal tomado pelo mato onde estava o banheiro. Risos, frio e fome tomaram conta de mim. Se arrependimento matasse, eu estaria morta naquela situação. Fizemos uma fogueira no chão da sala com restos de jornal e pedaços de uma cadeira quebrada. Era preciso limpar o espaço.

– Mãe, você é louca? Como foi se meter num buraco desses?

– É por isso mesmo que estamos conversando. Para alertá-la. Só nos demos conta da experiência desmiolada depois do acontecido. Só aí percebemos que havíamos caído numa enrascada como bobinhas, levadas pela conversa mansa e sedutora. Até João, tido como experiente, caiu nessa armadilha.

– Você é mais irresponsável do que eu poderia imaginar. Agora entendo o seu silêncio e por que guardou esse segredo por tanto tempo. Para não ser julgada por sua filha, não é?

– Desafio, ingenuidade, irresponsabilidade ou coragem, não sei. O fato é que naquela hora não tinha mais volta. Era preciso descobrir como lidar com a situação. Retiramos os móveis velhos da sala e empilhamos na varanda. Varremos o chão e fizemos uma roda em torno do fogo. Eu me coçava toda daquela poeira. Era lá que iríamos dormir. Fogueira, velas e lampião aqueciam e iluminavam o ambiente sombrio. Segurei a vontade de fazer xixi até onde deu. Estava com medo de atravessar sozinha o matagal que dominava o quintal. Minha lanterna e João me acompanharam até o banheiro, que consistia em uma fossa cujo fedor insuportável guiava o caminho. O zunido das moscas aumentava a cada passo, até se alcançar um pequeno abrigo de madeira, com uma fossa coberta com tábuas e um buraco nomeio. Não tinha vaso sanitário e era preciso ser equilibrista para não se afogar no mau cheiro.

– Que nojo, mãe. Que merda! Essa não é a mãe que eu conheço, cheia de cuidados, organizada, asseada e metódica.

– Por aí você vê como a gente muda com o tempo. O que a gente faz a partir da experiência vivida.

– Está emocionante! E aí, o que aconteceu?

– Voltei rapidinho e nauseada para dentro da casa. A chuva torrencial havia retornado, revelando goteiras aqui e ali. Relâmpagos e trovões deixavam o ambiente tenso, em contraste com o silêncio do grupo. Cada um se acomodou onde e como pôde. Risinhos e piadinhas emergiram da penumbra em busca de um clima de descontração. Do nada, uma garrafa de pinga, um baseado e um pacote de bolachas começaram a circular pela turma sentada no chão ao redor da fogueira. Os morcegos e os fantasmas de nossas cabeças haviam se acalmado. Hoje, em momentos de muita tensão, ainda ouço o bater das asas dos ratos voadores sinalizando angústia e medos inomináveis. Fomos nos esticando no chão, abrindo os sacos de dormir. A exaustão e o sono tomaram conta de nós.

– Mãe, estou chegando à conclusão de que você não tem moral para me dizer o que devo ou não devo fazer. Pelo menos, ao se lembrar de tudo isso que está me contando, poderia ser compreensiva comigo e entender o meu momento com Hernandez. Ouvi você dizendo que precisava conversar comigo como se estivesse me criticando.

– Engano seu. Graças à experiência que vivi e as irresponsabilidades é que percebi, após tê-las cometido, que me sinto no direito e no dever de alertá-la sobre os riscos a que somos capazes de nos expor. Quando se é jovem e inexperiente a tendência é fazer e depois pensar nas consequências. Hoje consigo conversar com você sobre essas coisas. Intimidade que inexistia com meus pais.

– Esta conversa está mexendo comigo. Não sei bem como, mas certamente servirá de alerta para pensar duas vezes antes de agir. Acho que essa é também a sua intenção, não é? Pense bem quando for me dar uma bronca para não ser injusta comigo. Também tenho de ter as minhas experiências para poder aprender com elas. Vamos pedir mais uma cerveja?

– Vamos, sim. Uma bem geladinha! Precisaremos de várias delas, mas será melhor que esta seja a última, não acha? Caso contrário, perderemos o rumo de casa.

Sorrimos pensativas, cada uma em contato com sua própria intimidade, enquanto aguardávamos o retorno do garçom. Entre um gole e outro, prossegui com certa malícia e suspense, curtindo narrar as aventuras do passado:

– No dia seguinte, acordamos com um céu azul, leve brisa e o sol brilhando. Saímos para explorar o ambiente em torno da casa e chegamos perto da areia e do mar. O panorama era maravilhoso. Trazia muita calma, em contraste com as turbulências do dia anterior. João e eu estávamos perdidamente apaixonados. Sua barba negra e espessa com ar de sobriedade intelectual me fazia lembrar do meu ídolo e de muitos jovens, entre eles seu pai, Che Guevara. João era o meu Che. Você sabe quem foi Che Guevara?

– Sei, sim. Foi um revolucionário, não é?

– Isso mesmo. Ele pregava a revolução armada no terceiro mundo. Médico, político, escritor nascido na Argentina, teve papel importante na revolução de Cuba, onde viveu por muitos anos. Andou por toda a América Latina pregando justiça social. Foi morto em outubro de 1967 na Bolívia.

– E aí, mãe? Conte-me o que aconteceu entre você e papai. Está fazendo muito suspense e eu estou ansiosa querendo saber dos desdobramentos dessa novela. Vamos, conte logo.

– Calma. Pensa que é fácil falar das intimidades para uma filha? Tenho meus pudores e constrangimentos.

– Assim não vale. Você está fazendo censura. Acho que atualmente você e eu já estamos crescidas. Está na hora de você se livrar dos preconceitos e se colocar de forma mais espontânea.

– Vou tentar. Ele era muito sedutor e eu não pensava em mais nada. Queria apenas ficar com ele. Foi aí que ficamos juntos pela primeira vez. Estávamos a sós numa praia deserta. Só nós dois e o mundo. Caminhamos pela areia por quase uma hora em uma praia extensa, cheia de coqueiros. O vento soprava suave e deixava minha pele arrepiada. A água estava morna e transparente. Resolvemos nos banhar nus. Deixamos roupas e mochilas na areia e corremos de mãos dadas mar adentro. Abraçamo-nos e nos acariciamos profundamente. Depois corremos pela areia como duas crianças. Exaustos, deitamos em uma toalha estendida na areia. Cobrimo-nos com uma tanga e lá adormecemos. Foi lindo, muito lindo.

– Foi aí que eu fui feita? Que lindo!

– Não. Não foi aí. Voltamos de Itaparica para São Paulo e tudo caminhava bem entre nós. Passados uns dois meses dessa viagem, tive uma forte dor de cabeça, febre discreta e um cansaço incrível. Pensou-se em hepatite, mas os exames deram normais. A menstruação veio esquisita, mas veio. No mês seguinte o cansaço prosseguiu, a fome aumentou e na data provável a menstruação não veio. Como eu era muito irregular, fiquei sem saber se estava grávida ou não.

– E você falou com papai?

– Não. Só iria falar quando tivesse certeza do diagnóstico. Não queria atrapalhar a vida dele, envolvida em debates no centro acadêmico e outras atividades políticas. Naquela ocasião, eu achava que se estivesse grávida o problema seria meu. Eu teria de ter autonomia para resolvê-lo.

– Mas o bebê teria sido feito pelos dois. Ambos teriam responsabilidade sobre a criança ou sobre qualquer providência que precisasse ser tomada. Você iria se omitir no silêncio? Não acredito que agiria assim.

– Naquela ocasião falei com uma das minhas amigas. Contei para ela que estava preocupada com o atraso da menstruação. Ela me deu o nome de um teste para gravidez que se comprava na farmácia. Eu estava dividida entre a excitação de vir a ser mãe, sonho que me acompanhava desde menina ao brincar com bonecas, e um sentimento de imaturidade para enfrentar a função. Eu era ainda muito jovem. Estava terminando a faculdade. Pretendia curtir a vida sem maiores responsabilidades e compromissos, recém-descobrindo a liberdade. João tinha projetos revolucionários de reformar o país. Um nenê naquele momento seria abortar nossos planos. Contar para os meus pais seria uma empreitada para a qual eu não me sentia preparada. Não era o sonho deles ter uma filha grávida fora do casamento, vivendo com um revolucionário. Eu carregava um misto de vergonha, culpa e orgulho ao me sentir mulher. Fiz o teste e as suspeitas se confirmaram. Eu estava totalmente grávida.

– E você ficou com o nenê?

– Eu sabia que você me perguntaria isso! Imagine você grávida neste momento de sua vida.

– Mas eu me cuido. Você sempre me alertou para isso. Só em pensar em estar grávida sinto aflição. Pior seria ter de fazer um aborto. Eu não me perdoaria, apesar de acreditar que a mulher tem o direito de dispor do seu corpo como bem entende, mas dispor de uma vida é diferente. Estou entendendo agora sua obsessão ao me prevenir tanto para me cuidar. Para não engravidar sem saber com quem desejo construir uma vida. Tenho medo de engravidar e ainda não sei se quero ser mãe. Desde que fizemos os exames genéticos para tentar esclarecer a causa dos problemas dos meninos, surgiu um nó em minha cabeça. Mas isto é uma outra questão. Continue sua história.

– Eu sei que você se cuida e eu também me cuidava. Mas a vida é cheia de surpresas e o imponderável percorre nossos caminhos. Por isso todo cuidado é pouco. É cedo para você se preocupar em ser mãe. Acabe seus estudos. Aproveite a vida. Viaje. Aprenda línguas. Conheça pessoas. Descubra como lidar com a vida. Você é jovem. Depois decidirá se quer ser mãe ou não. Cuide-se. Bem... continuando a história: confirmada a gravidez, resolvi falar com seu pai. A primeira reação dele foi de espanto. Grávida? Como? Passamos dias sem saber o que fazer em meio a noites de insônia. Cada um foi para um lado. Uma espécie de trégua misturada com raiva, espanto, ansiedade, tristeza e muito medo. Era preciso tempo. E o tempo era curto caso quiséssemos tomar alguma providência. Se quisesse abortar teria de ser logo. Sentia-me sufocada. Vieram as brigas, discussões e acusações. Acabamos por descobrir que nos amávamos. Isso nos ajudou. Passada a tempestade de agressões, continuamos tocando nossas vidas: faculdade, trabalho, algumas baladas. Uma nuvem de preocupações pairava em minha cabeça e ainda não havíamos decidido contar para nossos pais. No final do terceiro mês a barriga ainda não aparecia. Após um fim de semana tranquilo, acordei segunda-feira e fui ao banheiro como de costume, fazer xixi. No caminho, senti uma cólica violenta, aqui em baixo, e apontei a região. Cambaleante, sentei-me na privada e logo um muco sanguinolento escorreu. Fiquei confusa sem saber se era urina, menstruação, mas olhando com atenção supus, pelo aspecto daqueles restos na água, que eu tinha abortado. Liguei aflita para o João, que se prontificou a arrumar um médico.

– Você não chamou seus pais? Acho incrível a sua falta de comunicação com eles! O vovô sempre mostrou dificuldades em vir nos visitar. Nas vezes em que veio foi bem rápido, alegando estar muito envolvido com o trabalho em sua loja. Começo a pensar que a relação entre vocês era difícil, sem conseguir identificar os porquês.

– Tentei falar com eles, porém já haviam saído para o trabalho. Foi um alívio. Eu não teria tido a coragem de contar a verdade. Temia que fosse uma grande decepção para eles, pois não tinham simpatia pelo João, além de engravidar sem estar casada. João logo chegou. No silêncio de um longo abraço, chorei muito sem saber se de dor, de tristeza ou de alívio. Ele me levou ao médico, que confirmou o diagnóstico: aborto de causa a esclarecer. Eu tinha perdido o meu bebê. Uma profunda tristeza e um imenso vazio tomaram conta de mim. O médico fez uma raspagem para retirar restos da placenta e me deu alta dizendo que tudo estava bem. Recomendou-me repouso, não fazer esforços por alguns dias e receitou antibiótico e vitaminas. Retornei em uma semana para revisão. Custou uma bolada que não tínhamos para pagar. Essa foi outra aventura. O aborto foi muito traumático para mim. Pensei que se engravidasse novamente não teria coragem de abortar, de tirar a vida de um filho. A partir dessa experiência passei a ficar mais atenta com o uso da tabelinha, de preservativos e pílulas anticoncepcionais para não ser vítima da minha negligência. Do aborto aprendi que há experiências na vida que deixam registros na memória que não se apagam.

– Depois disso como ficou a relação com seus pais? Acabou contando para eles? Pelo visto você deve ter guardado essa experiência como segredo para preservar sua imagem de boa filha. Estou chocada com a sua atitude.

– Não. Não contei nada para ninguém. Não tive coragem.

– Mãe, como você é burra! Você não confiava neles? Quantas vezes me alertou para me cuidar em relação à minha vida sexual! Onde enfiou o seu "desconfiômetro"? Será que você era bicho-grilo? Desencanada ou uma menina mimada, preocupada com as aparências? Imagine se eu deixasse de contar algo semelhante para você, como é que se sentiria?

– Olhando para trás, percebo como a imaturidade estava presente nos meus atos sem que me desse conta. Sempre havia uma explicação lógica para encobrir os sentimentos mais profundos. Só mais tarde fui me dar conta de como me enganava e criava armadilhas para mim.

– Será que abriram a porta da gaiola para o passarinho voar, mas ele ainda não havia aprendido a se defender, ou o passarinho quis fugir da gaiola sem saber que para isso era preciso se preparar?

– João e eu concluímos a faculdade. Nossos planos incluíam nos mudarmos para longe de São Paulo. Joana, uma amiga, havia se mudado para Jericoacoara, no Ceará. Ela me escrevia contando maravilhas do vilarejo. Vida simples em contato direto com a natureza. Perspectivas de desenvolvimento como polo turístico. Bom para se viver e trabalhar. Contou sobre comunidades onde todos se ajudavam. Era a terra do leite e do mel, o paraíso prometido. João e eu pensávamos de formas diferentes. Para ele Jericoacoara era a terra da esperança. Eu estava reticente, pois havíamos nascido e crescido na cidade grande, o que significava a possibilidade de termos dificuldades de adaptação em um ambiente rústico. Já havíamos discutido quanto a ficar morando em São Paulo ou irmos para o interior. Jeri representava uma mudança radical. Ouvia-se sobre o afluxo de franceses, italianos e portugueses que estavam comprando terras, abrindo pousadas e ampliando o comércio.

João acreditava que teríamos trabalho nas pousadas, lecionaríamos em escolas públicas e faríamos pequenos trabalhos de reparos nas casas ou ajudando turistas e fazendo artesanatos. Um encontro dos sonhos com a Natureza.

– Continuo achando estranho isso de querer fazer tudo sozinha, sem nada falar com os teus pais. Eles são um pouco fechados, mas são tão legais!

– A gente achava que ser independente era fazer o que dava na cabeça. Tinha uma propaganda de cigarro na TV na qual um jovem caminhava derrubando, desprezando as imagens de adultos estáticos, sem vida própria. Nós lutávamos por mudanças. Temíamos a incompreensão dos pais, achávamos que a visão de mundo deles poderia atrapalhar nossos planos. Nossos projetos seriam revelados quando tivéssemos assumido nossas decisões. Falava-se muito de conflitos entre gerações e da necessidade de os jovens romperem com o *establishment* na mudança do *status quo*.

– Não entendo esse seu jeito de se relacionar com seus pais. Parece que eles eram vistos como pessoas estranhas ou inimigos! Eu ficaria muito chateada se meus filhos me tratassem assim. Eu não me vejo lidando com você desse jeito. Com papai é diferente. Ele participa pouco de nossa vida e eu da dele.

– São sentimentos dos quais a gente só se dá conta mais tarde, na vida adulta, quando os filhos crescem. Naquela época, minha irmã se preparava para estudar no exterior e meu irmão iria se casar. Eu me sentia meio à parte da família. Talvez sentisse ciúmes deles, que eram mais velhos. Parecia que todas as atenções estavam voltadas para eles. Quando olho para trás, arrependo-me por ter agido dessa maneira. Acho que temia ser invadida, controlada por eles. Como a caçulinha, talvez eu tenha sido muito protegida.

– E você foi embora assim... numa boa?

– Não. Quando comuniquei a eles nossa decisão, eles ficaram uma fera. Disseram que eu estava dando muitos ouvidos para esse namoradinho que se julga muito superior. Sentiram-se desprezados por mim e que eu era uma ingrata. Do meu pai ouvi que se eu fosse embora não precisaria mais voltar. Minha mãe foi mais cordata. Disse que estaria sempre ao meu lado para me amparar, mas que eu pensasse bem no que estava por fazer. Ela entendia meu desejo de aventuras, comum em todos os jovens, mas estávamos fazendo de forma irresponsável, sem qualquer planejamento, com consequências que poderiam atrapalhar meu futuro, e eu estaria jogando fora anos de minha vida. De início, seria até gostoso, mas com o tempo viria a desilusão diante das carências de recursos da região para quem estava acostumada com tudo do bom e do melhor.

– Eles tentaram falar com você, mas havia relutância em ouvi--los. Caso tivessem levado em consideração ou ponderado sobre o que pensavam, você e papai teriam tido oportunidade para avaliar alternativas e escolher caminhos com maiores discernimentos.

Afinal, eles tinham uma experiência de vida e gostavam pelo menos de você, que era a filha deles.

– Eu os ouvia, mas atribuía um valor de certeza às ideias de João. Meu pai chegou a me dizer que, se quisesse ficar com esse João, que ficasse; que ele não tinha como me impedir, que eu deveria usar mais a minha cabeça e não ir atrás das ideias dos outros. Lembro-me bem das suas palavras: "Não tenho como impedi-la, mas ele não é homem para você. Se quer segui-lo, é problema seu, mas não venha pedir minha bênção". Parti com raiva deles, tão segura estava de mim. Hoje tenho dúvidas. Agarrei-me às ideias de João como uma criança se agarra na mão firme do pai. Não tive discernimento, tomada por um clima de revolta que vinha de dentro e de fora. Eu achava que não precisava do apoio deles. Sentiria saudades, não mais do que isso. Buscar desenvolvimento material e conforto físico eram preocupações burguesas. João e eu juntamos nossas economias para comprar passagens de ônibus para Fortaleza.

– Foram mesmo! Com a cara e com a coragem!

– Foram três longos dias de viagem cansativa, num calor e mau cheiro que crescia a cada dia até o destino final na metrópole. Depois, foi preciso descobrir como chegar a Jericoacoara, para onde fomos na boleia de um caminhão às custas de alguns trocados. Nosso dinheiro daria para alguns poucos meses, certos de que encontraríamos moradia e trabalho. Os imprevistos foram mais frequentes, a começar pelo motorista do caminhão que nos deixou a quilômetros de distância de Jeri. Encontrado outro meio de transporte, fomos parar em outra praia. Tivemos de dormir de improviso em uma pousada muito simples de beira de estrada.

– Você se arrependeu da viagem?

– Sim e não. A paisagem linda das praias de areias brancas e finas emolduradas por palmeiras e um mar límpido foi perdendo o brilho. Praias imensas que se perdiam no infinito como nós, sem sabermos para onde ir e o que estávamos fazendo naquele lugar longínquo. Mais tarde percebi minha imaturidade, arrogância mesmo, ao pensar que tudo sairia do jeito que a gente havia planejado. Queríamos apenas encontrar o paraíso. Coisa de jovens. Gostaria de evitar que você passasse por situações desse tipo, apesar de saber que há experiências que não se ensinam, se vivem. É algo que não se transmite. Aprende-se dando trombadas, não é?

– De preferência passando por aquelas que podem ser revertidas, quando dá, não é? E o casamento? Foram sem se casar? Havia algum tipo de compromisso entre você e o papai?

– Não. Achávamos que não valia a pena casar. Casamento era uma instituição burguesa, formada por castas, voltada a preservar interesses econômicos e status social, distante dos sentimentos autênticos do amor. Meus pais diziam que eram pensamentos de jovens moderninhos, desmiolados. Para nós o amor era tudo enquanto durasse. Não era necessário institucionalizar o casamento nem dar sentido de algo sagrado, como pretendiam as religiões. Ao se darem conta de que era impossível nos demover da decisão de partir, insistiram para que nos cuidássemos. Que não deveríamos pensar em ter nenê antes de termos claro o que pretendíamos da vida. Nossa reação foi tranquilizá-los ao dizer que filhos não faziam parte dos nossos projetos imediatos. Com os pais de João eu não tinha contato. Eles eram separados e viviam longe. Queríamos aproveitar a vida, conhecer pessoas e lugares diferentes.

– Não sei se sou eu a diferente, mas os jovens da minha geração também querem aproveitar a vida, desfrutar do corpo, do sexo, das amizades. Entre os meus amigos e amigas pode ter alguns mais louquinhos, desencanados. Mas vocês devem ter sido do tipo "bicho-grilo".

– Como assim?

– Eles explicam tudo, são cheios de raciocínio, distantes da realidade. Será que você e o papai queriam ser eternos adolescentes?

– Ouvindo você falar assim eu me sinto culpada. Foi preciso percorrer o trajeto que seguimos para ter mais clareza. Espero que tenha conseguido transmitir pelo menos o sentimento de prudência para você. Sei que sua vida tem sido dura, seu discernimento é mais realista. A vida se revela. Mas a história ainda não acabou. Tem fôlego para ouvir um pouco mais?

– Claro que sim! Porém essa conversa está mexendo comigo. Estou ficando cansada. Mas chegamos até aqui, vamos continuar mais um pouco.

– Falamos com uma amiga de Jeri, que se dispôs a nos ajudar. As férias estavam chegando, as pousadas precisariam de mão de obra para servir aos turistas. Poderíamos, provisoriamente, ficar hospedados na casa de algum conhecido dela até encontrar uma pousada que nos oferecesse trabalho e moradia. Nas primeiras semanas foi aquele entusiasmo, trabalho e festas, muitas festas. Terminada a temporada de férias a cidade voltou à sua vida pacata. Os funcionários temporários foram dispensados. As oportunidades de trabalho minguaram e o tempo ocioso aumentou. Sem emprego e moradia, alugamos uma casinha de pescadores distante do badalado centro da vila, agora quase desértico.

– Nossa, mãe! Você era muito sonhadora! Quantas mudanças em sua vida!

– Passei a me reunir com mulheres da vizinhança, em sua maioria artesãs e donas de casa. João me deixava sozinha, dizia que ia procurar trabalho. Voltava tarde da noite, embriagado e chapado. Eu queria voltar para São Paulo, mas ele, não. A ideia de viver fazendo reparos domésticos ou de gerenciar pousadas, vender artesanatos fazia parte de uma visão romântica, plena de devaneios, distante da realidade de quem teve na vida carinho, estudo, conforto, comida e roupa lavada. Eu era feliz e não sabia. As brigas tornaram-se cada vez mais violentas. Veio a depressão e um sentimento de impotência. Chorava o dia todo. Queria voltar para casa, mas era agredida por João, que me acusava de ser uma menina mimada, um peso na vida dele. Eu acreditava que seria possível salvar o nosso relacionamento. Numa noite, ao visitar Joana, precisei atravessar um extenso terreno baldio sem luz e sem lanterna. A meio caminho, olhei para trás e vi ao longe uma luminosidade estranha próxima à nossa casa. Resolvi voltar. Apressei o passo quando percebi que eram labaredas. Comecei a correr e a gritar em busca de socorro quando enfiei o pé em um buraco e caí em prantos, tomada por intensa dor. Tentei me levantar e andar, mas não consegui. Gritei por socorro até não suportar mais a dor e desfalecer. Vizinhos apagaram o fogo e outros me socorreram improvisando uma padiola e me fazendo tomar uma infusão e muita aguardente.

– Quanto sofrimento, mãe! Não poderia imaginar que você na minha idade tivesse vivido tantos sofrimentos e ser a pessoa que é hoje, sensata e ponderada. Se eu fosse sua mãe estaria muito triste e frustrada por não ter sido capaz de impedi-la de realizar essa viagem maluca.

– Passada a tempestade, está mais fácil perceber que naquela época houve negação da realidade. Os pais tinham dificuldade para se impor aos filhos.

– Continue, mãe. Estou aflita e quero saber como tudo isso acabou.

– Carregaram-me até a casa do único médico existente na região, especialista em tudo. Após me examinar, colocou uma tala na perna para imobilizar a articulação do tornozelo que, ele supunha, havia se fragmentado. A fratura era grave e necessitaria de cirurgia.

O único aparelho de raios X da cidade estava quebrado há tempos. Sugeriu que fôssemos para Fortaleza ou que retornássemos a São Paulo. No dia seguinte, João conseguiu um *buggy* que nos levou a uma clínica ortopédica em Fortaleza. Foi terrível, pois a cada sacolejada eu urrava de dor. Na clínica, após exames radiográficos, o médico concluiu tratar-se de uma cirurgia delicada, pois o tornozelo havia se partido em múltiplos fragmentos, com ruptura dos tendões. Faria um tratamento emergencial: imobilização, analgésicos, anti-inflamatórios e antibiótico. O melhor seria retornar para São Paulo, onde haveria melhores condições cirúrgicas e menor risco de infecção hospitalar. Numa etapa posterior, seria necessário fisioterapia prolongada para diminuir o risco de sequelas como a perda de movimentação do pé. Aguardamos algum tempo para decidir o que fazer. O dinheiro estava se esgotando e, para complicar, a menstruação não tinha vindo naquele mês. O pressentimento de estar grávida logo se confirmou.

– Grávida, mãe? De quem? Você não pensou em aborto, não é?

– Pensar, pensei, sim. Mas... felizmente, não tive coragem de fazê-lo. Imagine o que eu teria perdido? A experiência do aborto anterior, espontâneo, me deixou culpada, pois talvez eu não quisesse aquele bebê. Pensei se eu não era uma assassina. Agora, se você fizer as contas, descobrirá que eu estava grávida de você.

– Vim ao mundo em meio a tantas turbulências que não pararam por aí.

– É verdade, Lina. Vamos parar a conversa por aqui. Continuaremos em outro dia. Fiquei muito cansada e mexida ao relembrar momentos tão difíceis. Não imaginava que compartilhar tais lembranças com você pudesse desencadear sofrimentos que me pareciam sepultados. Vamos pedir a conta. Deixa que eu pago.

Nos abraçamos por algum tempo em meio a lágrimas. Eu precisava me abrir com ela e reparar algo que permanecia estragado, fragmentado em mim, mas tinha um limite, e Lina não era minha terapeuta. São os interstícios de minha alma, sentimentos que vão além das palavras, significados que flutuam entre o pensar e o agir, elos da vida que resgato na memória ao compartilhar com minha filha, amada e admirada.

– Quanta emoção, mãe! Estou surpresa, mas foi um presente ouvir a parte da sua história que é o começo da minha.

– É uma sensação de alívio, de paz interior, compartilhar com você, mas fiquei extenuada.

– Eu compreendo. Vou pagar a conta – disse Lina, ao fazer um sinal para o garçom.

– Pode deixar, eu pago.

– Não, mãe, recebi um adiantamento do meu salário. Quero pagar.

Saímos do barzinho e fomos abraçadas de volta para casa, em silêncio.

3. Lina

A permanência de Hernandez em casa foi radiante, a começar pelo fato de minha mãe ter aceito com naturalidade a presença do meu amigo e de eu ter superado o medo de vir a ser rejeitada devido às deficiências dos meus irmãos. A organização da vida doméstica, com horários extremamente disciplinados, me causava vergonha. Foi então que me dei conta dos meus preconceitos. Até então, parecia ser uma questão pertencente aos outros, mas estava presente também em mim.

Após sua partida para Montevidéu, comecei a trabalhar em um bar onde outros universitários faziam bicos após o horário da faculdade. Meu turno era das 18h às 23h, incluindo sábados e alguns domingos em escala. Logo, essa atividade se incorporou à rotina. A imagem de Hernandez foi se esmaecendo, perdendo força, apesar de vez por outra nos comunicarmos.

Certo dia cheguei em casa muito elétrica. Lucas e Fabinho dormiam. Minha mãe assistia a um filme na TV da sala. Aproximei-me dela por trás do sofá, dei-lhe um beijinho na cabeça, acariciei-lhe os cabelos e fiz um convite:

– Quer tomar uma cerveja ou prefere um cafezinho acompanhado de chocolate amargo? Comprei em uma cafeteria que também produz chocolates artesanais, pimenta e chocolate, com amêndoas ou só amargo, de 70 a 90%. O que você prefere?

– Convite exótico! Chocolate com pimenta e um cafezinho a essa hora? Não sei quais serão as consequências, mas um convite desses não se dispensa. Vamos provar.

Minha mãe me estendeu a mão, me fez contornar o sofá e me puxou para o seu colo, como nos velhos tempos:

– Apesar de preferir o chocolate amargo com um cafezinho, vou optar por essa coisa esquisita, chocolate com pimenta! Nunca provei nada assim.

– Experimentei em uma casa especializada em cafés finos e aromatizados com diferentes sabores. Um *chocolatier* vindo diretamente de Paris está lá por uma curta temporada fazendo chocolates deliciosos, verdadeiras esculturas. Vale a pena conhecer. Acabei comprando cafés e tabletes de chocolates diferentes. Escolhi um café com sabor de amêndoas. Sinta o aroma.

– Parece delicioso.

– Eles fazem combinações entre diferentes tipos de cacau e outros produtos. Esse com pimenta dizem ser afrodisíaco.

– Será que estamos necessitadas?

Rimos enquanto eu me levantava para ir à cozinha preparar o café com todo o cuidado necessário: água filtrada, coador de pano enxaguado com água fervida deixada em repouso e despejada lentamente sobre o pó. Um aroma de amêndoas torradas e café percorreu a sala a ponto de senti-lo na boca e narinas.

Escolhi uma toalhinha bordada para cobrir a bandeja. Servi o café em xicrinhas de porcelana com pedacinhos de chocolate amargo 70% e outros com pitadas de pimenta vermelha. Sentei-me ao lado dela e começamos a conversar:

– Estou preparando o meu TCC, o trabalho de conclusão do curso, e escolhi como tema a história do chocolate. Pretendo abordar desde a descoberta do cacau pelos maias, civilização que existiu entre 2600 a.C. a 700 d.C., na América Central, e astecas, cultura desenvolvida de 1300 d.C. a 1500 d.C., no México, até sua exploração comercial na atualidade. No passado, o cacau era utilizado em algumas sociedades como dinheiro. As sementes serviam de moeda na troca por mercadorias. Outras sociedades produziam uma bebida amarga a partir da fermentação do cacau cutilizada em rituais religiosos como uma bebida sagrada, de origem divina, devido às suas propriedades estimulantes. Chamavam-na de *cacahualt* ou *xocolatl*. Ela devia produzir um "barato", um tipo de "viagem", pelas suas consequências sobre o comportamento humano. Teve um botânico no século XVIII, Carl Linnaeus, que a chamou de "manjar dos deuses" ou *Theobromacacao*.

– Nossa! Como você está sabida. Parece-me bem entusiasmada com o tema. Isso é muito bom, facilita o estudo. Vai se tornar uma especialista no assunto? Como consumidora, eu não tenho dúvidas, pois sei que você é bem chegadinha em um chocolate desde pequena. Precisei dizer muitos nãos, pois após o primeiro pedaço era difícil convencê-la a parar de comer.

– É verdade. Pretendo me aprofundar na história social e econômica do cacau desde os antigos até chegar às produções atuais no Brasil e no mundo. Meu orientador já me deu um toque de que eu precisarei delimitar melhor o trabalho. É muita coisa para um TCC e mesmo para um mestrado. Quero ter uma visão geral do assunto para definir melhor sobre quais aspectos irei me aprofundar. Estou adorando.

– E eu, me sentindo orgulhosa do seu desenvolvimento. No futuro poderá lecionar, pesquisar ou mesmo ter algum negócio ligado a esse tema. A vida como professora ou pesquisadora não é nada fácil. A profissão é pouco valorizada, com salários baixos. Seu futuro dependerá, em parte, dos sonhos que tem sobre como quer levar a vida.

– Não quero me tornar uma sonhadora como você. Pretendo ser mais prática e ter maior discernimento da construção dos meus caminhos. Afinal, minha relação com você, apesar de termos momentos de divergência, tem sido mais amistosa do que a que você teve com meus avós.

– Assim espero. Lembro-me de quando criança ter visitado uma fábrica de chocolate, a Sönksen. Acho que era na rua Vergueiro, na Vila Mariana. Foi marcante. Comemos muito chocolate e ainda ganhamos como brinde vários produtos. A gente queria pegar um punhado de bombons, mas não era permitido. Ouvi dizer que o cacau entrou na Europa por meio dos espanhóis.

– É isso mesmo, mãe. Quando Colombo descobriu a América sua esquadra encontrou em contato com os povos da região. Em sua Quarta Expedição, um militar de nome Hernán Cortés recebeu do imperador Montezuma II sementes de cacau e provou uma bebida amarga feita dessas sementes, o *xocolatl*. A partir daí muita coisa aconteceu, até se transformar no fascínio de multidões em todo o mundo.

– Acabo de ter uma ideia interessante. Pensando no seu futuro profissional e, mais especificamente, no de seus irmãos, esse poderia ser um caminho. Tenho a certeza de que você saberá se virar, mas Lucas e Fabinho necessitarão de assessoria profissionalizante especializada. Quem sabe eles poderão trabalhar em uma fábrica de chocolates? Poderíamos abrir uma? O que você acha dessa ideia? De qualquer forma, ainda temos muito tempo e trabalho pela frente e depende muito do desenvolvimento que eles conseguirem alcançar.

– Tenho uma colega na faculdade que vende trufas de chocolate no intervalo das aulas. São deliciosas. Ela prepara na cozinha de sua casa e ganha um dinheirinho que a ajuda a pagar os estudos. Ter uma fábrica de chocolate artesanal poderá ser interessante, mas é preciso ver questões de custo, de tecnologia, coisas das quais eu não tenho a menor ideia. Sei que o Brasil já foi um dos maiores produtores de cacau e, hoje, ocupa a sexta posição. Estão tentando recuperar seu cultivo na Amazônia.

– É apenas uma brincadeira, mas a preocupação com o futuro dos meninos é real, em termos de preparar condições econômicas para garantir a sobrevivência deles. Não vamos nos inquietar agora com o futuro. Fale-me de você... como anda sua vida amorosa? Há tempos que não ouço falar do Hernandez.

– Nós terminamos.

– É mesmo? E você nem me disse nada? Anda fazendo segredinhos? Será que aprendeu comigo? Por que tomaram essa decisão?

– É uma história complicada, mãe. Eu continuo gostando dele e acho que ele de mim, mas é cedo demais para a gente se amarrar. Não quero assumir um compromisso contínuo e com responsabilidade à distância. Ninguém é de ferro. Quero sentir e dar carinho e morando longe fica difícil. Não tenho jeito para praticar amor platônico. Gosto de tocar e de ser tocada. Esperar a chegada das férias ou um feriado prolongado para que isso aconteça não vale a pena. Por outro lado, tanto ele quanto eu temos ambições semelhantes, como viajar, fazer pós-graduação no exterior. No momento é melhor manter a amizade e preservar a liberdade. Quando a gente namora tem vontade de se ver, de ficar juntos. Só conversar por WhatsApp ou Skype não dá certo. Mesmo que ele morasse aqui eu não gostaria de continuar namorando. Ele é muito legal, mas ainda sou muito jovem para me sentir aprisionada em um relacionamento. Vivemos juntos bons momentos. Se o destino for o reencontro, aí a gente vê o que faz.

– É uma pena. Ele me parecia um bom rapaz. Compreendo seu posicionamento. É maduro e realista. Quando ele esteve em casa temi que vocês se envolvessem sem que pudessem dar continuidade ao romance, mas foi preciso viver a experiência para poder sentir a dor na pele. Melhor assim. Nem sempre o que é bom, como um amor de férias, serve para o resto da vida. Manejar essas oscilações entre desejos e realidades não é fácil.

– Tanto você quanto eu já demos muitas trombadas. Quero diminuir os riscos de me aborrecer. Agora sinto-me livre e desembaraçada.

– É verdade. Só vivendo a gente aprende ou intui ser preciso reformular a maneira de ser e de pensar ou de pensar melhor antes de agir. As experiências e as dores fazem parte desse aprendizado, na necessidade de se ter maior discernimento. Fazendo e aprendendo. A gravidez em Jeri, o retorno a São Paulo, a volta para a casa dos meus pais, o seu nascimento e o dos seus irmãos, as doenças deles, minha internação, a separação do seu pai... esta é a grande escola da vida.

Após um longo silêncio reflexivo, minha mãe concluiu:

– Formou-se um abismo dentro de mim que a princípio parecia impossível de ser transposto. Passei por caminhos tortuosos e espinhosos, provocados ou não por mim. Estava presa a crenças, preconceitos, sonhos inalcançáveis nos quais me segurava como verdadeiras tábuas de salvação.

– Nossa, mãe! Nunca havia parado para pensar na sequência de fatos que ocorreram em sua vida. Quantas histórias para contar. Quanta experiência!

– São histórias que eu desejava não precisar contar nem para você nem para ninguém. Mas elas fazem parte da minha trajetória. Conversaremos em outro momento se tiver curiosidade. Também não quero saturá-la.

– Podemos conversar agora, estou interessada. Quero saber como cheguei ao mundo e como foi o início de nossa caminhada. Pelo visto foi turbulenta. Será que você está a fim de falar?

– Claro, filha. Queria ter contado naquele dia em que fomos ao barzinho na Vila Madalena, mas a dose de emoções já havia chegado ao limite. Eu falava sobre o incidente em Jeri no qual havia fraturado o tornozelo.

– Isso mesmo. E que precisou ir para Fortaleza e acabou retornando a São Paulo.

– É verdade! Foi uma época muito conturbada que se agravou com o diagnóstico da gravidez. Meu relacionamento com seu pai já não andava bem. Vínhamos nos desentendendo após ter passado a fase das novidades em Jeri. Com a rotina, aquilo que era lindo pela natureza e calor do povo se transformou numa coisa enfadonha. A beleza contínua cansava sem a perspectiva de novos desafios. Sentíamos carência de vida cultural, da agitação das ruas, dos encontros com os amigos. O trabalho comunitário era difícil pela falta de recursos e a morosidade da comunidade em batalhar por uma qualidade de vida melhor. A região tinha um ritmo próprio dominado pelo contexto: sol, mar, dunas, matas e rios. Nós estávamos tomados pelo clima de São Paulo, com seus prédios, trânsito absurdo e muita gente nas ruas. Não se podia fazer comparações. Éramos nós que estávamos como peixe fora d'água. Sentimentos de fracasso e de desamparo minavam nossa autoestima, agravados pela falta de perspectiva de trabalho e de dinheiro. Voltar para São Paulo seria uma posição madura, mais racional, mas que nos enchia de vergonha ao recordar as palavras do meu pai me advertindo pela imprudência da decisão. Eu estava com medo de ficar e de voltar.

– Mas vocês eram tão jovens. Seria natural que fizessem besteiras. Eles não enxergavam isso? Parece-me tão simples! Também, se não estavam gostando, se surgiram problemas, era só mudar de ideia e voltar, não é?

– Claro que meus pais compreendiam. Porém, isso não os impedia de se revoltarem com as nossas decisões. Provavelmente, com a experiência que tinham, intuíam que a ida para Jeri seria um atraso de vida para quem tinha ambições intelectuais e sempre viveu uma vida de cidade. Queríamos seguir nossos planos. Cheguei a pensar se o incidente em Jeri não teria sido uma forma de me punir por não ter levado em conta as ponderações dos meus pais.

– Será que também sou desse jeito, meio cabeça-dura, difícil de rever minhas ideias? Estou surpresa. Vou prestar mais atenção em mim. Não quero ser desse jeito, não! Nem carregar culpas só porque desejei fazer um tipo de experiência na vida.

– É, mas foi assim. Retornamos sem dinheiro e fomos morar na casa dos meus pais, o que significou um novo fracasso. Surgiram tensões. Vivíamos de forma diferente da deles. Todos perdemos a privacidade. Os horários eram distintos. João gostava de tirar os sapatos e deixar jogado no meio da sala. Meu pai não suportava isso. Fumar na casa era outro ponto de atrito. A situação se amainou quando João conseguiu emprego como professor em uma escola pública da periferia e nós nos mudamos para uma casinha pequena antes de você nascer.

– Quanta confusão, mãe. De um lado, solidão; de outro, regressão. Experiências vividas na contramão de quem estava em busca da liberdade! ... E, no final, você precisou ser operada?

– Essa foi outra aventura. No retorno a São Paulo, fiz uma série de exames até que um médico especialista em tornozelo reafirmou a necessidade cirúrgica para tentar preservar ao máximo os movimentos do pé, e, assim mesmo, com riscos de restrição. Se fosse uma bailarina, certamente afetaria minha atividade. A cirurgia transcorreu sem intercorrências, ainda que considerada difícil, pois os ossos haviam se fragmentado em muitos pedacinhos. Colocaram pinos, placas e parafusos. Virei um robozinho mecânico.

Fui sedada e a anestesia raquidiana, aquela que injetam pela coluna, para diminuir as consequências sobre o bebê.

– E meus avós? Ficaram muito bravos com você?

– Nada. Foram carinhosos, não fizeram qualquer crítica, mas eu lia nos olhos deles a dor, a mágoa e uma interrogação: onde falhamos com nossa filha...? Permaneci dois meses imobilizada, antes de passar por um longo período em fisioterapia. Depois veio a depressão, insegurança e medos, muitos medos.

– E papai, como estava? Ele ficou ao seu lado?

– João andava revoltado, gritava a troco de nada. Parecia não suportar que as atenções e cuidados estivessem centrados em mim e nos preparativos para a chegada do bebê. Ele ia ao bar com frequência e eu, barriguda, precisava buscá-lo. Ele também se deprimiu. Os sonhos tinham se transformado em pesadelos.

– O que houve entre vocês para chegarem a esse ponto? O amor tinha se acabado? Vocês não conseguiam conversar? Sempre me falavam para eu ter paciência.

– Acho que o problema era outro. Foram muitas as mudanças de rumo em nossos projetos em meio a imprevistos e aos imponderáveis da vida, além, claro, de nossa falta de planejamento, que desmancharam nossos sonhos juvenis. A realidade foi se impondo aos nossos desejos. Logo você nasceu. Nossas mágoas se diluíram entre encantamentos, choros, febres, diarreias, mas bastava um sorriso seu para nos apaziguar. Você foi a primeira neta dos dois lados. Muito paparicada. Ser mãe, sentir você saindo de dentro de mim, abraçar e acariciar aquela coisinha linda era e é indescritível. Não há sentimento que se equipare a isso. Surgiram novas angústias quando meu leite secou. Você recusava o peito. Fiquei frustrada ao ouvir do pediatra que havia uma espécie de alergia por incompatibilidade com o leite materno. Foi preciso fazer uso de um leite em pó especial. Seu pai e eu não estávamos preparados para enfrentar a vida a três. Meus pais vieram para ajudar a cuidar de mim e da casa.

– E meus outros avós não participavam de nada?

– Muito pouco. Eles eram separados quando conheci seu pai. Moravam longe, em cidades diferentes do interior. Seu avô se casou novamente e dava pouca atenção para o seu pai, com quem acabou brigando. Sua avó, vez ou outra, ligava para saber do filho ou quando precisava de alguma coisa, em geral para pedir dinheiro.

– E daí o que foi que aconteceu?

– Fomos tocando a vida. Aos poucos nossa situação econômica melhorou. Você foi para uma escolinha. Eu fui trabalhar em uma firma de publicidade. Felizmente não abortei. Levanto as mãos para os céus. Teria perdido essa oportunidade maravilhosa de estar agora ao seu lado, saboreando o delicioso cafezinho com chocolate preparado pela minha princesinha. Eu não me perdoaria.

Minha mãe segurou meu rosto com ternura e aproximou os lábios de minha testa para me beijar delicadamente. Entre lágrimas e sorrisos ela me disse:

– João sempre adorou você, mas se ressentiu com o teu nascimento e o tipo de vida que passamos a levar. Voltou a usar maconha intensamente, a beber sem limites e a andar com más companhias. A instabilidade tomou conta da nossa relação. Foi nesse clima que engravidei novamente. Aí, sim, tudo se complicou, com o nascimento de Lucas.

– Você fala como se fosse vítima dos acontecimentos, mas teve participação. Estou surpresa, pois a mãe que você se descreve, frágil e ingênua, que segue o marido sem questionar, é muito diferente da mãe que eu conheço, que me alerta para tudo! Estou revoltada pelo que ouvi. Ah! Chega, vou dormir, amanhã terei um dia intenso.

Levantei-me, mas minha mãe prosseguiu:

– Não tive com meus pais a intimidade para conversar como tenho com você. Entre nós, quando a gente se desentende, passa um tempo e fazemos as pazes. Tenho aprendido a ser mais tolerante com a vida, com as experiências que me ensinaram a ser isso que você vive atualmente comigo. Cada momento tem sido uma escola, onde aprendo a ser menos escrava dos meus desejos e menos ainda dos desejos do outro. Agora é com você que estou aprendendo a ser mãe.

– Você não se arrependeu das suas aventuras?

– Não. Não me arrependi de nada. Passei a ser mais cautelosa comigo. Descobri que minha fragilidade era uma forma de controlar o outro e a teimosia era uma tentativa para me afirmar e de não dar a mão à palmatória ao ter de rever meus pontos de vista. Uma espécie de preguiça misturada com as rebeldias da adolescência, que você conhece tão bem.

– Você fez um monte de merda. Chega, mãe. Agora vou dormir.

– Ouça um pouco mais, só para concluir. Aprendi a tomar distância de mim mesma para melhor analisar minhas tendências e limitações. Em Jeri, eu via aquelas meninas grávidas andando pela praia, de barrigão de fora. Achava aquilo bonito e divertido. Imaginava a mim mesma, assim como elas, cheia de orgulho, em plena liberdade, me sentindo mulher. Parecia-me que tudo estava bem até João e eu começarmos a brigar. Ele voltava para casa sempre muito tarde. Dava mil desculpas. Eu ficava desconfiada, achando que ele estava me traindo. Ele me chamava de ciumenta, de menina mimada. Depois, chegava todo amoroso. Quando resolvi ligar para os meus pais depois da ruptura do tornozelo, eles também me estimularam a voltar. Sentia falta deles, principalmente de minha mãe. Eu sabia que ela iria me ajudar. Ela se ofereceu para vir ficar comigo, mas meu pai precisava continuar o trabalho na loja de roupas. Teria sido um grande sacrifício para ela deixá-lo sozinho. A experiência dolorosa me fez enxergar minha arrogância.

– Está bem, mãe. Agora quero dormir. Chega por hoje. Tenho muita coisa para digerir.

– Boa noite, minha filha. Irei me deitar logo mais.

Ela me deu um beijo e eu fui deitar, mas o sono não vinha. Fiquei pensando nas agonias que ela tinha vivido na minha idade, apaixonada pelo meu pai, em situações semelhantes às que eu já havia passado, mas sem os mesmos desdobramentos desagradáveis. Sorte minha. Providência ou percepção das medidas preventivas a serem tomadas? Provavelmente um pouco de cada uma dessas condições. Com Hernandez queria viver cada minuto como se fosse o único e, quem sabe, o último. Ela não soube que eu havia passado momentos de intensa preocupação ao suspeitar estar grávida de um outro rapaz com quem havia me relacionado de forma passageira antes de conhecer Hernandez. A menstruação havia atrasado, tive cólicas, cansaço e um mal-estar geral. Caso a gravidez se confirmasse, eu abortaria, apesar de ser algo que eu não queria experimentar. Seria para mim um ato criminoso ter o bebê sem desejá-lo, mas abortar também me faria sentir muita culpa. Existiam tantos meios para me proteger, inclusive a pílula do dia seguinte, mas eu fora negligente. Pensar em matar um filho era insuportável! Porém, eu tinha consciência de que não estava pronta para ser mãe. Na ocasião não pensei em pedir ajuda aos meus pais, que estavam lotados de problemas com os meninos, e a relação entre eles não era das melhores. Meu amigo ficou sabendo do ocorrido, disponibilizou-se para me ajudar e compartilhar no que fosse necessário. Também deixou claro que gostava de mim, só que não estava preparado para assumir um relacionamento e, menos ainda, para ser pai. Naquele dia eu apenas estava me sentindo carente, queria ser abraçada, ficar com alguém, transar. Felizmente tudo se resolveu espontaneamente com o retorno regular da menstruação. Aprendi que o corpo era fonte de prazeres, mas que eu não podia brincar com ele como se brinca com bonecas. Se eu não me cuidasse, quem o faria por mim? Sentia-me no direito de fazer com meu corpo o que bem entendesse, mas seria eu quem arcaria com as consequências. Era preciso descobrir que eu era capaz de fazer loucuras, não por falta de orientação, nem de conhecimento. Quantas vezes minha mãe me falou sobre a importância de usar camisinha, que era essencial para evitar doenças sexualmente transmissíveis. Porém, quando se está tomada pelo desejo não se pensa em nada, só em satisfazê-lo. Com Hernandez eu já estava mais escolada. Sabia que ao ultrapassar certo ponto dos desejos não haveria como freá-los, portanto, era melhor parar antes ou não começar. Sentia-me mais segura e contente, menos cabeça-dura diante das observações de minha mãe, que não deixava de me alertar para eu ter cuidado, para não me meter em enrascada, não usar drogas, blá, blá, blá! Eu dizia para ela parar de me encher. Era fácil me atrapalhar. Apesar das raivas, aprendi a tolerar o confronto como uma forma de amor, mas era preciso superar a rivalidade existente entre nós duas.

Lembrei-me de Hernandez, da forma delicada como compreendeu a situação da minha família. Senti gratidão pelo seu carinho. Facilmente meus irmãos se desorganizavam, entravam em sofrimento, levando junto quem estivesse ao seu redor.

Após a partida de Hernandez para Montevidéu dediquei-me intensamente ao emprego e aos estudos. Fui convidada pelos sócios do bar a trabalhar na área administrativa. Eram rapazes dinâmicos, ousados e criativos. Eles gostaram do meu desempenho inicial. Disseram-me que eu era muito organizada e responsável e, portanto, tinha condições para aprender a lidar com outros setores da empresa e ajudar na gerência. Transferi a faculdade para o noturno e passei a trabalhar durante o dia. Fazia compras e calculava o preço de venda dos produtos. Estava aprendendo a administrar conflitos relacionais entre funcionários, direção e público, à medida que administrava melhor meus próprios conflitos e definia quem eu era e o que pretendia. A rotina do trabalho me valorizava. Deixei de ajudar minha mãe nos cuidados da casa e dos meninos, fazendo-o só nos finais de semana. Parece que me acalmei ao ter encontrado coisas boas dentro de mim sem precisar negar as más. Uma sucessão de imagens agradáveis percorreu minha cabeça, como em um filme. Relaxei, senti paz e adormeci.

4. Gabriela

Os encontros com Lina no bar e depois em casa ao sabor de cerveja, café, pimenta e chocolate amargo foram marcantes e merecedores de continuidade. Segredos de minha vida compartilhados, partes da nossa história e da história de cada uma de nós. Desejava desfrutar com ela o que fui e o que sou como fruto de vivências imprevisíveis. Censuras moral e afetiva me impediam de fazê-lo, já que envolviam minhas realizações como pessoa e mulher na vida amorosa e sexual.

Conheci o inferno, passei pela loucura, vi o mundo desmoronar, nele me instalei até redescobrir o amor e a vontade de viver. Do caos interior emergiu energia e criatividade. Somente mais tarde pude entender a natureza reconstrutiva de certas vivências como parte de um processo de descoberta de mim mesma. Registro essas ideias talvez como um acerto interno de contas, um movimento de reparação do meu eu na luta entre o belo e o horror, entre investir na vida, desaparecer e retomar o percurso para viver da melhor maneira, o que a vida me trouxe como surpresa.

Equiparei o nascimento de Lina à imagem de uma lua cheia que vi emergir das águas do mar, refletindo seu manto dourado, como um raio de luz que iluminou meu caminho. Era o fenômeno da criação transformadora que transcendia a razão, apesar de todas as explicações científicas.

Lina era uma criança linda e tranquila. Seu nascimento trouxe descobertas, trabalho, noites mal dormidas e alegrias que só mais tarde pude valorizar. Cada sorriso e nova conquista me enchiam de orgulho e de estímulo para investir nos cuidados do bebê até ser descoberta a existência de alergia pelo leite materno. Fiquei frustrada. Temi ser sintoma de rejeição a mim, devido às tensões familiares.

As coisas se acomodaram por um tempo quando João conseguiu emprego. Eu fui trabalhar e mudamos para uma casinha alugada. Pretendíamos ter mais filhos e eu não desejava que houvesse grande diferença de idade entre eles. Curtíamos a ideia de ela vir a ter um irmãozinho para brincar. Ela nos pedia e brincava de arrumar o quarto para recebê-lo.

Lucas nasceu quando Lina tinha três anos. Foi o término da tranquilidade dela e de todos, com as dificuldades que surgiram por ocasião do seu nascimento. O parto foi normal, mas ele teve problemas para respirar. Nasceu arroxeado e necessitou de cuidados especiais devido às suspeitas de insuficiências cardíaca e respiratória, que mais tarde se confirmaram. Passamos um ano realizando múltiplos exames e tratamentos para afastar as infecções enquanto ele se fortalecia. Com um ano foi levado à cirurgia por má-formação congênita do coração. Vieram pesadelos de várias naturezas: o medo da morte e, pior, o medo da vida, carregada de possíveis consequências neurológicas e mentais que se concretizaram. João e eu corríamos frequentemente aos médicos, laboratórios, prontos-socorros. Um mundo de profissionais que nem sempre pensavam da mesma forma nem prescreviam as mesmas condutas. Era um inferno ter de decidir sobre algo que não se sabia avaliar ou cujas consequências eram imprevisíveis. Mas decidir era preciso. Opera ou não opera, dá ou não dá tal medicamento. Éramos todos ignorantes perante os mistérios daquele corpinho frágil sujeito às leis da Natureza e aos poderes que atribuíamos aos médicos, nossos deuses. Foram dois anos exaustivos na tentativa de recuperá-lo e ajudá-lo a se desenvolver da melhor forma possível. Noites mal dormidas já haviam se transformado em rotina. Eu chorava muito quando me recolhia sozinha em meu quarto. O futuro incerto representava uma esperança. Era o meu filho e eu o queria vivo.

Os médicos diziam que o caso era grave, enquanto tentavam nos tranquilizar, dizendo que o problema poderia ser transitório. A intervenção cirúrgica poderia trazer resultados positivos. Não deveríamos nos preocupar agora com o futuro. Como não se preocupar se o presente era incerto? Imaginar uma criancinha de dias ou meses, deitadinha na mesa cirúrgica para ser operada do coração, rodeada de médicos, enfermeiras, fios e instrumentos à espera da vida e da morte? A intervenção estava sendo protelada com procedimentos medicamentosos, estímulos respiratórios que se revelavam ineficientes diante das crises de falta de ar, paradas respiratórias e sucessivas infecções pulmonares que complicavam seu estado. A hipótese era de que o lento desenvolvimento físico e mental seria compensado com a boa evolução cirúrgica, ao trazer melhor oxigenação cerebral. O tempo foi passando, com a verdade se estabelecendo. Houve melhoria das condições físicas gerais, mas o desenvolvimento neurológico, psíquico e social estava aquém do esperado para sua idade.

Os exames genéticos eram normais. A conclusão foi que o risco de vir a ter outro filho com problemas era mínimo, igual ao da população em geral. Resultado animador, dando-nos a esperança de Lina vir a ter um irmãozinho para brincar. Ela perguntava insistentemente quando poderia brincar com Lucas, pois o tempo passava e ele permanecia no bercinho deitado, reagindo pouco, mesmo com as atividades de estimulação.

Tivemos dúvidas quanto a enfrentar uma nova gravidez pelas ansiedades e fantasmas que nos acompanhavam. Quando engravidei novamente pensei em abortar, mas a perspectiva de ter de carregar mais um trauma levou-me a desistir dessa ideia. João achava que o aborto era um procedimento normal, um direito que eu tinha sobre o meu corpo. Dizia que eu era moralista e fresca, uma menina mimada, burguesa, e que caberia a mim tomar qualquer decisão. Resolvi encarar a gravidez. João voltou a beber e a usar maconha com maior intensidade e frequência. Às vezes eu o acompanhava, mas depois era invadida pela culpa.

A inexistência de problemas hereditários e a fé amainavam a sombra assustadora que me acompanhava ao imaginar ter um novo filho. Família e amigos me incentivavam, dizendo que seria bom, pois ajudaria a superar as dificuldades de Lucas. Eu tentava pensar que as aflições poderiam ser frutos de minha fértil imaginação. Ideia que me acalmava por algum tempo, até ser invadida por novos temores. João dizia que eu via coisas que não existiam, que eu era muito imaginativa.

– Melhor esperar o nenê nascer do que prever o futuro e antecipar os sofrimentos – dizia ele.

Eram frases que me consolavam até ser invadida por novas ondas de dúvidas e medos. Chegaram as primeiras contrações, mas ainda era cedo para o bebê nascer. Houve ameaça de ruptura prematura da bolsa, com a consequente recomendação de ficar em repouso e tomar medicamentos para tentar segurar o bebê e evitar infecções. Quando as contrações se intensificaram tentei falar com João. Somente consegui deixar recado na caixa postal. A bolsa havia se rompido e o médico me orientou a ir urgente para a maternidade. Peguei minha maleta e a do bebê, chamei um táxi, mas antes repassei com a cuidadora a lista de medicamentos e procedimentos que ela deveria ter com Lucas. Enviei mensagem para que João buscasse Lina na escola e passasse em casa para ver se tudo estava bem antes de ir para o hospital. Uma angústia tomou conta de mim, com medo de que não conseguisse segurar o bebê até chegar à maternidade. O trânsito estava uma loucura, parado, e as contrações, cada vez mais frequentes e intensas. O motorista fez o que pôde para chegar logo ao hospital. A única coisa que eu podia fazer era segurar minha barriga e respirar fundo para tentar diminuir as contrações para não ter o bebê no táxi. O suor escorria por todos os poros.

Na maternidade fui prontamente atendida. Aí começou outra correria quando foram identificados dilatação total, contrações frequentes e intensos batimentos cardíacos do feto. Indicaram cesárea sem que me explicassem os porquês. Só mais tarde fiquei sabendo que o bebê estava em sofrimento fetal. Quando acordei, perguntei pelo bebê. Disseram-me que o médico viria logo falar comigo. A nuvem que pairava em minha cabeça e me oprimia tornou-se ainda mais negra. Lembro-me vagamente de alguém ter enxugado lágrimas que escorriam pelo meu rosto. A enfermeira, para me tranquilizar, disse que o nenê precisou ir para a sala de cuidados especiais e reafirmou que o médico viria conversar comigo. Um frio intenso vinha do fundo de minha alma, indiferente às mantas que haviam sido colocadas para me aquecer. Eu flutuava num grande vazio sem cor e sem vida. Minha mãe acabara de chegar. Falava-me palavras doces que me irritavam ainda mais. Eu tinha a impressão de que todos estavam me enganando. Chorei muito. Chamei por João, que tinha estado no hospital, mas saíra sem que se soubesse para onde foi nem quando voltaria. Nem sei se queria que ele voltasse, assustada com a solidão sem nome. Uma avalanche havia caído sobre mim. Acho que fui dopada.

Ao acordar perguntei novamente pelo bebê. Disseram-me que o médico estava vindo, que falaria comigo e com João. Juntos iríamos ao berçário. Ele estava melhorando, me disseram, assim como tudo o que era possível estava sendo feito para sua recuperação. Nas próximas horas seria feita uma reavaliação e definidas as novas condutas. Mais uma vez, ouvi que era preciso ter paciência. Mas como ter calma diante de uma situação desesperadora?

O médico nos disse que infelizmente o bebê havia nascido com baixas condições vitais. O prognóstico era sombrio e as causas, desconhecidas. Ele estava na UTI neonatal para reanimação. Passados cinco dias, recebi alta hospitalar com uma série de recomendações, entre elas a de vir, se possível, diariamente ao hospital para que o leite materno fosse retirado e dado para o bebê. Também para estimular o bebê, manter contato, na perspectiva de criar uma relação afetiva e sensorial importante, base para o seu desenvolvimento global.

Voltamos para casa sem ele, que permaneceu cerca de um mês na incubadora. Diariamente eu ia ao berçário para visitá-lo, acariciava sua pele, falava com doçura, fazia sua higiene. Não era possível amamentá-lo nem lhe dar mamadeira. Ele recebia meu leite por meio de tubos conectados ao seu corpo.

Após a notícia dada pelo médico, agradecemos seus cuidados e ele se foi. João e eu ficamos ali, parados, consternados, desejosos de sair daquele ambiente, impotentes, tendo de deixar o bebê, mas ávidos para nos afastar do cheiro da morte, sem conseguir fazê-lo, sem saber se queríamos nosso filho vivo ou morto. Chorei sem lágrimas, invadida por um enorme ponto de interrogação e medo. Que fazer? Nada a ser feito. Lina, Lucas e agora mais um bebê doente para cuidar. Teria energia para aguentar? Pergunta que pairava no ar, sem saber como me desdobrar para atender a todos e a um casamento que se esgarçava.

Chamamos o bebê de Fábio, Fabinho. Soava para mim um nome bonito. Minha mãe veio para me ajudar. Os amigos se dispuseram a fazer um revezamento para cuidar da casa, buscar Lina na escola e providenciar o que fosse necessário. Felizmente, os problemas de Lucas tinham se acalmado.

Quando Fabinho veio para casa percebemos que ele sugava com dificuldades, engasgando e vomitando. Era preciso descobrir como alimentá-lo, qual volume conseguia engolir, com que velocidade dava cada gole. Uma preocupação contínua estava presente para evitar que houvesse refluxo. O bebê começou a ganhar peso, mas suas reações eram lentas, não conseguia fixar a cabeça, não sentava, não acompanhava com o olhar, diferente do que se esperava de uma criança normal. Porém, conhecido por nós ao compará-lo com Lucas. Fabinho choramingava o tempo todo, com poucas reações de vitalidade, interesse pelo ambiente, luzes, sons, movimentos ou pela nossa aproximação. Seu bercinho estava repleto de bichinhos para nossa alegria sem que ele esboçasse reações, frustrando-nos, tirando o brilho do nascimento, da vida. A lua cheia e resplandecente da noite de Natal havia minguado e estava coberta por nuvens negras. Ele demorou para engatinhar e acompanhar o movimento das pessoas, com poucas manifestações de alegria ou tristeza. Apenas reações que nos faziam suspeitar da existência de desconforto. Entre o silêncio e o sono emitia ruídos e choros incompreensíveis. Exames, idas e vindas ao pronto-socorro preenchiam nossos dias em meio às preocupações quanto ao diagnóstico e ao futuro dele... deles. Nesse meio-tempo, Lina esforçava-se para ser uma criança boazinha, passando quase despercebida.

Progressivamente me senti extenuada. Desanimada diante do cotidiano frustrante e sem esperanças. A inércia e a indiferença tomaram conta do meu corpo sem ânimo, sem interesse em me cuidar ou viver. Só mais tarde fui descobrir que se preocupar era um estado de amor que havia desaparecido.

Lina era uma experiência à parte, ao intuir os dramas da vida familiar. Madura e colaboradora para sua idade, procurava se antecipar às situações ao buscar fraldas e perguntar se eu precisava de ajuda. Ela era a criança adulta que precisávamos que ela fosse. Pouco pedia, praticamente de nada reclamava. Seu futuro era a esperança de nossa realização.

Por mais que me esforçasse para ter esperanças, um vazio profundo crescia e tomava conta do meu interior, desejosa de encontrar um deus no qual pudesse me amparar diante da nuvem negra que se transformara em uma única questão: por quê?

Sem respostas, abandonei-me à dor insuportável que me impedia de ser mulher, esposa, mãe e filha. Não me conformava em ser mãe de dois filhos com deficiência, apossada por sentimentos de vergonha de mim mesma. Via nos olhos dos outros apenas crítica e pena. Eu havia sido educada para ser uma boa mãe ou, simplesmente, mãe. Mas com meus filhos não bastava me esforçar para educá-los. Queria curá-los. Como? Era algo independente dos meus esforços e desejos, consciência que me gerava ódio, humilhação e impotência. As limitações deles não seriam superadas com meus esforços, dedicação e amor, mas era preciso tentar para alcançar o progresso possível. Uma voz profunda vinda do meu interior dizia que eu estava me enganando.

Nos eventuais momentos de tempo livre eu apagava, exausta. Queria dormir para acordar em um mundo novo. Queria acreditar em Cinderela e ser acordada por milagres, mas sobressaltos, mobilizados pela sombra negra e assustadora, me perseguiam.

Quando Lina ia para a escolinha, eu sentia um alívio. Era uma pressão a menos e lá ela estaria bem cuidada, protegida do medo de abandono. Silenciosa, observava o mundo ao seu redor, a falta de espaço e de quem se preocupasse com ela. Várias noites precisou ser acordada para nos acompanhar ao pronto-socorro, agarrada à sua bonequinha ou cobertor.

A depressão foi se insinuando e tomando conta de mim. Passava horas na cama sem me importar com as crianças nem comigo mesma. A comida perdera o sabor, os dias eram eternamente cinzas e o tempo demorava a passar. Sexo? Não sabia o que era isso, mesmo quando João me procurava. A vida estava perdendo o sentido. Esforçava-me em alguns momentos, impelida por um sentimento de responsabilidade ou pressão dos meus pais, das cuidadoras e até do João, a quem eu via muito pouco.

Do abandono pessoal veio a degradação, encolhida na cama, dormindo sem me lavar, comer, chegando a prosseguir dominada pela inércia, urinada e em meio às fezes, sem outras reações. Viver o dia a dia com as crianças naquele estado fazia que me sentisse um farrapo. Por mais que soubesse que era preciso reagir, não encontrava forças. Havia pensado em me matar, ação difícil de ser executada. Dependia de iniciativa e ainda não estava louca o bastante para um ato impulsivo. Aliás, a inércia talvez fosse o meio de me defender desse desejo.

Um sentimento de estranhamento turvara minha mente, dificultando reconhecer João como meu marido. Perdi a noção do tempo, do espaço, do sentido das palavras e da forma de integrar as ideias. Recordo-me de uma tristeza e sono profundos, dores de cabeça intensas e enxaquecas, uma agitação ansiosa que me fazia andar de um lado para o outro e falta de vontade para tudo, até cair na indiferença. João me contou que em alguns momentos eu gritava de maneira lancinante e arranhava meu rosto com as unhas, batia a cabeça contra a parede e falava coisas desconexas até cair em torpor. Amaldiçoava a Deus e à vida por ter me oferecido tais condições, como se fosse um castigo que eu não merecia. A situação havia se tornado tão grave que os cuidados ambulatoriais e domiciliares não haviam surtido os efeitos desejados.

Diante do desespero familiar chamaram o médico, que diagnosticou depressão psicótica grave. Era necessária internação imediata para sonoterapia, hidratação, cuidados básicos de enfermagem e tratamento com antidepressivos e antipsicóticos. A família ficaria proibida de contato por dez a quinze dias. Se tudo evoluísse favoravelmente, numa segunda etapa, a paciente iniciaria laborterapia e terapia grupal. Numa terceira fase, após a alta hospitalar, o tratamento seria ambulatorial, em sistema de hospital-dia, para ressocialização. Reavaliações periódicas e trabalho de terapia familiar estavam previstos ainda durante a fase de internação. Era difícil falar em prognóstico naquele momento.

Internada em um hospital psiquiátrico ou "casa de repouso", forma delicada de se expressar, vivi meses em um ambiente com requintes hoteleiros, piscina, ginástica, terapia ocupacional. Fiz uso de sedativos, hipnóticos, drogas estabilizadoras do humor, coquetéis que me faziam dormir sem ter contato com o mundo exterior. Não tenho lembranças de quanto tempo permaneci neste estado de Bela Adormecida. Depois, acordava para refeições, banho e higiene dos quais nada me lembro a não ser vagamente de fisionomias distintas das enfermeiras que me cuidavam. Com o passar do tempo, baixaram as doses dos medicamentos e eu recuperei progressivamente a consciência. Lembro-me de que era levada para tomar café com os demais pacientes e depois ficava sentada no jardim olhando as plantas, perdida em imagens vagas, esperando o tempo passar sem outras motivações. Criei afeição por uma das moças; ela se interessou por mim e pela minha história.

Pouco a pouco retomei o contato com a realidade, irritada com a imagem frágil que formara de mim, revoltada com o cerceamento da liberdade e ainda sem forças para reagir. Dizem que tive momentos de intensa agitação e agressividade, despertada por pesadelos pavorosos de figuras horrendas a me agarrar. Injetavam alguma coisa que me fazia dormir profundamente para acordar sem memória do ocorrido. Chegaram a falar em fazer aplicações de eletrochoque, em caráter experimental, mas não houve autorização da família para a realização das sessões, pois não era possível antecipar os resultados.

Ao olhar para trás entendo que a loucura tenha sido um meio para me ausentar do mundo e das responsabilidades, uma forma de me defender dos sofrimentos insuportáveis gerados por sucessivas experiências de fracasso, culminando com a incapacidade para reverter a realidade dos meus filhos. Recurso involuntário criado pela mente para me proteger do caos em que havia caído. Uma espécie de buraco negro sem fim. Minha autoestima foi devastada. A vida perdera o sentido. Fosso no qual tudo havia sido jogado, inclusive Lina, minha princesinha, meus filhos e eu mesma.

Quando a consciência voltou, perguntas e mais perguntas martelavam minha cabeça sem encontrar respostas. Fiquei muito agitada, complicando a perspectiva de ressocialização imediata. Não sabia o que havia acontecido comigo. Por que estava naquele lugar? Onde estavam meus filhos, meu marido? Com mais de um mês de internação, as visitas foram liberadas. Paralelamente eu resgatava a memória com lembranças incertas. Era difícil juntar as peças do quebra-cabeça de uma cabeça que havia se quebrado. Indagava-me, perplexa, como poderia ter me esquecido dos meninos, de Lina, de mim mesma por tanto tempo?

Mais desperta e consciente, fui autorizada a caminhar pelos jardins da clínica. Descobri pessoas tristes e desorganizadas com histórias diferentes. Cada uma me contava do seu sofrimento, da dor que a invadira e das dificuldades e modos com tentavam lidar com seus problemas. Conversávamos sobre o tempo, os remédios e seus efeitos colaterais, as enfermeiras e outros pacientes. A cabeça parecia uma máquina de moer carne ao triturar pensamentos, sentimentos e lembranças desconexas. Pesadelos voltaram a perturbar o sono com figuras horrendas já conhecidas emergindo de buracos escuros e labaredas de fogo, caindo em queda livre, desmoronando o mundo de uma criança desamparada no vácuo até ser confortada por palavras de algum paciente ou da enfermeira Antônia, que me acolhiam.

Não tenho nada contra a clínica. Tratavam-me muito bem, mas jamais desejaria voltar àquele lugar onde havia tempo para pensar, refletir, mesmo sem muito entender daquele mundo cercado por muros protetores. Um dia, no entanto, algo foi se clareando em mim ao constatar que a liberdade cerceada não era causada pelos muros da clínica, mas pelas censuras, medos e distorsões entre o que eu imaginava e o real. Perturbações internas me cerceavam a liberdade de eu sentir, de pensar e de ser criativa. Reconquista que dependia do encontro de recursos pessoais, tolerância e perseverança, para romper o muro que me protegia das feridas profundas. Desejo de mudar o mundo significava mudar perspectivas em minha vida. Descobrir como me desprender das frustrações que feriam a alma perdida em sonhos, para conviver com a realidade objetiva. Não havia culpados, a não ser a inclemência da crítica interna arrasadora e preconceitos pessoais. Culpados externos eram identificáveis, os outros não. Por que Deus havia feito isso comigo? Pergunta sem resposta, até me conformar que Deus ou a Natureza não me escolheram, o acaso, sim.

Os trabalhos de terapia ocupacional e de grupo haviam começado. Passei a ter convívio social com sessões de desenho e trabalhos em argila diários e de acordo com meus interesses. As sessões de terapia de grupo foram introduzidas posteriormente, sem qualquer obrigação de participação. Era apenas estimulada pelos médicos e enfermeiras, ao dizerem que poderia ser útil para mim. Arrisquei.

De início foi constrangedor ouvir questões íntimas e publicar as minhas para pessoas desconhecidas ou com as quais eu mal havia cruzado no pátio da clínica. A maior pressão dependia de vencer resistências pessoais para sair do isolamento, do silêncio da negação, das censuras, tabus, medos e segredos de minha cabeça. As sessões de terapia de grupo permitiram me abrir para os outros e, principalmente, para mim mesma, ao dissipar sensações de ser uma E.T. e me transformar em uma pessoa sofrida, na busca de luz e de esperanças. Precisava encontrar energia para superar o montante de dificuldades e lidar com o cotidiano.

Acolher os filhos era dar a eles possibilidades para usarem os recursos de que dispunham. Estávamos todos no mesmo barco e eu era a timoneira nesse processo. Não estava só, mas muito dependia de mim. No grupo, consegui perceber e dar nome aos sentimentos. Pude falar e ouvir sem que isso representasse crítica ou agressão. Voltei a sonhar. Passei a ver luzes, veredas entre jardins, atenta para não tropeçar ou, se caísse, era possível levantar, contornar e prosseguir. Pude enxergar os mesmos fenômenos por outros ângulos e carregar dúvidas antes de definir o caminho a tomar sem que ambivalências e contradições me ameaçassem. E, no caso de me sentir ameaçada, poderia pedir ajuda e fraquejar, pois ninguém nascia pronto para lidar com as dificuldades que eu tinha de enfrentar. Se cuidar de filhos já era difícil, mais ainda com filhos com deficiência. Eles não vieram com manual de instrução. Era preciso descobri-lo e escrevê-lo. Outros também poderiam usufruir. Percepção que podia valorizar ideias e iniciativas pessoais e para outros com problemas semelhantes.

Surgiram indagações sobre o porquê de estar casada, o sentido de ser mãe, o lugar dos filhos, enfim, o sentido da vida. Uma excitação estranha voltou a me inquietar. Luzes começaram a piscar, a sinalizar a existência de túneis imersos na escuridão que levavam à esperança e possibilidades de realização. Quem mais me humilhava era eu mesma ao fazer julgamentos cruéis de minhas falhas e fracassos. Ódio constrangedor de uma autoimagem denegrida por ter nascido mulher e desejado ser mãe. Caí em prantos ao me dar conta de que muitos dos problemas estavam em minha cabeça, capaz de distorcer fatos e de me aprisionar em imaginações preconceituosas que me impediam de sentir prazer e felicidade.

O que deveria mudar era minha visão de mundo, e não o fato de eu querer mudar o mundo, inadvertidamente preparado por mim. A realidade dos meus filhos não poderia ser mudada, ainda que houvesse muita coisa a ser feita. Queria fazer com que os meninos evoluíssem no meu tempo, mas tive de aprender que cada um tem seu tempo próprio. Educar filhos é uma aventura; filhos especiais, outra, que se acresce de nossa falta de modelos onde nos apoiarmos. Experiências da própria infância e a criação de outros filhos até atrapalham na educação de um filho com deficiência, seja física ou intelectual. Eles requerem paciência e uma disponibilidade adicional para suportar sucessivas frustrações advindas do desespero de uma incompreensão mútua. A paciência, a observação e o tempo colaboram para que um e outro descubram a linguagem da relação que poderá ou não ser transformada em códigos sociais de comunicação. A espera de que eles nos compreendam conflita com a nossa incompreensão do que eles necessitam. Isto é desesperador e faz parte do processo de desenvolvimento. Querer alterar o processo é violentar a si e ao outro.

Eu me esforçava ao comunicar vivências desse tipo nas sessões de terapia de grupo, coordenada por um médico jovem, atraente e simpático, que me ajudava a pensar. Ele comentava as reações de cada um e do grupo como um todo. Passei a sentir amor por ele e uma certa alegria voltou a brotar. Identifiquei que era possível extrair coisas boas e bonitas de dentro de mim. A opinião do grupo me reassegurava ao nada ver de anormal no meu modo de ser, de pensar e sentir. Diziam-me apenas que era difícil ser diferente, como acontece com cada um de nós.

Via-me diante de espelhos falantes que mostravam como eu era, o que eu distorcia e o que não queria ver como potenciais, uns construtivos, outros destrutivos, partes da criatividade a ser lapidada. Era preciso aprender que o ódio é a contraparte do amor, e integrá-los é o desafio. Pensamentos que jamais eu havia me permitido pensar ou que, se pensados, deveriam ter lugar como um sentimento qualquer. O belo e o feio, a felicidade e a tristeza coexistiam na dependência de como eu observava e valorizava os filhos, os outros e a mim mesma. Brotos de esperança surgiram e passei a acreditar na capacidade de transformar meu poder crítico, destrutivo e gerador de culpa em energia de vida. Algo difícil de descrever, mas possível de ser vivido.

Após meses tive alta da internação. Frequentava as atividades do hospital-dia com um novo grupo terapêutico, trabalhos artesanais, saídas a cinema, museus, supermercados e shopping centers, até conquistar condição plena de alta clínica. Voltava exausta das atividades, mas contente por retornar à casa e cuidar da rotina dos meninos, de Lina e do meu marido. Todos sobreviveram à minha ausência. Ficou claro que eu era importante nos cuidados dos filhos, da casa, mas não a única. O terapeuta do grupo e meu psiquiatra sugeriram que eu prosseguisse o trabalho terapêutico fora da instituição, de forma individual. As medicações foram modificadas e atenuadas.

Comecei uma psicanálise tradicional, aquelas de divã, com o terapeuta sentado atrás de mim, sem que eu visse seu rosto. A sensação era estranha. Parecia estar falando sozinha para, de repente, ouvir aquela voz mansa e assertiva me dizer algo que me acolhia, dilacerava ou lancetava abcessos de ódio, inveja ou mágoa que purgavam, doíam e traziam alívio. Aquela voz tinha o poder de me chacoalhar, acolher, fazer pensar, encontrar alternativas, esperanças não de um mundo ideal, mas do que era possível, ao me ajudar a encontrar o lugar adequado da peça desse quebra-cabeça intrincado.

Percebi que ser mãe não dependia só do êxito dos filhos, mas de mudanças no nível das minhas expectativas, na ampliação da tolerância e aceitação das diferenças. Precisei desfazer convicções e modelos predefinidos de como as coisas deveriam ser. Conquistei maior flexibilidade mental, vivências que me fortaleciam ao abrirem caminhos para realizações sem o peso das culpas.

João havia me oferecido um lugar como desenhista em seu escritório em meio às dificuldades econômicas e conflitos provocados por maneiras distintas de conduzir a empresa. Ao longo do tempo construí uma clientela própria, conforme os clientes sentiam confiança e satisfação nos meus trabalhos. Conquistei autonomia e passei a trazer recursos econômicos para casa.

As rivalidades existentes na relação com João se ampliaram, acrescidas com questões de trabalho, na medida em que me sentia mais forte e conseguia preservar valores e princípios, aprendendo a conciliar sem me submeter. A maconha continuava presente como tranquilizante e propulsor da criatividade dele. Condição que me irritava, preocupada com as consequências daquela fumaça no corpo das crianças. Temia que algum dia a polícia ou um traficante viessem bater na minha porta. Para ele tudo isso não passava de tolice. Achava que, como consumidor, teria poucos problemas; a droga em si era tão maléfica quanto qualquer cigarro. Pouco se importava com os problemas respiratórios crônicos das crianças e me convidava para acompanhá-lo, como na época da faculdade. Eu intuía que Lina percebia a existência de segredos pelas caretas de nojo que fazia quando entrava em nosso quarto, imagem que me servia de alerta para limitar o uso do fumo à parte externa de casa. Durou pouco.

João me procurava sexualmente sem que despertasse em mim desejo de reciprocidade. Eu me esforçava como parte de uma função conjugal, até que ele veio com uma conversa de que seria interessante termos relações a três ou com outro casal. Alegava que novas experiências trariam novo estímulo ao relacionamento. Fiquei chocada, mas as insinuações se repetiam, como em um jogo infantil, até que um dia me surpreendi curiosa. Uma excitação brotava diante do desejo de redescobrir meu corpo como fonte de prazer, insatisfeita ao me manipular sem críticas nem culpas. Redescobri a existência de afetos e fantasias prazerosas como partes do meu mundo. Aprendi que prazer e amor podiam andar juntos ou não, dependendo das características de cada relação. Voltei a sentir prazer com João, certa afeição, uma forma de amor.

Esforçava-me para corresponder às demandas da família. Minha mãe continuou por um tempo me auxiliando até eu ter plena condição para assumir o cuidado das crianças e as necessidades da casa. Recuperei o controle das reações ante frustrações, decepções e angústias ao levar os filhos para as terapias motoras, de fala, de estimulação sensorial. A sala de espera dos terapeutas, vários, era o espaço do terror, onde se vivia o vácuo do desalento, compensado por um sorriso que se tornava uma manifestação de ternura, um brilho no olhar, a distensão do corpo, sinais de vida interior. A cada visita aos profissionais, eu me corroía de angústia, na expectativa de ver alguma evolução. Súbito, algo de novo emergia, um pequeno gesto de alegria ou de insatisfação presentes no olhar, num movimento da cabeça ou das mãos, adquirindo um valor inestimável. Porém, com o tempo, tudo se tornava familiar e corriqueiro. Era preciso ter paciência, muita paciência, até surgir uma nova manifestação. Aprendi na relação com meus filhos a ver o mundo não mais de forma binária e estreita, restrita ao sim/não, certo/errado, aceitação/rejeição. Relativizar minha percepção ampliava o espectro de alternativas. Um olhar ao invés de uma palavra amenizava a frustração, ao adquirir um significado. Os esforços para me comunicar com os meninos não estavam só na pronúncia das palavras. Era preciso discriminar pequenas variações na expressão do rosto, na fixação do olhar, na respiração, na tensão muscular. Mudanças sutis revelavam movimentos dos afetos e das ideias. Percebê-los dava a oportunidade de tentar entender algo da vida interior. Eu podia me sentir útil e oferecer a eles condições para o desenvolvimento de suas potencialidades, dentro do que nos era possível. Percepção que me dava energia e entusiasmo para viver e reinvestir. A essência do mundo não podia ser mudada. Mas poderia ser vista de outra forma ao reverter a dor das frustrações em vitalidade e estímulos criativos que me fortaleciam como pessoa.

Flexibilizar ideais preestabelecidos ou abrir mão de preconceitos permitiam-me construir caminhos alternativos de realização e felicidade. A rejeição aos meninos existia pelo diferente que eles eram e como resultado de aprisionamentos nos modos de pensar. Libertar-me dessas condições trouxe-me possibilidades de ver a luz, sentir a liberdade de amar ao descobrir a humildade e a tolerância. Era possível viver com o que tinha e não com o que pretendia ter, ainda que a ambição e o desejo do comum também fizessem parte de mim. A menina mimada que se impunha precisou ser apaziguada para dar lugar à capacidade de desfrutar da realidade existente, sem perder o desejo de transformações. O contrário disso seria cair na inércia, na passividade, no conformismo e na submissão. Tarefa complexa de ser realizada, mas gratificante ao ser conquistada.

Ambição e felicidade não estavam no alcance de uma meta predeterminada, mas na possibilidade de desfrutar de cada momento e situação. Consegui sair da depressão, da inércia mental, da vida interior vegetante para dar lugar a algo de espontâneo e autêntico a ser conquistado em mim. Pude sentir medo e ter coragem, sentir amor e viver o ódio como partes do meu ser. Processo duro, sofrido, que me deixou calejada, vigorosa para levar avante projetos e superar obstáculos como partes do caminho, valorizando o trabalho e a dedicação.

Esforçava-me para tolerar as fraquezas de João, que tinha convivido com as minhas e me auxiliado durante o tempo de internação. Mas, como tudo muda, minha relação com João se degenerou de forma irreversível. A confiança e o respeito mútuo ruíram pelas mentiras, traições, abuso da bebida e da maconha. Descobri que eu tinha limites a serem respeitados.

5. Lina

Quando fui para a escolinha minha mãe estava grávida. Eu devia ter entre três e quatro anos. Gostava de brincar com as bonecas reproduzindo cuidados que via minha mãe fazer comigo e para a vinda do bebê. Arrumava as roupinhas, fraldas, berço, as mamadeiras e o quarto onde ele ficaria. Queria muito ter um irmãozinho para brincar e pedia um para mamãe. Acho que foi nessa época que comecei a ter sonhos ruins de escuridão, quedas, monstros e bruxas me ameaçando, até um bicho estranho que vinha me morder. Sonho que se repetiu várias vezes em meio às curiosidades, apreensões e medo de como seria o meu irmãozinho. Mamãe dizia que eu iria brincar com ele, que iria vê-lo na maternidade. Separei um ursinho dentre os muitos brinquedos que tinha. Limpamos, colocamos fitinha para que ele ficasse bem bonito, à espera do bebê que logo iria nascer. Fui prevenida por minha mãe a tocar nele com cuidado, pois os bebês eram muito delicados.

Um dia, estranhei que minha avó tinha ido me buscar na escola:

– Sua mamãe foi para a maternidade. O papai irá direto do trabalho para lá. Iremos visitar o bebê assim que for possível.

Fui à maternidade com papai. Peguei o ursinho para dar de presente para o meu bebê. Quando chegamos lá mamãe estava cuidando dele. Papai me explicou que ele estava doentinho e que mamãe estava muito triste. Ela me abraçou forte e percebi que estava chorando. Logo enxugou as lágrimas e sorriu para mim. Senti-me aliviada e contente por estar com mamãe. O desejo de ver meu irmãozinho era muito grande. Mas disseram-me que só poderia vê-lo de longe, pelo vidro. Só papai e mamãe podiam entrar em horários marcados, sendo preciso colocar uma roupa especial. Eu poderia fazer um sinalzinho para ele e, se quisesse, deixaria o ursinho guardado na maternidade. Preferi trazê-lo comigo e o deixei esquecido em um canto da casa.

Mamãe veio para casa sem o bebê. Disseram-me que eu poderia vê-lo depois, quando estivesse bem de saúde. Ele havia nascido fraquinho e precisava ficar em um bercinho especial. Ela ia visitá-lo diariamente na maternidade e eu pouco via meus pais. A imagem do rosto deles me assustava. Parecia que haviam se esquecido de mim, apesar de estarem ao meu lado. Um medo estranho crescia em mim, algo indefinido e frio, que me levava a pensar no que eu havia feito de errado.

Um dia, meus pais trouxeram meu irmãozinho para casa. Lucas era o seu nome. Apreensiva, cheia de curiosidades, me aproximei do bebê deitado em um cestinho todo colorido. Ao tocar nele, seguraram firme o meu braço, advertindo para ter cuidado. Um ser frágil, quebradiço, estava ali. Não era esse o irmãozinho que eu tinha pedido nem o que me haviam prometido. Havia um gemido contínuo entrecortado por contrações súbitas, que me arrepiavam a pele sem que eu identificasse o porquê. Corri assustada para me esconder atrás da porta, temerosa de que ele não estivesse gostando de mim. Minha mãe se aproximou, agarrei-me a ela:

– Eu não fiz nada, mamãe. Por que ele está chorando assim?

Ela tentou me tranquilizar, entre lágrimas, o que me deixou ainda mais apreensiva. O tempo passava e ele não brincava comigo. Tinha um olhar vago, perdido, sem sorrisos expressivos, e gemidos, choros e movimentos estranhos agitavam o corpinho inerte. Um estranhamento me acompanhava. Ainda hoje fico crispada ao recordar aquelas cenas e o olhar aflito dos meus pais. Quando me deixavam segurá-lo eu sentia de perto a dificuldade dele para sugar e respirar. Logo mamãe ou a enfermeira vinha tirá-lo de mim. Ele só queria dormir.

Quantas noites meus pais saíram de madrugada apressados para levá-lo ao pronto-socorro! Eu era acordada para ir com eles na ausência das cuidadoras, que não paravam no serviço, pois o trabalho era sofrido demais. Cheguei a ir duas vezes na mesma noite ao pronto-socorro, sem entender o que estava se passando.

Eu já estava com seis anos, e Lucas, com três. Ele ainda não falava, comunicava-se mal, por gestos que eu não entendia. Engatinhava com dificuldades e usava fraldas. Era uma criança diferente de qualquer outra de sua idade, mas ele fazia parte da minha vida. Foi quando veio a notícia de que seria operado do coração. Meus pais desenharam para mim, na tentativa de explicar o que estava acontecendo com Lucas e por que seria operado. Pediram-me para ter paciência, que tudo iria se resolver. Hoje percebo que o pedido feito para mim era o pedido que faziam a si próprios.

Depois da cirurgia, com muitos dias de hospital, ele voltou para casa mais gordinho. As convulsões pareciam estar controladas. Houve um período de maior tranquilidade. Porém, eu ouvia meus pais comentando sobre novos exames que eles e Lucas estavam fazendo. Eu também fui chamada em uma dessas consultas, pois os médicos queriam saber se existiam sinais de alguma doença familiar. Concluíram que a possibilidade de um novo bebê nascer com problemas era muito pequena.

Um dia, meus pais me chamaram, me abraçaram, e mamãe colocou minhas mãos sobre sua barriga e disse que estava grávida. Senti alegria, mas, em seguida, medo e acho que raiva. Dias depois, brincava com a babá e resolvi fazer um desenho que dei para ela de presente. Era um monte de rabiscos, um sol e uma nuvem negra em cada canto da página, um cachorrinho chorando e um pontinho preto ao lado dele. Ela disse que guardaria como lembrança e eu nunca mais me esqueci dele.

Quando Fabinho nasceu eu não fui à maternidade nem preparei um presentinho para ele. Logo mamãe voltou para casa com papai, novamente sem o bebê. Foi um choque. Eles estavam tristes e ela chorava muito. O parto tinha sido difícil. O bebê havia nascido roxinho, demorou para chorar e precisou ser reanimado. Permaneceria por um tempo na caminha especial cheia de fios que eu já conhecia. Mamãe não ia tanto à maternidade como fora por ocasião do nascimento de Lucas. Eu a via todos os dias quando voltava da escola. O ambiente estava muito triste. Contrataram mais uma cuidadora. Minha mãe estava arrasada. Meu pai, eu pouco o via. Saía cedo e voltava quando eu já estava dormindo. Com Lucas eu brincava imaginando situações, sem me preocupar com as reações dele, e menos ainda com as de Fabinho, que mal se mexia. Os dois meninos dormiam com uma cuidadora em outro quarto que ficava o tempo todo com as janelas fechadas. Havia só uma luzinha acesa. Eu entrava devagarzinho, sempre acompanhada. Qualquer coisa fazia com que acordassem chorando, sendo difícil acalmá-los. A casa era um silêncio absoluto, quebrado pelo miado do gato que, de vez em quando, reclamava por comida ou vinha se deitar no meu colo em busca de carinho. Éramos dois carentes.

Vi minha mãe várias vezes chorando no quarto. Quando ela vinha falar comigo pedia para mostrar as lições, arrumava minhas roupas, me colocava em seu colo. Seu olhar era estranho, triste, longínquo e sem brilho, os cabelos em desalinho estavam esbranquiçados. Fazia-me uma ou duas perguntas, passava a mão na minha cabeça, me beijava, para voltar ao seu mundo, cada vez mais distante da vida familiar. As cuidadoras ocupavam os vazios que em minhas brincadeiras eram preenchidos pelas palavras médico, hospital, pronto-socorro, convulsão, exames. Machucar-me, chorar, queixar-me de dor podiam ser desculpas para ir ao quarto dos meus pais, onde ela permanecia deitada. As cuidadoras tornaram-se pessoas-chave enquanto mamãe ia se apagando. No quarto dela, respirava-se um cheiro peculiar, estranho, revelador de que ela pouco se banhava. Seu estado piorou com o tempo. Comer ela não queria, somente se alimentada pela cuidadora. Parecia uma bruxa. Papai foi dormir na sala. Ouvi dele que, se a tristeza de mamãe não melhorasse com os remédios, ela seria internada. Minha avó veio ficar com a gente para ajudar. Ela dormia em um colchão no quarto com mamãe.

Eu me esforçava para ser uma menina boazinha e não deixar meu pai nervoso nem irritar minha mãe, mas a tarefa era quase impossível para uma criança. Descobri que ficar doente era um jeito de ganhar mais atenção. Não aguentava mais ouvir: "tenha paciência", "espere um pouquinho", "agora não," "depois a gente brinca".

Quando olho para trás vejo que não tive a infância de uma criança normal. Correr, brincar, cair, gritar, levar bronca, chorar para depois se aninhar sorridente no aconchego dos braços dos pais. Eu precisava crescer rápido para sobreviver à solidão, na esperança de resgatar o espaço perdido com os sofrimentos da família. Por que eles não cresciam e eu precisava me comportar como uma menina grande? Demorei para compreender.

Depois de um tempo soube que minha mãe estava com depressão, enlouquecera. Eu devia ter entre oito e nove anos quando ela foi internada. Meu vocabulário se ampliou: estabilizador do humor, reações colaterais, clínica, remédios com tarja preta. Meus desenhos tinham muitas nuvens negras e rabiscos que turvavam o sol entre círculos com borrões no seu interior. Alguém me disse que eu estava vendo minha mãe estragada por dentro. Dos meus irmãos, eu pensava que o barulho que os incomodava podia ser como trovões e raios dentro da cabeça deles. Via meu pai quando ele resolvia me levar cedo para a escola. Papai tinha reuniões à noite ou ia jogar bola, dizendo que precisava relaxar.

As crises convulsivas de Fabinho aconteciam mesmo estando medicado. Desligado do mundo, não sentava, não falava, murmurava sons incompreensíveis ou gemia sem se interessar por coisas e pessoas. Demorou muito para se ligar. Comia só papinha e dormia. Lucas estava conectado. Sorria, acompanhava o movimento das pessoas e de coisas do seu interesse. Começou a falar tarde, mas dava para entender quando aprendeu a mostrar e a balançar a cabeça aceitando ou rejeitando coisas e pessoas. Já era maiorzinho quando tirou as fraldas e seu sono se tranquilizou.

Mamãe, depois de ter passado um longo tempo internada, continuou fazendo tratamento. Ia a um psicanalista várias vezes por semana. Às vezes voltava muita brava ou triste, mas parecia gostar. Disse-me, uma vez, que ele era humano e generoso, mas que se intrometia muito em sua vida. Houve um período em que a família toda foi ao consultório dele. Achei o cara legal. Minha mãe disse que era difícil, mas que estava sendo bom para ela. Aos poucos, ela voltou a assumir os cuidados da casa. Os meninos jantavam cedo, às seis da tarde, às sete estavam na cama imersos em absoluto silêncio. Calma, muita calma era preciso para não entrar em desespero junto com eles quando choravam. Até os gatos da casa se assustavam com os gritos deles, escondendo-se debaixo da cristaleira da sala e dentro de um armário.

Apesar de não entender muito do que se passava na família eu ficava quieta, temerosa de causar brigas. Adquiri coceiras pelo corpo, que resultavam em momentos de carícias, com minha mãe me fazendo massagens nas costas e passando um creme branco que ela fazia com arroz... eu adorava. Recostada em seu colo, ela me contava histórias inventadas, como a do monstro de duas cabeças. Falava-me do seu dia, dos meninos, dos médicos, de projetos, ou simplesmente ficávamos juntas, em silêncio. Eu me relaxava e a raiva ia embora. Era tão bom.

Quando entrei na adolescência estranhava e admirava as mudanças em meu corpo. Olhava-me no espelho, as curvas se formando, os seios crescendo e marcando a camiseta, ficava tomada de vergonha e orgulho por estar me transformando em mulher. Os pelos, ainda ralos, davam uma aparência diferente ao que eu e minha mãe chamávamos de xoxota. Ela me falava da menstruação e de seu significado, assunto de muitas conversas sobre como me cuidar, gravidez, doenças transmitidas pelo sexo, prazeres e desafios de vir a ser mulher e mãe. As espinhas brotavam em meu rosto, na testa, nas costas. Algumas delas doíam muito. Eu queria espremê-las, o que era motivo de repreensão. Quando comia chocolate mais do que devia, as espinhas e as broncas aumentavam. Na escola e na rua meninos e homens adultos me olhavam, mexiam comigo, falavam coisas que me constrangiam ainda que, no fundo, eu curtisse o segredo de sentir que meu corpo despertava interesse. Época em que descobri outro tipo de coceirinha, entre as pernas, excitada pela sexualidade emergente. Queria crescer e permanecer criança, ter prazer, realizar aventuras e descobertas sem precisar carregar as responsabilidades. Indecisões que me deixavam confusa, sem saber como acomodá-las em mim. A cada dia novas experiências e descobertas que geravam mais dúvidas. Ter amigos era importante para mim, pois, ao conhecê-los, eu me conhecia. Havia momentos com tantas vibrações que mal sabia os limites entre desejar, fazer, certo, errado, permitido, não permitido, o que eu aguentava e o que não suportava. Tenho descoberto que nada vem pronto, tudo se constrói e se modifica. Assim era com os valores, a moral e os comportamentos. Ter pena de mim ou de alguém não ajudava em nada. A questão central girava em torno do lidar com as situações e esperar quando não se sabe o que fazer.

Comecei a frequentar as baladas e a "ficar" com rapazes e moças. Ambos podiam me excitar, e eu a eles, sem saber o que fazer com o que estava sentindo. Quem era eu? Onde me colocar? Questões sem respostas que levavam a me trancar em casa e a conversar horas pelo telefone, escondida de minha mãe, à espera da coragem para ousar e experimentar e poder descobrir onde e como me colocar, quem sou nas diferentes situações do dia a dia. Pelo celular mostrava minhas bonecas espalhadas na cama e falava das baladas, garotos e garotas, sem ter a necessidade de nada definir. Decidir ficava para depois. Em meu quarto sentia prazeres e medos, perguntas e dúvidas que reinavam dentro de mim, distantes de consequências concretas. Sentia orgulho do meu corpo bonito e benfeito, perfeito.

A vida da família estava mais organizada com a recuperação da saúde de minha mãe. Eu evoluía nos meus estudos no colégio e depois na faculdade. Nas férias viajava para a casa dos meus avós no interior. Com os progressos de Lucas, passei a levá-lo comigo em algumas atividades, já que ele se comunicava melhor e tinha adquirido habilidades nos cuidados pessoais para vestir-se, fazer a higiene, ter noções do perigo e dos limites. Estava semialfabetizado. Escrevia frases simples e era capaz de realizar pequenos cálculos aritméticos. A situação de Fabinho era mais complexa, com comprometimentos de muitas funções que o tornavam dependente de cuidados de terceiros. Comparava meus irmãos a outros jovens na tentativa de avaliar o desenvolvimento deles, distante dos sentimentos de pena, vergonha e raiva por serem como são. Descobri que graças a eles eu podia ser uma pessoa melhor, mais compreensiva, tolerante e solidária. Adolescente, fui trabalhar como voluntária em uma creche, na qual colaboro ainda hoje nos finais de semana. Atividade que me faz bem ao fazer o bem. Descobri que são sentimentos frutos do amor. Ganhei autonomia e pude me afastar de meus irmãos para me dedicar à minha vida com responsabilidade e sem culpas. Eles faziam parte dos meus sentimentos, mas não eram partes do meu ser. Havia vencido a vergonha de trazer amigos para casa sem precisar me esconder dos meus irmãos. Deixei de ter pena deles, de mim e dos meus pais. Entendi que meus irmãos eram o que podiam ser. Eu deveria seguir meu caminho conforme me fosse possível. Havia um egoísmo de sobrevivência a ser assumido, sem deixar de ser generosa e sabedora do medo de vir a ser criticada por mim e pelos outros diante das minhas decisões.

Pouco falava com minha mãe sobre sentimentos íntimos, ainda que me visse parecida com ela ao me criticar, me desafiar e ter medos. Queria experimentar o amor, o sexo, me relacionar com as pessoas como uma pessoa normal. Admirava minha mãe pela sua capacidade de luta e de enfrentamento. Uma batalhadora, minha heroína. Eu a via como uma idealista eterna e incansável, desejosa de entender de onde ela extraía a energia e força de vontade para se dedicar ao trabalho profissional, nos cuidados da casa, dos meninos, de mim, na vida comunitária e, mais recentemente, no amor. Após ter atravessado o inferno, ela tem encontrado tempo e condições para realizar obras sociais importantes, dar direcionamento profissionalizante aos meninos e a outras crianças com deficiência intelectual. Organizou um site e grupo de mães, com as quais se reúne periodicamente para troca de experiências na maneira de lidar com os filhos e com a família como um todo. Surpreendia-me ao constatar a confiança que ela sentia e mobilizava nos outros a partir de suas iniciativas. Utilizava a capacidade para rever posições, debater sem desistir antes os obstáculos, que funcionavam como estímulos para o enfrentamento de novos desafios. Guerreira vencedora em um país de discrepâncias e injustiças, que manifestam as incompetências políticas nos cuidados com pessoas com deficiências de todos os tipos. Inclusive os jovens abandonados pela sociedade, absorvidos pela criminalidade, que se transformam em deficientes funcionais. A energia transformadora que dela emanava devia ter vindo de sua família. Imigrantes que chegaram ao Brasil sem nada. Apenas com educação e vontade de vencer. Lutaram para sobreviver e educar os filhos na certeza de que esse era o caminho da autonomia e do encontro da felicidade. Minha avó sempre dizia que o dinheiro e a felicidade não caíam do céu, mas do estudo, da cultura e da dedicação ao trabalho.

Quando mamãe teve alta dos tratamentos na clínica, meu pai a convidou para trabalhar na empresa dele. Muito criativa e determinada, ela se integrou no setor de criação, enquanto ele era o responsável pela parte comercial e de divulgação. A empresa cresceu. Disciplinada, encontrou tempo para se dedicar ao yoga e às atividades na academia de ginástica. Meu pai deixava claro que a vida dele não era a que ele pretendia. Na aparência estavam bem. Saíam juntos, conversavam sobre o futuro dos meninos. Até que os desentendimentos retornaram. Culminou com a separação definitiva, depois que tia Renata, amiga querida da família, começou a frequentar nossa casa. Eu não alcançava o que teria ocorrido entre eles. Na medida em que minha mãe se sentia mais forte, se posicionava, as desavenças e diferenças no modo de conduzir a família e os negócios se intensificavam. O sucesso dela no trabalho incomodava meu pai. Ela reclamava que ele não parava em casa nem cumpria com os compromissos marcados, e que a desorganização dele desrespeitava o que ela estava construindo.

Eu me via perdida em meio às discussões, sem saber quem tinha razão. Tempos depois, já separados, num momento em que me vi a sós com ela vendo TV na sala, deitada com a cabeça em seu colo, perguntei-lhe:

– O que aconteceu quando você foi internada? Diga-me com sinceridade o que sentia ao ter tido a mim, uma filha normal, e dois filhos com deficiência. O que fez você se desligar do mundo daquele jeito? Por que você e papai acabaram se separando? Eu me lembro das brigas quando éramos pequenos. Recordo-me da época da internação seguida de um período de harmonia que acabou por se degenerar. O que aconteceu? E tia Renata, o que teve a ver com isso?

Ela se levantou lentamente. Respirou fundo. Foi até a mesinha onde estava o controle remoto, desligou a TV e sentou-se novamente ao meu lado. Segurou minhas mãos com delicadeza e pôs-se a falar:

– Filha... desses assuntos eu pretendia falar em algum momento, mas estava sem coragem. Que bom que você tomou a iniciativa. Havíamos começado a falar no barzinho da Vila Madalena, lembra-se? Contei sobre Jericoacoara, o acidente, a gravidez, a vinda para São Paulo e o teu nascimento.

– Sim, me lembro, mas não sou capaz de organizar a sequência dos fatos nem as relações existentes entre eles.

– Vou tentar esclarecer. Durante os primeiros anos de casada eu tive inúmeros problemas com seu pai. Pensava em você e via uma luz que me ajudava a encontrar a energia para suportar os dissabores e tocar a vida para a frente. A ideia de preservar a família era forte. Éramos jovens e inexperientes. Havíamos cometido falhas de avaliação na viagem a Jeri, além de imprevistos, mas estávamos tentando lidar com a vida. Quando Lucas nasceu com problemas de saúde foi um susto. Desdobramo-nos para cuidar dele. Era preciso definir o diagnóstico. Realizar uma infinidade de exames e excluir doenças genéticas. As preocupações se intensificaram ao perceber que havia um atraso no seu desenvolvimento, além das crises que nos faziam correr ao pronto-socorro. Com o tempo, ficou evidente que ele era uma criança diferente, sem que tivéssemos ideia do que isso significaria em termos do seu futuro.

O diagnóstico clínico era de atraso global do desenvolvimento, de causa a esclarecer. Tentava me resignar em meio à raiva e à culpa por ter gerado um filho anormal, por mais que a razão me dissesse que ninguém era culpado. Em meus sonhos sempre tinha imaginado filhos sadios, apesar de temer o contrário. Junto com a decepção e raiva emergiu um sentimento de pena de mim e uma revolta contra seu pai, como se a bebida e a maconha fossem os possíveis responsáveis por aqueles dissabores. Tentava me convencer de que eu conseguiria ajudar Lucas a superar as dificuldades. Eu olhava para os filhos das minhas amigas e fazia confrontações, tentando constatar as diferenças, temerosa de identificar também em você algum tipo de problema. Imagens que me arrasavam e que me mobilizavam a me dedicar ainda mais ao Lucas, na esperança de torná-lo normal como você e outras crianças. Sabia que as deficiências não decorriam das minhas limitações. Elas faziam parte do corpinho dele, mas algo em mim me culpava. Com os resultados dos exames laboratoriais ficava excluída qualquer causa detectável. O aconselhamento genético definiu que a probabilidade de repetição de problemas era baixo, igual à da população em geral. Com os resultados em mãos, fizemos sessões de psicanálise de casal e concluímos, seu pai e eu, que, apesar das incertezas, iríamos arriscar a ter mais um filho. Daríamos a você o irmãozinho que tanto queria. A nova criança também nos recompensaria das dores e frustrações já vividas. Apesar das minhocas que eu criava em minha cabeça, da existência de risco de repetição de problemas, achava que poderia superá-las. Você era uma graça. Esperta, corria pela casa, chorava pouco, raramente fazia birras e gostava de andar pelada. Logo aprendeu a falar, chamava copo de "poco" e calcinha de "talcinha". A alegria que emanava de você era o estímulo para vencer os medos do novo desafio. João e eu achávamos que nosso relacionamento melhoraria com um novo filho. Tudo ilusão. Fabinho nasceu prematuro e em péssimas condições vitais. Fizemos de tudo para ajudá-lo a sobreviver, sem entender o que havia acontecido. Por que temos de vivenciar tantas desgraças? Soterrada de frustração, dor e culpa, sem recursos para sair dos escombros, extenuada com as corridas ao pronto-socorro, médicos e mais exames sem nada concluir, e as deficiências de Fabinho estavam lá, com dificuldades para respirar, engolir, vômitos frequentes que se complicavam com febres e infecções respiratórias, entre outros problemas de saúde. Você era uma criança boazinha. Adaptava-se facilmente às situações, dava pouco trabalho, quase não chorava, a ponto de não me preocupar, deixando-a por sua própria conta. Hoje me pergunto se seu silêncio e adaptabilidade não eram submissão, uma forma de sobrevivência providencial e conveniente perante nossos desamparos. Eu precisava acreditar que você compreendia nossos dramas. Precisávamos que assim fosse. Só me vinham ideias ruins à cabeça: a pior das mães e um fracasso como mulher, castigada pela vida e pelo azar. Ou por Deus? Esforçava--me para enfrentar a situação real e a revolta contra tudo e todos. Principalmente contra mim mesma. Sentia-me um nada. A vida perdera o sentido e um cansaço absurdo me invadiu. Eu queria dormir; na verdade, sumir. Cada novo dia um pesadelo. A heroína saía das trevas para enfrentar os monstros do dia a dia: médicos, hospitais, laboratórios, cuidadoras, remédios, sondas, fraldas e mais fraldas, inclusive a mim mesma. Olhava para você, admirava sua beleza, ingenuidade, as brincadeiras de levar ao médico suas bonecas, reproduzindo o que me via fazer com os meninos. Isso me dilacerava o coração. Você acordava assustada pelo choro dos meninos e entrava em pânico. Foram momentos terríveis quando saíamos de madrugada para o pronto-socorro. Agarrada em mim ou no seu pai, sem se desprender da sua bonequinha ou do paninho preferidos. Desmoronei até cair em profunda depressão. Daí para a frente você deve saber bem mais do que eu a meu respeito. Pouco me lembro do início daqueles tempos sombrios nos quais eu só queria dormir e desaparecer. Sem forças para me ajudar, seu pai se distanciou, tomado de dores. Não havia sinais de perspectiva de um mundo melhor. Era necessário muito empenho afetivo e de trabalho pedagógico e psicológico ante um futuro habitualmente incerto. No nosso caso, estávamos imersos em um buraco negro devastador, sem sonhos nem ilusões, condições propícias para a instalação da loucura, um mal necessário.

– Período estranho, difícil para uma criança se lembrar. Não tenho clareza do tempo em que os fatos ocorreram, mas da raiva que senti por não ter podido entregar o ursinho para o Lucas. Deixei o presentinho de lado e hoje acredito que, naquela época, eu devo ter me sentido abandonada por você e por ele. Eu havia me preparado, vocês muito me falaram da chegada dele. A expectativa do encontro era enorme. Porém, quando ocorreu, foi aquela decepção. Não era possível tocá-lo. Quando veio para casa, ele era meu apenas na minha imaginação, mas eu brincava com ele da mesma forma. Depois veio o Fabinho. Nova ausência. Esses irmãos roubavam você de mim. Tive de enfrentar muitas perdas que só agora consigo entender e perdoá-la. Ouço você consternada.

Minha mãe largou minhas mãos para enxugar suas lágrimas. Voltou a segurá-las com ternura. Respirou fundo e permaneceu em silêncio, provavelmente rememorando alguma coisa.

– Mãe, como você conseguiu encontrar energia para se recuperar e fazer tudo o que faz atualmente?

– Foram as terapias que me ajudaram a entender a vida e a mim mesma por outros ângulos. Passei a ter mais paciência e compaixão sem precisar ter pena de mim nem de ninguém. Reconstruí você em meu íntimo. Entendi que os meninos eram o que podiam ser. Aprendi a deixar as expectativas de lado ou pelo menos a diminuí-las, a fazer o que era preciso e que estava ao meu alcance para resultar no que fosse possível. Descobri que para ser mãe e mulher eu não dependia do estado deles, mas da aceitação das minhas condições como pessoa. Eu faria por eles e por você o meu possível. Cada um teria de conquistar sua autonomia de acordo com sua competência. A paz interior vinha das mudanças pessoais na medida em que as questões internas e complexas pudessem ser percebidas, decodificadas e trabalhadas dentro de mim. Eram ideias, sentimentos, modos de ação, ideais e visão de mundo a serem transformados. Um maior discernimento afetivo e racional estimulou-me a encontrar recursos que despertaram minha vitalidade. Senti-me mais leve e em paz comigo mesma. Não era possível resolver o problema de todos da forma como eu gostaria.

– Imagino que isso deva ter dado muito trabalho a você. Não foi mágica.

– Se deu. De fato, não foi mágica nem milagre. Requereu muito trabalho pessoal e energia. Tive de pôr a cabeça para funcionar e rever minhas formas de funcionamento. Descobri que havia muito a ser feito, mesmo que não fosse da maneira como eu sonhara. Estar conversando com você já é uma realização, independentemente dos desdobramentos.

– O que você percebeu de diferente na sua pessoa para poder encontrar esse caminho? Isto que você acabou de me dizer não estava claro na sua cabeça?

– Se estava, eu não percebia. Só pude constatar o valor desses atos após conhecer a existência de uma violência profunda e cruel em minha alma. Violência que descobri estar ligada ao amor próprio ferido. Um desejo poderoso de que a vida fosse diferente. Uma espécie de inveja de mim e um excesso de perfeccionismo que me tornavam vulnerável às críticas e aos julgamentos. Condições emocionais que me arrasavam e destruíam minha autoestima.

Eu não me dava conta da inclemência punitiva que exercia sobre mim. Violência camuflada por uma aparente docilidade e subserviência que mascaravam outras questões.

– Não entendo o que você quer dizer com "mascaravam outras questões". O que isso significa?

– Significa ter de lidar com a arrogância.

– Arrogância? Continuo não entendendo.

– Deve ser difícil entender isso. Hoje percebo que a arrogância era uma defesa diante da dor que feria a autoestima enfraquecida. Um sentimento de falsa superioridade que nos coloca acima de tudo e joga sobre os outros a responsabilidade das falhas e dos fracassos. Ou que espera ser a salvadora do mundo. Afeto que nos impede de pensar, de perceber e discernir como lidar com a realidade. Há fatos, entretanto, que prefiro deixar guardados como parte da minha privacidade. Situações que afetaram meu casamento com seu pai. Falaremos disso em outra ocasião. Não estou preparada para compartilhar a intimidade do casal, que envolve a tia Renata. Só quero dizer mais uma coisa e está ligada ao seu interesse pelo estudo da história do chocolate.

– Epa! Agora a história se inverteu e tem a ver comigo!

Entre sorrisos e breve silêncio, ela prosseguiu:

– Agora que os meninos estão crescidos e em plena adolescência, com algumas possibilidades de virem a ser treinados profissionalmente, a ideia de criar uma fábrica artesanal de chocolate poderá ser interessante. Unirá seu interesse em torno do chocolate e será útil para o futuro da família. Lucas está começando a frequentar uma oficina abrigada de trabalho e poderá ser preparado para atividades compatíveis dentro de uma fábrica, como preencher caixinhas com chocolate ou algo ligado à atividade de escritório, selecionar papéis etc. A função não é apenas de ganhar dinheiro, mas uma forma de incluí-lo na vida social e ser útil para si e para os outros. Se também puder ganhar algum dinheiro, não será mau. O futuro deles me preocupa cada vez mais, quando penso de que maneira eles serão cuidados e os recursos necessários para isso. Em relação ao Fabinho ainda precisamos esperar para ver como será sua evolução motora e de comunicação. Se tudo correr bem, quem sabe ele também irá colaborar em alguma atividade socializada. Temos de esperar.

– É verdade, mãe. Não havia pensado nessas questões. Já me questionei como será no futuro o cuidado deles. O que caberá a mim? Tenho projetos, ambições pessoais. Atualmente não consigo pensar nem antever essa situação. Mal e mal consigo me organizar para terminar meus compromissos com a faculdade, trabalhar e juntar algum dinheiro para, quem sabe, viajar para o exterior. Você falou sobre fabricar chocolate e eu me lembrei do filme *Chocolate*, protagonizado pela Juliette Binoche. Ela, uma mulher divorciada com uma filha pequena, resolve abrir uma fábrica de chocolates artesanais em uma cidade pequena e tradicional do interior da França. Cada receita tem uma função específica sobre os sentimentos das pessoas. É um filme muito legal. Você viu?

– Vi, sim. Fiquei emocionada. Admirei a capacidade de luta daquela mulher que sofreu a violência dos preconceitos e das discriminações por ser mãe e solteira. Ela enfrentou os obstáculos com sensibilidade, coragem, criatividade e inteligência.

– Falando de preconceitos, mãe, você não me respondeu o que houve entre você e papai para acabarem se separando em meio a tantas brigas. Parecia-me que estavam bem depois da sua internação. Voltaram a trabalhar juntos, a casa se organizou, vieram as cuidadoras e vovó pôde voltar para a casa dela. Falava-se em reformar a casa, voltar a ter vida social, visitar os amigos. Eu até viajei com a escola. Mas depois tudo degringolou. Tia Renata era muito sua amiga, conversavam por horas. Ela me mimava, fazia minhas vontades, me levava para passear, cuidava de mim. Foi um período bem legal. Eu ficava com ciúmes, furiosa, vendo vocês duas fofocando sem dar atenção para mim.

Após longo silêncio, minha mãe se acomodou melhor, passou a mão em seu rosto reflexivo e ponderou:

– Você está uma moça e compreenderá que o amor é algo complexo. Sentimos amores por várias pessoas, mas a arte está em descobrir como amar sem se violentar nem violentar o outro. Procedimento difícil. Como separar atração física, paixão, amizade, ficar, transar e construir uma relação duradoura, mistérios do amor a serem desvendados, um labirinto de muitas entradas, entraves e saídas enganosas.

– Pra que tanto blá-blá-blá? Assim a gente se cansa.

– O amor por seu pai como marido havia se acabado. Restaram amizade e muitas responsabilidades. Tínhamos vivido bons momentos juntos, mas o tempo mostrou que éramos bem diferentes, com formas de entender o mundo que não se encaixavam. Com as dificuldades dos meninos, ele não suportou abrir mão de muitas coisas para cuidar deles. Eu também não suportei. Enlouqueci. Essa foi a minha sorte. Acabei descobrindo uma energia que me ajudou a transformar a maneira de encarar a realidade familiar e pessoal. Aprendi a enfrentar o que era necessário para conseguir me realizar. A gente aprende dando cabeçadas. Os impulsos brotam de dentro da gente e querem ser satisfeitos, simplesmente, mas cabe a nós saber de que forma, onde e quando satisfazê-los. A intuição pode nos ajudar, mas não é segura. Aliás, viver não é nada seguro. Portanto, prudência e tolerância são elementos que ajudam a lidar com a vida. É muito fácil se enganar e é impossível ensinar a lidar com os segredos que carregamos em nós. Por isso, é bom ir devagar para diminuir os riscos e não ser vítima de confusões e autoenganos. As feridas da alma podem demorar para cicatrizar e costumam deixar marcas pelo resto da vida. Digo tudo isto porque estou feliz ao redescobrir a vontade de viver, de batalhar por nós e desfrutar momentos como este, junto de você.

– Mãe, você não está me respondendo o que houve entre vocês dois e tia Renata para terem se separado de maneira violenta, agressiva. Se não quer me contar, diga claramente. Para que tantas reflexões e ensinamentos? Está querendo me proteger do quê? Terei de aprender por mim mesma tudo o que você está me expondo. É bom saber que extraiu sabedorias boas e más das experiências que viveu, mas isso não responde ao que estou perguntando.

– Não estou preparada para responder da forma como você quer. Relembrar detalhes do que se passou me faz mal. Talvez um dia eu consiga fazê-lo. No momento, emociona-me ver que você, seus irmãos e eu temos sobrevivido aos escombros e fazemos planos para o futuro. Orgulho-me disso. Cada uma de nós cuidando de si unidas pelo amor familiar, atentas para não sufocar ninguém, com coragem e respeitando os medos. Riquezas que vêm de dentro, do que somos, pretendemos e comunicamos. Cabe a cada um descobrir o que lhe serve e como utilizar isso na construção dos seus caminhos, sem deixar de considerar o outro. Não nascemos prontos, mas aptos para aprender a lidar com as motivações e pressões externas. Questões que destrinchamos por meio de erros e acertos até discernirmos e intuirmos quem somos, o que queremos e o que podemos dentro dos nossos limites.

– Bom, terei de conviver com as incógnitas que cercam a sua separação, apesar de achar que temos intimidade e maturidade suficientes para compreender seja lá o que for. Aliás, sinto-me no direito de saber, pois atravessei situações que perturbaram a minha vida. Mas não posso obrigar você a me contar o que não quer. Paciência, né? Quanto à ideia da fábrica de chocolate, parece-me bem interessante. Vou pensar. Qualquer hora a gente volta a falar sobre isso. Por sinal, fiquei ansiosa e vou comer um pedaço de chocolate. Você também quer?

– Quero, sim. Se há coisas na vida difíceis de serem compartilhadas, isso não é uma questão quando se fala de chocolate. Prefiro o amargo. Ficará melhor com um cafezinho fresco e bem forte. Vou prepará-lo para nós duas.

Fiquei chateada, frustrada, de não poder conhecer os elos que me ajudariam a encontrar o sentido de um período de minha vida. Mais ainda por perceber que a confiança entre nós não era irrestrita. O silêncio fazia parte da privacidade de minha mãe, e sentir esse limite me era incômodo.

6. Gabriela

Queria compartilhar com Lina os meandros do meu renascimento, mas como vencer o pudor e revelar os percursos sinuosos trilhados até chegar ao que sou hoje?

Ao remontar o intrincado quebra-cabeça de infinitas peças, vejo confusões que eu mal conseguia discriminar. Precisei encarar dúvidas, arcar com erros e perdoar para redescobrir o viver até ser dona de um corpo que me fez sentir mulher.

Os medicamentos, inúmeros, me tiravam o tesão. Na verdade, eu nunca fora de grande apetite sexual, a não ser no início do relacionamento com João, mas as frustrações apagaram o brilho dos encontros. Fantasmas de uma nova gravidez empobreciam as relações. O amor por ele não era mais o mesmo. Eu me esforçava como esposa. Usava o DIU, que provocava dor e sangramento, saía do lugar com certa frequência, o que me fazia procurar o médico. Pílulas anticoncepcionais me causavam inchaço e dor nos seios. João se negava a usar camisinha. Dizia que era como chupar bala sem tirar o papel. Eu cedia, sem nada conversarmos, à maioria dos seus pedidos nos jogos sexuais, alguns estranhos.

Faltava-me espontaneidade e prazer. Ele, por sua vez, finalizava seus desejos no banheiro.

Um dia João me propôs:

– Vamos fazer uma experiência a três. Você topa?

Encabulei-me, perplexa com a proposta. E ele acrescentou:

– Podemos convidar a Renata. Vocês se gostam tanto!

A ousadia da ideia ficou estampada na imagem daquele seu sorriso sarcástico e malicioso ao exclamar:

– Por que tanta surpresa? Vocês são tão íntimas! Cheguei a pensar se não haveria um caso entre vocês duas.

– É só uma amizade! Você e seus amigos ficam horas conversando no bar. Eu também poderia pensar se é só afeto ou se rola um relacionamento homossexual? Não tenho nada contra, mas querer ser uma coisa em casa e outra na rua fica muito complicado.

Nessa ocasião ele sorriu e desconversou. Porém, a proposta que ele me havia feito gerou uma estranha inquietação. Era verdade, Renata e eu nos tornamos grandes amigas. Solteira, bonita e delicada, dona de uma sensualidade ingênua e cativante, muito ativa e disponível para me ajudar, vinha à nossa casa com frequência. Foi João quem nos apresentou como sua colega de trabalho. Parecia um gatinho carente à procura de afetos que se entremeou em nosso cotidiano. Colaborava nos afazeres da casa, cuidando das crianças durante e após a internação, uma espécie de coringa indispensável. Quebrou "muitos galhos" na falta das cuidadoras, nas compras para casa ou no transporte das crianças, no leva e traz das terapias e escolas. Ela dominava nossa rotina. Acabou por se tornar minha confidente, um porto seguro.

João parecia não se incomodar com nossa intimidade, talvez até gostasse. Via-me alegre, paciente com as crianças e com ele também. Ao frequentar o hospital-dia e com a diminuição das doses dos medicamentos, retomei a rotina doméstica e mantive as várias terapias para minha recuperação emocional e integração social. Iniciei sessões de psicanálise três vezes por semana. O custo era altíssimo em termos de tempo, esforço e dinheiro. Os dois primeiros dependiam exclusivamente de mim. Para o terceiro, eu contava com a ajuda de meus pais, a contragosto de João. Ele acreditava ser melhor empregar essa quantia no pagamento do aluguel de uma casa maior. O sobradinho onde morávamos estava apertado. A ideia dele não estava errada do ponto de vista prático, mas faltava-lhe percepção para compreender que as sessões de psicanálise me ajudavam na manutenção da minha pessoa. Ela era reveladora de aspectos jamais imaginados ou, se pensados, difíceis de acreditar como sendo partes do meu eu. Era uma tomada de consciência que me abria espaços para mudanças criativas na maneira de sentir, pensar e agir. Chave significativa no encontro do equilíbrio para suportar as tensões do cotidiano e os conflitos internos.

No final de cada dia, de segunda a sexta-feira, eu voltava para casa extenuada das atividades terapêuticas e ainda precisava cuidar da casa e das crianças, ansiosa, aguardando o momento de poder me deitar. João chegava tarde. Alegava necessidade de relaxar, que o trabalho era excessivo, precisava encontrar os amigos. Alegava ser esta a sua terapia. Voltava para casa após ter tomado garrafas de cerveja e fumado maconha. Na cama, quando conseguia, me procurava mais para satisfazer seus desejos instintivos do que para fazer amor e trocar carinhos. Eu não me sentia entusiasmada, mas me esforçava para evitar atritos. Sentia-me um monte de carne usada sem afetos nem prazeres. A imagem do seu sorriso malicioso não me saía da cabeça. Revelava que tanto ele quanto eu estávamos ávidos para desvendar mistérios guardados e não declarados às nossas consciências, mas intuídos por João. Renata e eu curtíamos tomar banho juntas como duas colegiais, uma ensaboava a outra e depois deitávamos na cama para ver TV abraçadas uma à outra. Eu me sentia muito querida e amada.

Tudo isso foi parar no divã do analista. Distante de qualquer juízo crítico e moral, ele, postado no trono do senhor dos saberes, sugeriu hipóteses a meu respeito. Falou-me sobre meus desejos em redescobrir a vida, em querer recuperar o prazer de brincar com o corpo, fonte de excitação e de afetos. Exemplificou usando o modelo de uma mãe, excitada, de mamilo turgido, diante do bebê faminto, base da relação simbólica do amor:

– É do encontro boca-seio que emerge o sentido do ser, do encontro da pele contra pele na construção do mundo afetivo e subjetivo.

Dessa relação surgem vínculos afetivos que levam ao prazer e ao desprazer, que geram calor humano, ternura, conhecimento, frustração, dor, medo e esperança. Emerge a curiosidade e a vontade de experimentar desafios. Desenvolvem-se potencialidades que estão em nós à espera de oportunidades criativas para emergir.

Em outra sessão ouvi dele:

– Há fantasias desafiadoras que dão sentido à sua existência. Você já deve ter visto uma ninhada de cachorrinhos brincando, como eles rolam entre si, se mordem, se lambem, se descobrem. Crianças utilizam seus pais como espelhos, brincam com o corpo deles como alguém diante de um espelho. Descobrem seu próprio corpo e constroem uma imagem sobre si. Você e sua amiga Renata brincam entre si para se conhecer. Alguém do mesmo sexo pode ser mais semelhante e menos ameaçador.

Em outro dia:

– Cada pessoa decifra e decide o destino de suas fantasias e experiências. Ao brincar constrói o mundo do imaginário, descobre sentidos que ajudam a discriminar o real do imaginário, a lidar com a própria intimidade, o que dá prazer, o que frustra, o que desperta medo. Assim percebe a si e ao próximo, podendo dar nomes aos sentimentos. Renata e você dão vazão às curiosidades em relação uma ao corpo da outra e ao próprio corpo, juntamente com os afetos que as acompanham. A cada nova experiência que você relata de seus encontros com Renata, você me estimula novos pensamentos, ampliando o mundo criativo estabelecido entre nós, sem críticas nem censuras. Renata pode ser a ponte que lhe ajuda a resgatar sensações, a discriminar afetos como partes do seu eu. Ela tem por função ser um ponto de referência para você entre o que é real e o imaginário, o semelhante e o diferente.

Ideias que me faziam sentir como um ser comum em contraste com a outra Gabriela, uma extraterrestre, ainda que por meio de caminhos tortuosos. Manifestei a ele meu estranhamento no encontro desse caminho. E ouvi dele:

– A água não busca caminhos tortuosos para chegar ao mar?

Meu processo de busca era esse, precisava passar por ele, acompanhada por alguém que, distante de mim, pudesse me ajudar a enxergar os meandros da mente. Eram percepções encorajadoras, livres de culpa no encontro da esperança, que me sinalizavam a existência de uma luz no fim do túnel, ao reencontrar meu eixo para poder dar um rumo adequado ao meu eu. A proposta de João de experimentarmos um relacionamento a três, sem que eu soubesse explicar os porquês, entrou em ebulição na minha cabeça. Passados alguns dias a inquietação se esvaiu e a proposta caiu no esquecimento.

Às vésperas de um feriado prolongado, João propôs que fôssemos viajar, apenas o casal. Ele sugeriu:

– Falaremos com as cuidadoras, quem sabe elas quebram o nosso galho vindo trabalhar nesses dias? Iremos para um chalezinho nas montanhas. Só nós dois, como nos velhos tempos, que tal?

Pensei comigo mesma que a sugestão era atraente. Dependia somente da minha iniciativa. Por certo meus pais aceitariam e alguma das cuidadoras iria nos ajudar, mas fiz oposição ao questionar:

– Como faremos com as crianças? Vamos deixá-las sozinhas com as cuidadoras? Parece-me loucura. Uma delas recém-começou a trabalhar conosco!

– Durante o período da sua internação as crianças ficaram sem você e nenhuma tragédia aconteceu. As cuidadoras cumpriram suas funções sem maiores problemas.

– É verdade, mas minha mãe estava lá.

– Nesse caso, para você ficar mais tranquila, poderemos pedir aos seus pais ou à sua mãe para passarem alguns dias com os netos. Acho que eles vão gostar, são apenas cinco dias!

Após longo silêncio, arrisquei:

– Por que não convidar Renata? Ela tem sido tão dedicada às crianças. Acho que seria uma gentileza convidá-la. Uma forma de retribuir o tanto que ela tem nos ajudado.

Vi em seu rosto aquela malícia irônica denunciando o sabor picante de suas fantasias, surpreso com o teor das palavras.

– É apenas uma retribuição ao carinho dela – disse-lhe eu –, reafirmando a amizade existente entre nós e o amor dela pelas crianças. Não é nada do que você está pensando – me defendi.

– Acho difícil ela aceitar – ponderou João. – Vai se sentir intrusa em nosso relacionamento. Mas, se você quiser tentar, a decisão será sua!

Renata viria passar a tarde do dia seguinte comigo. Combinamos de pegar as crianças em suas atividades e deixá-las em casa para depois irmos ao shopping comprar algumas coisas. Aproveitaríamos para tomar um lanche e papear. Fiz o convite para viajarmos juntos. Disse-lhe que seria divertido, só nós três: ela, João e eu. Ela recusou. Alegou que não se sentiria bem sendo a terceira em uma viagem romântica a ser realizada pelo casal. Insisti e me justifiquei que, por mais romântica que fosse a viagem, não ficaríamos trancados no quarto o dia todo. Eu tinha visto fotos da pousada, muito bonita, agradável, e o chalé era bem aconchegante, com um quarto, uma saleta com lareira e um sofá-cama, localizado no sul de Minas Gerais e próximo à divisa com o estado do Rio de Janeiro e São Paulo.

– Não quero atrapalhar o casal em lua de mel – disse-me ela sorrindo.

– Você não irá nos atrapalhar em nada. Apesar do aspecto romântico, não iremos transar o dia todo. Vai ser maravilhoso e os passeios são lindos.

– Nossa, como você melhorou. Está com ideias férteis na cabeça. Bem, se é assim, vou consultar minha agenda e logo confirmo para que se sintam livres caso eu não vá e vocês queiram se organizar de outra forma.

Dois dias mais tarde, Renata me telefonou para confirmar que iria conosco e que desejava combinar a viagem. Ela se prontificou a comprar os mantimentos que eu havia relacionado para receber meus pais, que viriam para casa dar a retaguarda necessária. Poderíamos viajar tranquilos. Seriam poucos dias, mas a ideia requeria uma boa organização para não interferir na rotina das crianças. Lina passaria o feriado na casa de uma amiga e o rodízio das cuidadoras estava combinado. Também seria bom comprar algumas coisinhas para beliscarmos no caminho. João se encarregou de preparar o carro e o roteiro dos cinco dias em que estaríamos fora. Eu me sentia um pássaro voando em liberdade, sem precisar controlar horários, remédios e toda a rotina da casa.

No dia combinado, meus pais chegaram cedo para que pudéssemos partir e viajar com calma. O dia estava frio e ensolarado. Uma luminosidade incrível em um céu azul sem nuvens, cortado por uma brisa suave que arrastava folhas espalhadas pelo chão, indicando a proximidade do inverno. Rodamos por duas horas, quando Renata sugeriu pararmos para tomar um chocolate quente:

– Vai ser bom. Vai nos revigorar e espantar o frio.

Aguardávamos em pé, junto ao balcão, os três abraçados em clima de comunhão fraterna à espera do chocolate em meio a conversas sobre o cotidiano, a política e a vontade de chegar logo à pousada, o que, no entanto, estava previsto para o meio da tarde. Portanto, tínhamos muito chão para rodar. Já na pousada, inspecionamos o ambiente enquanto saboreávamos um chá quente com bolachinhas oferecido de boas-vindas e depois fomos nos acomodar no chalé.

Arrumadas as coisas, saímos para uma primeira exploração do entorno. Tínhamos uma linda vista do vale e do rio entre as montanhas. O frio e o vento aumentaram e começava a escurecer quando resolvemos voltar. No chalé, fiz um chá quentinho e sugeri descansarmos antes do jantar, com a aprovação de todos. Estaríamos mais despertos para saborear a comida da pousada, que eu tinha ouvido ser muito boa. Brindamos ao encontro e à escolha do local.

Renata estava um pouco intimidada. Era nossa primeira viagem juntos. João e eu nos acomodamos na suíte. Renata não quis preparar o sofá-cama, com a ideia de que após a refeição poderíamos ter vontade de ver TV. Esticou-se no sofá da saleta, cuja lareira já estava acesa. Nesse ambiente acolhedor, ajeitou as almofadas como travesseiro e acendeu a luz de cabeceira que estava ao lado do sofá, com o propósito de ler. Enrolou-se em uma manta vermelha, fofinha, e se acomodou. Tudo muito simples e de bom gosto.

Mais tarde, fomos ao restaurante da pousada para desfrutar de um delicioso *fondue* de queijo *gruyère* feito com generosa dose de vinho branco que nos deixou tontinhos, fora a outra garrafa que nos acompanhou durante a refeição. Terminado o jantar, reunimo-nos com outros hóspedes para comentar o dia e os prováveis passeios do dia seguinte antes de retornarmos ao chalé.

Eu estava cansada, queria me deitar. O ambiente estava muito acolhedor, apesar do frio que fazia fora. João, após ter posto mais lenha na fogueira, abriu a garrafa de um excelente vinho tinto. Ficamos bebericando e conversando amenidades, recostados no sofá. Renata acomodou-se na poltrona à nossa frente. A conversa se prolongou até tarde, passando por todos os temas até chegarmos às relações de amizade e às ilhas de solidão presentes em nossas vidas, até que João propôs:

– Um último brinde à amizade e ao amor.

Renata, meio adormecida, agora estirada no tapete diante da lareira, meio bêbada, levantou-se com dificuldades para brindar a saideira. Abraçou-me, beijou a todos e desmontou no sofá para dormir do jeito que estava. Fui cobri-la. Beijei-a na testa entre alguns murmúrios sem sentido que dela ouvi.

Na manhã do dia seguinte, Renata bateu na porta do nosso quarto para perguntar:

– Querem tomar o café aqui ou iremos ao restaurante? Como preferem? Se for aqui, eu preparo.

– Você já está pronta? – perguntei.

– Não, ainda estou de pijama. Está muito frio. A lareira apagou há muito tempo.

– Entre – eu disse a ela. – Venha se deitar aqui.

João havia acabado de acordar quando Renata entrou e se aproximou de mim, deu um beijinho de bom-dia em cada um de nós. Eu disse a ela:

– Deite-se aqui conosco no quentinho.

– Obrigada – ela respondeu. – Estou com uma fome danada. Fiquem aí se curtindo. Vou me trocar para ir ao restaurante. Trarei um café gostoso para vocês tomarem na cama. – Sorriu e voltou para a sala encostando a porta do quarto.

Lembrei-me do que ouvira do meu analista sobre minha percepção do olhar matreiro identificado no rosto de João como a expressão dos meus desejos profundos vistos no olhar do outro. Sorri para mim mesma diante do convite que acabara de fazer à Renata.

Ela voltou do café com uma bandeja preparada com fartura para nós dois e uma xícara também para ela. Tomamos o café na cama. Ela retirou a bandeja enquanto sorríamos como crianças em dia de festa. Levantei as cobertas convidando-a para se juntar a nós e permanecemos deitados todos juntos por algum tempo, brincando como se ela fosse a filhinha aconchegada entre os pais. Teve início uma brincadeira de esfregarmos os pés uns nos outros, como fazem as crianças quando se juntam na cama. João sorria silencioso quando sugeriu:

– Vamos tomar um bom café!

Renata argumentou:

– Por quê? Este que eu trouxe não estava bom?

– Não, não é isso – explicou-se João. – Está muito gostoso. Mas teremos um dia longo, com trilhas e cavalgadas por vales e cachoeiras. Quero reforçar o café e preparar um lanchinho para levar conosco. Vamos nos vestir, pois senão perderemos os passeios.

No final da tarde, chegamos exaustos. Após um bom banho quente e prolongado fomos jantar. O restaurante da pousada havia preparado uma sopa de cogumelos, carne, peixe e uma massa para escolher. De sobremesa foi servido um *petit gâteau* com recheio de chocolate amargo e café. Pretendíamos deitar sem vinho, esgotados pelo dia de intensa atividade e aventuras. No chalé, a lareira já estava acesa, exalando um suave perfume de eucalipto. João e eu tomamos um banho e fomos nos deitar. Depois foi a vez de Renata, que veio ao quarto nos dar boa-noite. Aproximou-se de mim para me dar um beijo no rosto e se debruçou sobre mim para alcançar João, deitado do outro lado da cama. Foi nesse momento que ele a puxou para junto si de modo que Renata rolou sobre mim e se encaixou entre nós:

– Que é isso? – disse ela sorrindo, tentando se levantar, sem muita energia. Puxamos as cobertas e ela se aninhou mais uma vez entre nós.

Senti, em silêncio, um turbilhão me agitando, mas nada falei. Pensei tratar-se de um misto de ciúmes, excitação e medo. Iniciou-se novamente a brincadeirinha de empurrar com os pés uns dos outros, evoluindo para abraços, cócegas e beijos recíprocos que aqueceram o ambiente. Aos poucos nos despimos dos preconceitos, das inibições para dar vazão às tentações, até que, exaustos, adormecemos abraçados. Eu, aninhada pelos dois como um bebê desejado e amado pelos pais. Acho que foi aí que comecei a ter consciência da minha existência. Redescobri meu corpo e o prazer que dele emergia ao encontrar um significado a mais do viver. Ao acordar, parecia que uma luz havia penetrado em mim.

Os dias restantes foram entregues a lindos passeios finalizados com trocas triangulares de afetos, que me surpreenderam pelo estranho bem-estar e um peso que havia saído de dentro de mim.

Por mais duas noites as aventuras prosseguiram apimentadas onde nós éramos um, sem culpas, só surpresas.

Levei essas experiências para minha análise. Meu analista me ouviu atentamente, para sugerir que aquelas vivências reportavam a possíveis lembranças do meu renascimento:

– São experiências inusitadas que se pode compreender como resgate de relações corporais eróticas atuais e primitivas, fantasias triangulares que remetem à busca dos pais da infância, de afetos perdidos ou desejados de serem vividos.

Após prolongado silêncio, continuou:

– Quem sabe, desejos de reintegrar figuras distintas e complementares das funções de pai e mãe, capacidades perdidas, aniquiladas por intensas frustrações que a levaram a regressões construtivas e conciliadoras. Frustrações devastadoras afetaram sua autoestima como mulher e mãe. Houve a necessidade de reincorporar os pais perdidos internamente para poder se sentir amada e reconhecida por eles. É importante você sentir que é o objeto dos desejos do outro para sentir-se existente, uma fonte de prazeres. O bebê dá sentido aos desejos narcísicos e generosos da mãe. Esta, por sua vez, nutre o bebê, dando a ele a ilusão temporária de ser o centro do Universo, relação dual essencial que impulsiona a vida, fruto da união amorosa e integradora das partes do seu eu.

Não sei se entendia tudo o que meu psicanalista queria me dizer. Em minha intuição havia algum sentido no que ele me dizia. Eu conseguia sentir, aquilo me tocava, mas eram ideias distantes de minha lógica racional. Palavras que soavam como melodia. Aos poucos fui saindo da depressão, aliviada e revigorada, sem culpas nem pena de mim, nem dos meninos, nem de ninguém. Entendi ser necessário ultrapassar certas fases da vida insuficientemente vividas para alcançar novos patamares do meu desenvolvimento emocional.

Meses se passaram em que mantivemos os encontros triangulares, até que surpreendi Renata e João em situação amorosa. Senti-me traída e excluída, pois o jogo a três havia se transformado num jogo a dois. Depois de forte discussão, suspeitei que estavam me usando como álibi para encobrir a relação entre eles. Conluio que, de início, contou com o meu consentimento, na medida em que eu estava gostando de ser a filhinha protegida da dupla. Eu era a menina bobinha, ingênua e frágil. O relacionamento se degenerou. Impedi Renata de entrar em casa e impus a João que saísse. A curiosidade infantil havia se esgotado. Eu havia recuperado a autoestima, a vitalidade do corpo e da mente ao lutar por mim, por meu espaço pessoal e físico. João tentou se justificar e me culpabilizar. Renata era a grande traidora. Minha raiva era contra mim mesma por ter sido ingênua e me deixado levar. Mas era preciso passar por isso para ter a consciência e me proteger dos autoenganos. Consegui identificar sentimentos, selecionar prioridades e pude me impor na defesa da minha identidade. Simplesmente acordei. Usei a discriminação, senti dúvidas, avaliei e me posicionei. Utilizei do livre-arbítrio ao reconhecer minhas fragilidades. Só assim pude me sentir forte e selecionar o que convinha a mim e aos meus filhos. Ecoava em mim:

– Eu vou conseguir! Eu vou conseguir!

Meu analista me alertava para ir com calma e atenção até discriminar se essa excitabilidade e vigor eram reativas e temporárias ou se resultavam de uma estrutura que se consolidava, duradoura e estável. Precisava acreditar nos meus recursos pessoais. O trabalho analítico estava me ajudando a ser gente, com qualidades e falhas, como qualquer pessoa. Havia em mim um homem e uma mulher unidos e fortes, portadores de uma agressividade penetrante e construtiva capazes de transformar energia em potenciais criativos. Elementos úteis para mim, meus filhos e para aqueles que valorizassem minhas ações.

O destino do casamento foi a separação consensual. João e Renata passaram a viver juntos. Eu estava livre e independente para educar meus filhos e trabalhar. João, como pai, ajudava pouco, material e afetivamente.

Em minha luta, pude aceitar meus filhos como eles eram e a mim da maneira que conseguia ser, e não como gostaria que fosse. Meus filhos precisavam de mim e eram fontes de realização pessoal. Fui tomada pela vontade de viver e de superar as enormes dificuldades, que deixaram de ser fantasmas para se transformarem em problemas equacionáveis. Aprendi que os filhos eram significativos, mas não representavam tudo. Eu também tinha o direito de buscar outras fontes de realização como mulher, profissional e integrante de uma comunidade.

Passei a frequentar um grupo de pais de crianças com deficiência. Eles se reuniam semanalmente para conversar sobre problemas comuns decorrentes das deficiências e questões que envolviam os outros filhos e a dinâmica familiar. O grupo se espantou quando me apresentei como mãe de dois filhos com deficiência intelectual, mas, no fundo, as preocupações eram semelhantes: como educar? Em que escola colocar? Como é a integração das múltiplas terapias? Qual é o futuro deles quanto aos cuidados, à profissionalização, aos recursos materiais e humanos na ausência dos pais? Problemas como: agitação, violência ou passividade. Temas complexos devido à singularidade de cada pessoa, das famílias e dos recursos sociais e econômicos disponíveis. Era fundamental a análise de cada caso. Questões específicas como o grau da deficiência, a existência de comprometimentos motores, convulsões, problemas médico-psicológicos, desenvolvimento da linguagem, capacidade de sociabilização etc. Na adolescência surgiam problemas ligados à sexualidade e à impulsividade. As dinâmicas familiares dependiam da tolerância e criatividade dos seus membros. O medo de errar era comum na educação dos filhos, e com os com deficiência intelectual era ainda maior, pelo inusitado das situações, com desdobramentos imprevisíveis, requerendo atenção aos mínimos detalhes. Aprendia-se mais com os erros do que com os acertos na busca da inclusão e nas tentativas de vencer as resistências à aceitação. Pais que escondiam o filho com deficiência, excluindo-o da vida social por ignorância ou negação da realidade. As feridas na autoestima geralmente eram profundas, com cicatrizes difíceis de serem reparadas. A resignação não era um trabalho fácil.

Lina, uma das minhas preocupações, era uma menina muito madura e responsável para sua idade. Mostrava-se preocupada com o estado de saúde dos irmãos, propunha-se a deixar de fazer coisas para si no intuito de cuidar deles. Passava a própria vida para trás, deixando amigos e passeios. Alegrava-me vê-la interessada nas questões dos irmãos. O ônus que isso representava era excessivo, mas eu contava com sua participação.

Quando ela mencionou seu interesse sobre a história do chocolate, veio em tom de brincadeira a ideia de, no futuro, poder montar um negócio nesse setor. Poderia ser útil e rentável para ela e uma perspectiva para os meninos. Dentro de alguns anos eles teriam condições de frequentar atividades pré-profissionalizantes em oficinas abrigadas de trabalho. Perspectiva que se consolidaria caso a família abrisse uma fábrica de chocolate artesanal. Lina, eles e eu adorávamos chocolate. Seria uma possibilidade de inserção social e profissional caso fosse comercialmente viável. Precisávamos identificar e construir situações para saber se o desenvolvimento deles seria compatível com essa proposta. Dependia também de saber se Lina teria interesse e disponibilidade para arcar com essa responsabilidade. Ter essas ideias em mente fazia parte de um planejamento de médio e longo prazo.

Qual seria o futuro profissional de Lina? Pesquisadora? Professora? Poderia unir uma atividade acadêmica a outra comercial?

Eram muitas as questões a serem desenvolvidas ao longo do tempo. Ter calma e paciência, mais do que palavras, era um atributo que me ajudava. Estava ciente da necessidade de me organizar com vistas ao legado a ser deixado para os meninos. Lina estava saindo da adolescência. Com a ajuda da terapia, demonstrava equilíbrio em suas ações. Muito dedicada aos estudos e ao trabalho, seria injusto transferir para ela a responsabilidade pelos cuidados de seus irmãos. Na teoria estava tudo muito claro, mas eu depositava nela uma série de expectativas que poderiam interferir em suas decisões.

Ser pai ou mãe é sempre um desafio, um ato de coragem, uma vez que os filhos não trazem, ao nascer, um manual de instrução. Quando os educamos, somos os que mais aprendem. Descobri que muitas de nossas teorias e experiências não servem para nada nas tentativas de auxiliá-los a conquistar autonomia e responsabilidade. Com os filhos com deficiência as expectativas precisam ser reavaliadas em função das limitações que eles apresentam. Intuição, sensibilidade, humildade e disponibilidade têm me ajudado a descobrir caminhos. Nenhum pai ou mãe está preparado para desempenhar essas funções, cuja experiência vem com a vivência na relação com os filhos. Paciência, diálogo interno, perseverança, capacidade para suportar frustrações e uma relação lúdica com a vida ajudam a gerar as adaptações necessárias. A admiração pelos filhos com deficiência surge quando se aceita o que eles são, e não o que nós gostaríamos que eles fossem, pois o que serve para um filho não é o mesmo para outro. Nisto somos todos iguais.

No grupo de pais, depoimentos e reflexões ajudavam a aprender a ouvir, comentar, sugerir, sentir e pensar antes de arriscar a fazer. Sentíamo-nos mais iguais entre nós. Não se estava só, fato que trazia alívio e energia para desenvolvermos nossas funções. Da consolidação desse grupo formou-se uma associação de pais e amigos de pessoas com deficiência com o objetivo de pôr em prática a conscientização de outros pais e das pessoas de forma geral em relação às necessidades dessas pessoas. Buscar maior aceitação e inserção social das crianças, jovens e adultos com deficiência era uma das missões. Ignorância, preconceitos e falta de recursos humanos materiais e legais eram os grandes adversários nessa tarefa. Vivemos em um país que pouco valoriza seus cidadãos, menos ainda os portadores de deficiências. Já foi pior. Graças às pressões dos pais, das associações de pais e amigos de pessoas com deficiência, alguns poucos políticos sensíveis têm colaborado no desenvolvimento de leis de proteção e de criação de recursos nesse setor. Há muito a ser feito e é nisso que agora estou empenhada.

Não fui capaz de responder com sinceridade as questões colocadas por Lina sobre a intimidade do meu renascimento como mulher nem os fatos que motivaram a separação de João e o afastamento de Renata da minha vida familiar. Espero que minha filha possa preencher com criatividade e intuição as lacunas de minhas revelações. Falta-me coragem. Não há necessidade de compartilhar os caminhos íntimos que percorri para alcançar a maturidade que veio quando percebi a criança existente em mim. Quem sabe um dia Lina poderá compreender o não dito pela sua própria experiência como pessoa e mulher.

7. Lina

– Mãe, mãe, veja o que encontrei!
– Calma, menina, já vou. Estou terminando de guardar as roupas no armário. Que tanta euforia é essa?
– Estou começando a ler os textos que selecionei para o TCC, que pretendo defender ainda este ano. O chocolate é considerado internacionalmente o alimento mais balanceado. Informação que me estimula a prosseguir nos estudos. Comecei a pesquisar o que aconteceu no Brasil para ter perdido sua posição de um dos maiores produtores de cacau do mundo. Seu cultivo foi autorizado no Pará pela Carta Régia em 1679, sem sucesso. Levado para Ilhéus, sul da Bahia, em 1752, foi um sucesso. O surgimento de um fungo conhecido como a "vassoura de bruxa" foi o causador desse desastre ecológico e comercial. Entre 1975 e 1980 o cacau gerou uma receita de mais de 3 bilhões e meio de dólares. Hoje, ocupamos a quinta posição no mercado mundial. Estão tentando recuperar a produção com o plantio de cacau geneticamente modificado, resistente à praga.

– Pode ser uma infelicidade; um desequilíbrio da natureza. A cultura brasileira dá pouca atenção às medidas preventivas. Nosso perfil é tomar providências uma vez o prejuízo estabelecido e com custos sociais e materiais extraordinários. Difícil mudar a mentalidade do povo e dos políticos.

– Mãe, você tem razão. A queda de produção do cacau coincidiu com o período da ditadura militar no país.

– Xi! Você terá muito trabalho pela frente, Lina.

– Tenho sonhos de, com este trabalho, solicitar uma bolsa de estudos no exterior. Quem sabe em algum país onde preparam os melhores chocolates do mundo.

– Está sonhando alto, hein!

– Quem não sonha, não vai a lugar nenhum.

– Quer dizer que você está pretendendo nos deixar?

– Creio que não. Estou fazendo só o que gosto e preparando o meu futuro. Não é isso que você sempre me diz: cada um deve aprender a andar com suas próprias pernas? Estou seguindo os ensinamentos que recebi. Por outro lado, eu adoro chocolate.

– Nisto você não está sozinha.

– Eu sei. Imagine que cem gramas de chocolate equivalem a seis ovos ou a três copos de leite ou a 750 gramas de peixe ou a 450 gramas de carne vermelha.

– É bom a gente se controlar para não ficar gordinha. Lina, andei pensando sobre aquela ideia de fazermos uma fábrica de chocolate artesanal. Fui até me informar com os professores da oficina abrigada de trabalho para saber se eles têm alguma experiência nesse setor. Disseram-me que a experiência deles é na área de montagem de peças e de embalagem, mas ficaram de estudar o assunto. Vamos nos reunir em breve para ver o que é necessário para montar uma linha de produção dessa delícia. Do ponto de vista da fabricação eles não entendem nada. Será preciso avaliar custos, capacitação e adaptação diante de um mercado competitivo. Há muitas questões a serem pensadas e analisadas. Eu gostaria muito, caso não atrapalhe seus planos, que você pudesse me acompanhar em alguns desses encontros. Com os conhecimentos que tem e sua motivação, novas ideias poderão surgir. De qualquer forma, é algo para o futuro. Levará muito tempo para acontecer, caso se concretize.

– Claro. Sim, quero participar. Sinto até um friozinho na barriga ao imaginar a fábrica de chocolate funcionando, os meninos participando e uma variedade de produtos sendo produzidos. Será a realização de um sonho ver meus irmãos em atividades, úteis para si e para os outros. Será que eles vão conseguir? Receio que o Fabinho tenha mais dificuldades, mas temos tempo para prepará-los e a nós mesmas, não é? Ele ainda fala com muitas dificuldades e suas limitações motoras são significativas.

– Vamos deixar essas questões objetivas para mais tarde. Não é preciso antecipar nada. Pode ser que, com o passar do tempo e o empenho de todos, ele consiga evoluir. Não vamos colocar a carroça na frente dos bois.

– Legal, mãe! O irmão de uma das minhas amigas também tem atraso global do desenvolvimento. Ele frequentou terapias, escola especializada e oficina abrigada. Atualmente, trabalha algumas horas por dia na imobiliária da mãe. Organiza documentos, separa cheques, distribui correspondências. A mãe foi corajosa ao dar a ele um lugar em seu escritório para trabalhar. O resultado foi muito bom. Ele ganhou autonomia e confiança em si. Houve tropeços iniciais com cheques trocados ou digitados de forma errada, confusões na organização de documentos. Com paciência ela conseguiu que ele entendesse como fazer e percebesse a responsabilidade no trabalho. Ensaiaram vários procedimentos até dar certo. Aprendeu a pegar ônibus e metrô sozinho. Sente-se feliz, querido e respeitado na empresa e na vizinhança. Tenho amigos que até hoje não sabem pegar ônibus ou metrô. Os pais consideraram ser perigoso andar sozinho na rua. Mas quem não se arrisca não petisca... como aprenderão? É o que eu costumo dizer para esses meus amigos.

– Bom ouvir isso. Parece que estamos no rumo certo. O trajeto é árduo. Quando chegar o momento faremos as avaliações das competências e limitações específicas de Lucas e Fabinho.

– Um de cada vez, mãe. Eles têm diferenças de idade e os níveis de desenvolvimento são distintos. Lucas ganhou autonomia nos últimos tempos, desde que entrou na adolescência adquiriu habilidades nos cuidados da vida diária, na comunicação e na alfabetização. Fabinho ainda está muito cru.

– Concordo com você. Ele mal iniciou a puberdade. Também não sabemos como iremos evoluir para gerenciar um empreendimento desse tipo, se conseguiremos dar conta do recado. Como sempre, quando me entusiasmo acabo por colocar a carroça na frente do boi. Serão várias as fases de transição até a inserção deles nas atividades rotineiras de trabalho produtivo. No momento é preciso ter paciência e perseverança se quisermos levar esse projeto avante. Falo para tentar me convencer.

– Mãe, sabemos que as possibilidades deles são diferentes dos nossos desejos. Os professores da oficina ainda não têm experiência nesse setor. Será um trabalho pioneiro em nossa comunidade. Se der certo, outros jovens poderão usufruir. Teremos de estudar questões da legislação trabalhista, de direitos e deveres por parte dos empregadores, de proteção às pessoas com deficiência, dos serviços.

– Questões de higiene também farão parte dos nossos estudos e consultas. Precisaremos contatar advogados especializados. Pelo jeito será uma longa trajetória. Você terá tempo suficiente para realizar seus estudos até que tenhamos desenvolvido um conjunto de conhecimentos suficientes para darmos início ao projeto. Ah! Não falamos dos custos!

– Esperança e tenacidade não nos faltam, não é? Teremos de comer muito chocolate para conseguir energia e reunir os recursos necessários para enfrentar os obstáculos, até a fábrica funcionar. Acabo de ter uma ideia genial! Posso dedicar um capítulo do meu TCC, e depois no mestrado, voltado para a inclusão de pessoas com deficiência na produção e comercialização do chocolate. Imagino que será um trabalho original. Nunca vi nenhuma bibliografia a esse respeito.

– Excelente, Lina. Seus conhecimentos sobre a história e a atualidade do cacau podem servir de base para o nosso projeto ao transformar um estudo acadêmico em aplicação prática na construção de uma empresa de fabricação artesanal de chocolate, com a participação de jovens com deficiência. Vai ser muito legal para o Lucas e, quem sabe, para o Fabinho. Para nós eu não tenho dúvidas, mas teremos de nos cuidar para não devorarmos a produção.

– Outros poderão se inspirar nesse projeto, sem dúvida. Estou entusiasmada, apesar de achar que os desafios serão enormes. Vamos conseguir!

– É isso mesmo, minha filha. Este jeito de pensar tem me ajudado muito a superar a tristeza, a me preservar da depressão e a encontrar um sentido na vida. Admiro e me orgulho de ver como você pensa e organiza sua vida. Que energia linda!

– Estou aprendendo com você, mãe. Preciso descobrir como me adaptar para me realizar nos estudos e sustentos, desafios que iluminam caminhos ainda que os medos de que não dê certo estejam presentes.

– Você não deve esquecer sua vida pessoal. Imagino que haja dúvidas em sua cabeça entre descobrir o mundo, encontrar um amor, se formar, construir uma família e pensar no projeto da fábrica e seus irmãos.

– Tenho muito tempo pela frente. Apenas vislumbro a existência de possibilidades de fazer, mudar, errar e consertar. Os projetos me ajudam a me organizar no tempo. Por isso mesmo, preferi abrir mão do meu relacionamento com Hernandez. Um namoro sério interferiria nos meus projetos. Ele gostaria de continuar, mas ambos sabíamos das dificuldades futuras em função do presente. Temos ambições, queremos estudar no exterior, conhecer o mundo. Talvez eu consiga uma bolsa sanduíche na França ou na Bélgica, onde poderei aprofundar os estudos sobre a história do chocolate e ainda aprender as magias de sua fabricação. No retorno estarei mais habilitada para montar a nossa fábrica. Não é um plano perfeito?

– Aparentemente, sim. Porém, na prática pode ser diferente. Vá com calma para não tropeçar e se machucar. A vida profissional é importante, mas não é tudo. Ainda não se sabe se você vai se apaixonar por alguém a ponto de mudar seus planos. Muitas moças só pensam em ter família mais tarde.

– Já disse, mãe, tenho tempo pela frente e muitos projetos. Nem sei se quero me casar. Primeiro quero curtir a vida, me desenvolver profissionalmente, ganhar algum dinheiro. Depois vem o resto. Nem sei se quero ter filhos. Sou uma garota aguerrida; nesse sentido, puxei você. Um traço familiar? A terapia tem me ajudado a me descobrir e a criar oportunidades para mim. Terei de enfrentar muitas turbulências diante das encruzilhadas das decisões. Bonito, né? Mas o que sei é que não quero ser a princesinha à espera do sapo encantado que me trará a felicidade. Quero caminhar por meio dos meus recursos pessoais.

– Muito bem. Está clara a sua posição. Preocupa-me seu futuro, mas a intuição diz que você está no bom caminho. Caso consiga sua bolsa para o exterior, sentirei falta, mas terá todo o meu apoio para realizar esse sonho.

– Vou fazer um café para nós.

— E eu vou comer mais um pedacinho de chocolate. Esta conversa me deixou ansiosa. Você também quer um pedacinho?

— Farei esse sacrifício junto com você.

— Ah! Mãe, nem contei para você. Chegaram dois livros sobre a história do chocolate. Comprei pela internet: *Histoire du Chocolat*, de Nikita Harwich, com extensa bibliografia, e *Chocolate*, de Mort Rosenblum, que narra a respeito dos mestres *chocolatiers* franceses, suíços e outros.

Ao retomar minhas leituras para o TCC, constatei que a produção atual do cacau no Brasil é do tipo secundário, isto é, utilizado apenas para dar volume à produção do chocolate de consumo popular ou como componente de rações, adubos e produção de energia. Faltam perspectivas de melhoria da qualidade do cacau nacional, de uso restrito ao comércio local. Pesquisadores suspeitam que o cacau foi originário das cabeceiras do rio Amazonas. O do tipo *criollo*, de superfície rugosa, espalhou-se pela América Central e sul do México; o *forasteiro* foi dominante na bacia amazônica e Guianas; o cacau fino, tipo *flavor*, utilizado para dar sabor aos chocolates de alta qualidade, tem origem na Costa do Marfim, Gana, Camarões, Vietnã. São exportados para Bélgica, Luxemburgo, Suíça, Japão, França, Alemanha, Itália e Inglaterra.

Quando comecei a ler os dados dos relatórios comerciais fiquei irritada com tantos gráficos e análises estatísticas que me distraem. Refugiei-me em questões pessoais.

Lembrei-me da conversa com minha mãe sobre meu futuro amoroso e o fato de não ter tido nenhum namorado após a partida de Hernandez para Montevidéu. Ocasionalmente, me sentia carente e ficava com alguém, de forma passageira, ou era invadida por excitações que me levavam a buscar um parceiro para uma aventura sexual. Descobri que fazer sexo apenas pelo prazer imediato podia ser bom, mas depois vinha angústia e profunda sensação de vazio. Conclui que relações amorosas passageiras, sem continuidade, geravam mal-estar. Era preciso me preservar. Pensar melhor com quem compartilhar o íntimo, o privativo. Já havia me dado mal ao dividir dúvidas ou pedir ajuda sem selecionar. A aflição e a ignorância contribuíam para esse estado impulsivo. Geralmente, eu dizia que o problema estava nos outros; eram eles que deveriam mudar de atitude, sem me dar conta de que o problema estava em mim ao criar verdadeiras armadilhas para mim, sem reconhecê-las. A repetição de fatos dessa natureza me levaram a ficar atenta.

Por ocasião da separação de meus pais, eu suspeitava da existência de algum rolo entre eles e Renata. Andavam sempre juntos, olhares diferentes, uma comunicação entre eles que eu não compreendia até que as brigas ressurgiram entre meus pais e Renata deixou de frequentar a casa. Eu perguntava por ela, mas as respostas eram evasivas e o medo de ouvir o que não queria me levaram ao silêncio conveniente. Temia que minha privacidade fosse vasculhada e achei melhor não pressionar minha mãe. Estava aprendendo o valor de preservar a privacidade pessoal. Ao compartilhar dúvidas com algumas amigas, percebia que cada uma delas dava um palpite diferente sobre a mesma coisa. No fundo, tínhamos as mesmas indecisões, que nos faziam sentir seres semelhantes.

Ao tentar compartilhar sentimentos e dúvidas com minha mãe, minha tendência primeira era dizer não, para depois refletir. Dificilmente concordava no ato. Tempos mais tarde aquilo brotava como se tivesse vindo de dentro de mim. Após eu ter transado pela primeira vez, queria contar para ela. Não havia sido nada como eu imaginava, um momento paradisíaco. Minhas amigas já haviam transado e eu me sentia diferente de todas. Temia ser a diferente do grupo. Elas me diziam que eu era uma boba, que o corpo e os desejos eram meus e que eu poderia fazer com eles o que bem entendesse. Compartilhar com meus pais me constrangia, apesar de termos conversado sobre tudo, mas revelar... era outra coisa.

Estava dividida entre desejos, cuidados, medos e o sentimento do poder da decisão. Mas, junto, vinham as questões da responsabilidade e das consequências, que me serviam de freio.

Quando, com quem, onde, de que forma? Concluí que não dava para raciocinar tanto. Quando fosse, seria. Eu não queria transformar minha vida nem a de meus pais em um problema a mais. Todos já estávamos sobrecarregados com as questões dos meus irmãos e da separação do casal.

Por ocasião do vestibular, eu queria entrar na melhor faculdade de História – na USP. Andava tensa com o cursinho e a escola. Roía as unhas, tive insônia, medo de fracassar. Minha cabeça estava a mil, com um diabinho que me dizia para não esquentar, não pensar tanto nas consequências. Se rolasse, rolaria. Queria ter a consciência de que tudo era um estorvo, uma escravidão. Num fim de semana próximo ao início do vestibular combinei com a turma do cursinho um encontro em um bar. Haveria uma cervejada e eu estava excitadíssima, cansada após uma semana de intensos e extensos exames simulados. Queria me divertir, descontrair, mandar tudo pro inferno. Bater papo, ficar, pegar e dar uns beijinhos. Fui ao banheiro, onde uma amiga me perguntou se eu queria um "docinho ou uma bala". Agradeci, disse que não queria engordar. Ela sorriu e me ofereceu um comprimido:

– Prove isto aqui, este docinho é pra se divertir. Depois você me conta como é.

– Um comprimido! O que é isto?

– Ele faz você se sentir muito legal. Viu como aquele carinha estava dando em cima de você? Bem que eu queria ficar com ele.

Sem questionar, tomei o comprimido. Me arrumei melhor e voltamos para o salão. Me aproximei toda alegrinha do tal carinha bonitinho. Fomos apresentados. Outros amigos se aproximaram da rodinha. Minha amiga, a que me deu o comprimido, sorria e fazia sinal de positivo para me dar coragem. Fiquei com o cara a noite toda. Bebemos e o baseado circulava. Eu estava flanando, solta, isenta de limitações. Já de madrugada, o cara bonitinho e eu saímos de carro para dar umas voltas pela cidade, ambos bêbados. Não sei por quanto tempo nem por onde rodamos, até que ele parou o carro em uma rua deserta. Eu estava completamente zonza e ele começou a me fazer carícias, a colocar a mão nos meus seios e entre minhas pernas. Tentou tirar minha calcinha e eu mesma o ajudei. Em meio a uma loucura de beijos e carícias, transamos ali mesmo e sem qualquer cuidado. Depois de uns dois dias de ressaca, caí numa fossa. Sentia-me feliz, mas também uma merda, ao recordar cenas da transa nas quais me via como um monte de carne sacudida por outro monte de carne. Meu sonho de que a primeira transa fosse como em um conto de fadas tinha ido parar no brejo. Senti-me sozinha, assustada e suja. Mal sabia o nome dele.

Tempos mais tarde iniciei um namoro com Carlos. Eu já frequentava a faculdade. Conhecemo-nos também em uma das baladas organizadas pelo centro acadêmico, no campus, sempre regada a muita cerveja e drogas. Era difícil recusar. Mais atenta comigo, sabia como era capaz de provocar, seduzir, mentir, enganar e me enganar sem questionar. As encrencas vividas me levaram a ficar mais comedida. Carlos era alto, atlético, loiro de lindos olhos azuis. Estudante de Medicina, falava inglês e francês fluentemente e, agora, estudava alemão. Queria ler Freud no original. Era um trunfo tê-lo como meu namorado. Mas ele foi se revelando inseguro e muito ciumento. Questionava-me com frequência quando alguém havia olhado para mim, com quem estive conversando ou porque demorei para lhe responder a uma mensagem. De início, ainda que estranho, pensei que o amor fosse dessa forma. Eu ponderava com ele, mas as discussões eram intermináveis, o clima tornava-se pesado. Pensei que tal situação seria fruto de nossa inexperiência amorosa e que passaria com o tempo. Nada disso aconteceu. Pelo contrário, as desavenças tornavam os dias insuportáveis. Eu sentia por ele um afeto diferente, que acreditava ser amor. Como ajudá-lo a superar a desconfiança? Brigávamos por bobagens, ritos que finalizavam em transas homéricas. Frequentávamos a casa um do outro e nossos pais aceitavam o relacionamento. Ficávamos horas no quarto conversando, ouvindo música e transávamos. Ele não usava camisinha, alegava que tirava o prazer, saía do lugar ou arrebentava. Eu insistia para que usasse, mas de nada adiantava. Sua aceitação era ocasional e com frequência eu esquecia de trazer alguma de reserva. Quando vinha a vontade, ninguém segurava nem queria deixar para depois. Eu não havia iniciado o uso de pílula anticoncepcional. Interrompíamos o ato no meio. Ele ejaculava fora, nas minhas pernas, na minha mão ou boca. Sabíamos dos cuidados preventivos, da tabelinha, mas, como nada de ruim havia acontecido, não seria agora que teríamos problemas. Além do mais, meu ciclo menstrual era irregular, de modo que eu não sabia quando era o período fértil.

Hoje, percebo como eu era negligente. Caminhava dos medos à inconsequência, ao desafiar os perigos. Aids, doenças venéreas, gravidez, nada disso parecia ser com a gente. Minha mãe já havia me dado o nome de uma doutora ginecologista. Ofereceu-se para me acompanhar ou pelo menos marcar uma hora:

— Veja como você quer fazer. Estou à disposição. Não tenho como obrigá-la, a não ser conversar e ver se as ideias entram nessa cabecinha dura.

Mas eu não me mexia. Fazia como se aquilo não fosse comigo. Ouvia, mas não registrava.

Carlos tinha uma teoria que me parecia correta. Ele dizia que o risco de engravidar só ocorreria se ele ejaculasse dentro de mim. A pressão da ejaculação é que fazia o espermatozoide chegar ao útero. Portanto, do jeito que fazíamos não haveria risco. Vinha a vontade e pronto!

Um dia tivemos duas relações seguidas, ambas sem camisinha. Foi aí que surgiu o desespero quando perguntei a ele se os restos da relação anterior não estariam no pênis, nas mãos e pernas, podendo ocasionar uma gravidez. Olhamo-nos com caras de besta, sem saber o que dizer um para o outro. Passamos dias terríveis de angústia. Falamos, não sei quantas vezes sobre possíveis consequências. Ele achava que todo aquele barulho era uma bobagem. Lembrou-me de outras vezes em que tinha sido assim e nada havia acontecido.

Achei-o irresponsável e resolvi falar com minha terapeuta, que me orientou a tomar uma série de providências. Ela interpretou minha atitude como arrogante e prepotente, de querer resolver tudo sozinha, de ir além do que eu era capaz. Alertou-me sobre a rivalidade com minha mãe. Irritada, me disse:

– Você está agindo como uma criança mimada e teimosa. Se quiser, poderá ouvir as orientações de sua mãe como expressão de cuidado, amor e experiência. Mas você pode decidir. Agir como criancinha ou como mulher adulta e responsável por si e pelo eventual bebê que poderá ser gerado.

No dia seguinte, Carlos me ligou aflito dizendo que vira na internet como usar a pílula do dia seguinte, que era fácil comprar e que não deveria ser usada de forma constante, pois tinha riscos.

Tomei coragem. Falei com minha mãe de uma forma dissimulada sobre a irregularidade de minha menstruação. Logo marquei consulta com a ginecologista, que me orientou a fazer uma série de exames preventivos contra doenças venéreas, diagnóstico de gravidez e a tomar a tal pílula do dia seguinte. Após os resultados dos exames ela me orientaria na escolha de um anticoncepcional. Foram horas de intenso sofrimento. Cheguei a me imaginar fazendo aborto. Senti a ideia revoltante e cruel, mas era uma solução. Solução trágica a de pensar que sou capaz de eliminar meu próprio filho. Liguei para Carlos. Insisti que ele fizesse também exames para o diagnóstico de Aids e de outras doenças venéreas. Era importante que ele consultasse um médico, e ouvi dele que eu era uma neurótica tomada pela propaganda dos laboratórios e das fábricas de camisinhas:

– Eles estão ganhando um montão de dinheiro ao espalhar ideias de risco, como nas campanhas contra o tabagismo por causa do câncer de pulmão. Ninguém acredita nas coisas ditas pelo Ministério da Saúde. Eles estão envolvidos em fraudes, desvios de verbas e conluios com as empresas de seguro-saúde.

– Você é um louco, irresponsável. Sempre achando que tem razão.

Brigamos muito. Felizmente veio a menstruação e os exames médicos deram todos normais. Fiquei mais tranquila com os resultados, mas desgostosa comigo e decepcionada com as atitudes de Carlos. Rompi o namoro. Ele tinha sido teimoso demais, irresponsável e prepotente. Não era o homem que eu queria para mim.

Tenho aprendido a ser mais cautelosa após ter me envolvido com pessoas que mal conhecia. Como diz o ditado popular: gato escaldado tem medo de água quente. Sou capaz de criar situações complicadas para mim tanto por inexperiência quanto por cegueira. Fiquei mais atenta comigo e alerta com as atitudes dos outros.

Entendi que seria melhor dar um tempo e me concentrar em coisas mais produtivas. Passei a dedicar-me intensamente à terapia, aos estudos, a redigir o meu TCC e a me preparar para uma bolsa no exterior. França, Suíça ou Bélgica seriam os países dos meus sonhos para morar, estudar e aprender a fabricar chocolate. Deixei poucas horas livres para os amigos. Namorar ficou para depois.

Na medida em que meu interesse pela história desse produto se aprofundava, informei-me sobre as possibilidades de organizar um programa de mestrado por meio de uma bolsa sanduíche. Parte da grade curricular seria realizada no Brasil, parte em um país que tivesse um programa oficialmente reconhecido aqui.

As leituras sobre a história do chocolate tornaram-se mais frequentes. Soube que, após Hernán Cortés ter levado a bebida amarga e estimulante para a Espanha, fatos históricos fizeram com que seu uso se difundisse pela Europa. A perseguição aos judeus durante as Inquisições espanhola e portuguesa fizeram com que eles se refugiassem em países como França, Holanda, Itália e nas Américas. Em período posterior, os holandeses vieram para o Brasil, entre eles, Antonio D'Acosta, que se interessou pela exportação do cacau, farinha e açúcar, produtos enviados aos judeus, que aprenderam e desenvolveram a arte de fazer chocolate. Questões econômicas internacionais contribuíram na difusão do produto, em especial na França. Enviei meu projeto de estudo sobre o cacau e o chocolate para várias faculdades, em diferentes países. Mal havia iniciado esta aventura, recebi uma carta que me deixou ansiosa, confusa e trêmula.

8. Gabriela

A associação de pais de pessoas com deficiência estava se organizando para desenvolver um projeto de oficinas abrigadas de trabalho. O objetivo era o de preparar jovens com deficiência mental leve e moderada para a vida profissional. O projeto abarcava áreas de escritório, embalagem de produtos e montagem de pequenas peças. O futuro diretor das oficinas estava em contato com técnicos especializados, com o setor empresarial e advogados para elaborarem juntos normas, cuidados, condições trabalhistas e contrapartidas com vistas ao desenvolvimento pedagógico voltado para a futura inserção empregatícia.

Em nenhum momento eu havia pensado em algo no ramo de comidas quanto ao futuro profissionalizante dos meus filhos até conhecer Márcio, pai de um jovem com síndrome de Down, proprietário de um *foodtruck*. Eu associei a experiência familiar dele aos comentários de Lina sobre seu interesse no estudo da história do chocolate.

Márcio contou como foi possível preparar seu filho para colaborar na venda de produtos alimentícios. Ele já fazia isso de modo informal, mas se deu conta de que seria conveniente prepará-lo melhor no manuseio correto dos alimentos e no aprimoramento do relacionamento do rapaz com o público:

– Minha esposa e eu temíamos que a presença de Nelson no ponto de vendas pudesse despertar hostilidades do público e sentimentos de rejeição a ele, com consequente perda da clientela. Foi exatamente o contrário. Ele se integrou bem e os clientes admiravam sua educação, o cuidado no manuseio dos alimentos e a delicadeza no modo de servir.

Contou que Nelson havia frequentado escola especializada para pessoas com deficiência e estava recém-iniciando uma nova experiência, ao frequentar classe de inserção em uma escola particular. Passados alguns meses, os resultados foram positivos, com evidente aceitação por parte dos demais alunos, que o ajudaram a se integrar socialmente. A comprovação veio durante os preparativos para a realização de uma festa junina, na qual ele teve intensa participação. Tornou-se motivo de admiração e respeito dos colegas e dos pais dos alunos. Sua autoestima se valorizou. A parte pedagógica era mais complexa, pois dependia da implementação de um programa paralelo de inclusão desenvolvido por uma auxiliar de classe. Os resultados foram satisfatórios ao nível da alfabetização e no aprendizado de pequenos cálculos. Mais difícil foi o entrosamento entre os alunos. A auxiliar de classe, com a colaboração da psicóloga escolar e de um psicanalista, pôde experimentar caminhos, até calibrar a qualidade das relações.

Márcio sugeriu que eu conversasse com uma conhecida dele em Curitiba cuja filha adolescente era portadora de deficiência intelectual em grau leve. Ela frequentava uma escola de orientação Waldorf – processo educacional fundado por Rudolf Steiner (1861-1925) com base na antroposofia. Uma filosofia com influências do hinduísmo e que trabalha de forma naturalista, tolerante e de cooperação entre as pessoas.

– Se você quiser, posso colocá-la em contato com a família – disse Márcio. Suzana, mãe de Clarice, é uma pessoa muito acessível e terá prazer em compartilhar as experiências dela com você. Ela vem de uma família de italianos que se dedica à fabricação de massas artesanais. A filha dela trabalha parte do dia na produção e outro tanto no escritório.

– Aceito de bom grado. Pode ser o início de um novo caminho.

Entrei em contato com Suzana, que se dispôs a me orientar no que fosse necessário. Em poucos dias viajei a Curitiba para conhecê-la, sua família e a fábrica de massas.

Antes de viajar, li sobre o pensamento filosófico que orientou a formação de Clarice. Márcio também havia me oferecido material de leitura. Orgulhoso, ele fez uma síntese do processo:

– Trata-se de um método que cultiva as potencialidades individuais. Leva em consideração o conhecimento da criança quanto ao seu desenvolvimento físico, emocional e espiritual. Ele preserva as diversidades culturais, os princípios éticos e busca integrar escola, família e sociedade. As atividades e os conteúdos pedagógicos ocorrem dentro das possibilidades de cada aluno. Seu criador usa como lema: "formar seres humanos livres que sejam capazes de, por si mesmos, encontrar propósito e direção para suas vidas".

Encantada com as perspectivas educacionais e possibilidades de profissionalização dos meninos, iniciei contatos com seguidores desse pensamento em São Paulo. Ideias começaram a brotar e a gerar perspectivas de realização:

"Nossa! Será maravilhoso se tudo for verdade. É muita coisa boa ao mesmo tempo: a criação de uma oficina pedagógica profissionalizante para os meninos, os interesses de Lina com a história do chocolate e sua futura pós-graduação no exterior. Ainda com a possibilidade de aprender a fabricar chocolates e de ter um lugar onde os meninos poderão trabalhar! É extraordinário! Quantos sonhos! O trabalho será enorme! Sei que não devo me entusiasmar demais para não cair em depressão. Precisarei ter garra para enfrentar os obstáculos, que serão muitos, desde as questões materiais até os recursos humanos. Vou conseguir!", dizia para mim mesma como forma de estímulo para não perder as esperanças.

Coloquei os meninos em uma escola com essa filosofia educacional. Progressivamente me inseri no processo. Compartilhei com professores e pais tarefas que auxiliavam no desenvolvimento das crianças. Aos poucos, Lucas demonstrou ser um lutador, vencendo os desafios propostos pela escola. Evoluía nas novas conquistas. Alfabetizou-se e conquistou maior independência nas atividades de vida diária, nos cuidados com o próprio corpo, higiene, vestuário, desempenho de tarefas caseiras, até conseguir realizar pequenas compras nos arredores da casa. Fabinho desenvolvia-se mais lentamente, dependente nos cuidados pessoais, portador de dificuldades motoras e de importante atraso da linguagem. Comunicava-se por gestos compreensíveis parcialmente pelos familiares.

Lucas tinha possibilidades de ser inserido em atividades como classificação de objetos, colocação de produtos em embalagens e, mais tarde, em trabalhos de escritório. Fabinho era muito jovem. Com o tempo e trabalhos psicopedagógicos poderia ter melhor desenvolvimento. Era necessário empenho e paciência antes de qualquer julgamento precipitado sobre suas reais possibilidades e perspectivas. Eu também teria de me adaptar à nova atividade empresarial no caso da fábrica de chocolate artesanal vir a se concretizar. No momento, continuaria em meu trabalho de publicidade, pois dele dependia o sustento da família. João pouco contribuía devido às suas restrições econômicas e emocionais. De qualquer forma, ele e eu nos reunimos com os professores do centro profissionalizante para ouvir o que pensavam sobre nossos projetos.

João dizia:

– Isso vai demandar muito trabalho e um investimento financeiro que eu não tenho a menor ideia do que significa.

– Vale o sacrifício. Teremos de nos envolver para avaliar os investimentos materiais e emocionais necessários. Vou conversar com o grupo de pais. Irei atrás de quem entende de administração de pequenas empresas. Aproveitarei do entusiasmo para vencer os obstáculos.

– Sim, mas não adianta sonhar se não tivermos os recursos.

– Mas sem sonhos não construiremos nada!

Marquei com Suzana um encontro em Curitiba, na fábrica de massas. Ela me recebeu no escritório da empresa. Conversamos sobre nossas experiências de vida: as desilusões quanto à política nacional e os parcos avanços das legislações em relação às pessoas com deficiência, filhos, trabalho e família. No final da conversa ela me propôs:

– Amanhã, se você quiser, poderemos visitar a empresa e você fará *in loco* todas as perguntas que desejar. Clarice estará lá, trabalhando. No sábado programei um almoço em casa. É um dia mais tranquilo e você conhecerá melhor minha filha, a família e alguns amigos. Aceita?

– Quanta gentileza, Suzana. Já estou dando tanto trabalho, tirando-a de sua rotina. Fico preocupada em me afastar de casa por muito tempo. Deixei os meninos sob responsabilidade da Lina, minha filha. Havia pensado fazer um bate-volta. Mas agradeço sua gentileza.

– Nada de ruim acontecerá. Não deve ser a primeira vez que você se afasta de casa. Aproveite para tirar uma folguinha. Pensei em preparar uma comidinha com as massas produzidas em nossa fábrica com a colaboração de Clarice. Você fará a prova. O que acha?

– Vou falar com Lina para me tranquilizar, mas acho que vou aceitar.

– Isso mesmo. Amanhã você terá tempo para passar parte do dia na fábrica, conhecer a produção e o funcionamento do escritório. Depois, nosso filho e Clarice levarão você para dar uma volta de carro pela cidade. Afinal, ninguém é de ferro. Passear um pouco é sempre bom. Curitiba tem lugares bonitos para se conhecer. Você vai gostar. Não é?

– Claro, claro. Ficarei mais à vontade após ouvir que tudo está bem em casa. Pode ser?

– Sem dúvida. Faça como preferir. Para nós será um prazer recebê-la.

Confirmada minha permanência em Curitiba, combinamos que Hector, irmão de Clarice, e ela mesma viriam me pegar no hotel para irmos à fábrica no dia seguinte.

Quando lá cheguei, fui apresentada ao corpo de funcionários e conduzida a conhecer as instalações, simples e de bom gosto, tudo muito bem organizado e asseado. Conheci detalhes da linha de produção das várias massas que produziam. Suzana e Clarice me acompanharam na visita. Clarice era um doce de pessoa. Atenta a tudo o que a mãe dizia, complementando as explicações com comentários sobre a higiene, modo de lavar as mãos, colocar máscaras e luvas, a maneira de quebrar os ovos, fazer a massa, assar e embalar:

– A farinha é colocada no misturador por aquele rapaz – disse apontando para José. Eu quebro e coloco os ovos.

Suzana enfatizou:

– Clarice sabe que qualquer mudança ou dúvida deve ser comunicada imediatamente ao José. Não é verdade, minha filha?

Clarice ponderou:

– Ele sabe fazer muitas massas.

— José fez cursos de culinária — disse Suzana —, com especialização na produção de massas artesanais frescas e secas, com e sem recheio. No caso de uma oficina pedagógica profissionalizante é fundamental que o técnico tenha um espírito solidário e paciência na compreensão das possibilidades dos candidatos. Saber como orientar, ser tolerante no alcance das expectativas são características fundamentais para se alcançar as possibilidades dos jovens. As metas não estão focadas no aumento da produção, mas na qualidade do trabalho desenvolvido dentro das particularidades de cada aprendiz. Percebemos que José, além de ser um excelente profissional, era uma pessoa muito afetiva e paciente. Propusemos a ele acompanhar Clarice a se preparar para participar da produção de um tipo de massa. Primeiramente a mais simples, para avaliar sua concentração e desempenho. No escritório eu mesma me encarreguei de orientá-la a separar os cheques pelas datas em que deveriam ser depositados. Percebemos que era mais conveniente Clarice dividir seu tempo e energia entre produção e escritório, pois sua capacidade de concentração dentro de uma mesma tarefa diminuía com o tempo.

— E José aceitou bem o desafio? — perguntei.

— De início, ele recusou. Sentiu-se temeroso, alegando que seria muita responsabilidade para ele. Entendemos sua relutância como uma qualidade positiva de ser cuidadoso e responsável, portanto, era a pessoa indicada.

— E como fizeram?

— Procuramos sensibilizá-lo de que estaríamos juntos nesse trabalho. Chegamos à conclusão de que seria oportuno ele frequentar uma OAT, orientada pela APAE, a Associação de Pais e Amigos dos Excepcionais, para melhor entender as características comportamentais, afetivas e potenciais dos jovens portadores de deficiência mental e outras dificuldades. Cada caso precisaria ser compreendido dentro de suas capacidades e limitações específicas. Ele se dispôs a fazer um curso de especialização nessa área, pago por nós, nas oficinas da APAE. Ele tomaria a decisão de trabalhar junto de Clarice somente após essa formação. Pagaríamos o curso e as horas excedentes de trabalho. Concordamos com ele e também fizemos o mesmo curso. Mais tarde, contratamos uma assessoria da própria OAT para nos dar retaguarda, na fase de implantação do processo. Quando nos sentíssemos suficientemente seguros tocaríamos a firma dentro dessa nova configuração.

– Tudo isso deve ter custado uma fortuna...

– É verdade. Custou muito dinheiro, mas nada que não compensasse pelo seu retorno. Houve muito envolvimento emocional. Posso dizer que valeu todo o esforço aplicado ao vermos a alegria de Clarice e o bom desempenho da empresa com a colaboração e boa vontade de todos. Vem sendo uma realização familiar e um preparativo para o futuro.

– Nossa, a Clarice deve ser muito boazinha.

– Nem tanto. Atravessamos momentos difíceis nos quais Clarice ficava emburrada, não queria vir trabalhar, sem que entendêssemos o fenômeno. Paciência, tenacidade e ponderação foram ingredientes fundamentais para o êxito da tarefa até descobrirmos atividades compatíveis com a capacidade, vontade e possibilidade dela e das pessoas na espera de que a nuvem negra se dissipasse e a colaboração voltasse ao normal.

– Estou curiosa para saber como o processo se desenrolou.

Sorrindo, Suzana me disse:

– Calma, Gabriela. Chegaremos lá. Tranquilidade e perseverança são palavras-chave para que tudo caminhe bem.

– Eu sei. Sempre digo isso para mim mesma, mas, às vezes, ansiedade toma conta.

– Nossa família estava unida, dando-nos a força necessária para prosseguir com a ideia. José, após concluir sua formação, voltou para a produção com a tarefa de acompanhar Clarice. Estipulou-se uma bonificação, que de início ele recusou, mas era justo que recebesse algo a mais, pois sua responsabilidade havia aumentado.

– E Clarice, ela o aceitou?

– Essa é outra questão delicada. Clarice o aceitou e muito bem, mas era preciso cuidados.

– Cuidados? De que tipo?

– Bem, além da produção das massas, os aspectos educacionais e questões de higiene pareciam fundamentais em termos de cuidados. Em um dado momento intuímos que sendo José ainda bastante jovem e Clarice meio adolescente e bonita, podiam confundir dedicação ao trabalho com amor entre jovens. Os desejos de ambos estavam à flor da pele. Precisávamos descobrir como contornar a questão. Reprimir ou separá-los parecia não ser o caso. Clarice poderia se deparar com situações amorosas em outros momentos de sua vida, sendo desejável que aprendesse a se controlar e a falar conosco a esse respeito. A pura e simples interdição da vida amorosa e sexual não nos parecia ser o melhor caminho para ela. Afinal, ela também tinha suas necessidades afetivas e sexuais.

– Que situação embaraçosa. Sei bem o que é isso. Minha filha Lina está no término da faculdade, preparando-se para tentar obter uma bolsa de estudos no exterior. Ela adora barzinhos e está sempre rodeada de jovens. As preocupações com a vida amorosa e sexual são motivos frequentes de conversas e discussões entre nós. Ela diz que sou ultrapassada, que sabe o que está fazendo. Questiona-me ao ponderar que na minha adolescência também cometi erros e realizei aventuras. Agora que estou separada, ela me provoca. Quer saber se tenho namorado, como faço com minha vida íntima. Diz que preciso arrumar alguém para me tranquilizar, como se houvesse uma inversão no processo. Sei bem como são os jovens. Entendo as preocupações com relação a Clarice. E como fizeram?

– A solução encontrada foi deslocar uma das funcionárias para acompanhar Clarice de modo a atenuar a proximidade entre ela e José. Por sinal, esses problemas surgem em qualquer empresa, também com os outros filhos. Foi um período de dúvidas e tínhamos que nos posicionar. Se errássemos teríamos que reparar os erros e evoluir. Critério que nos ajudou a viver melhor, a lidar com os problemas com espontaneidade ao invés de ficar reclamando ou colocar a culpa nos outros. Desejar um mundo perfeito iria nos enlouquecer.

Terminada a visita fomos todos almoçar em uma cantina próxima que servia massas produzidas pela fábrica de Suzana. Uma delícia de comida regada a bons vinhos. Eu estava exausta. Os pés me doíam. Queria me livrar do salto alto, me deitar um pouco e parar de pensar, só descansar. Deixaria para mais tarde ordenar o que tinha vivido.

No dia seguinte, Hector me apanhou no hotel e fomos direto para sua casa no bairro de Santa Felicidade. Aproveitamos para fazer um pequeno passeio pela cidade, cruzando a região gastronômica italiana de Curitiba. Alguns parentes e amigos foram convidados. Suzana pediu-me que expusesse meus projetos. Ouviram. Fizeram perguntas e sugeriram. Senti-me muito acolhida, em família, boa comida e papo gostoso interrompido pelo horário do voo marcado para o final da tarde daquele sábado.

Na hora da despedida agradeci pelo acolhimento e carinho de todos:

– Foi um ato de amor, de generosidade. Nem sei como expressar minha profunda gratidão.

– Não precisa – disse Suzana. – Você já é da família.

– É assim que estou me sentindo. Obrigada. Todos foram muito generosos. Agradeci à Suzana, ao Paulo, marido da Suzana, ao Hector, meu maravilhoso guia curitibano e, em especial, à Clarice, que me contou tudinho sobre seu lindo trabalho na empresa. Gostaria de pedir um táxi para me levar ao aeroporto. Receio chegar atrasada para o *check-in* e estou em cima da hora.

– Aqui não é como São Paulo – disse-me Suzana. – O aeroporto é próximo e hoje não há trânsito. Além do mais, você tem apenas uma maleta de mão que não requer ser despachada, poderá ir com você a bordo.

Nisso, Pedro, um amigo da família, se levantou e disse:

– Não se preocupe, Gabriela. Estou também de saída e poderei levá-la ao aeroporto.

– Mas não quero incomodar ninguém. O táxi me levará facilmente até lá. O encontro está tão alegre, gostoso. Não há por que interrompê-lo.

– Não será incômodo nenhum, disse Pedro. Será um prazer. Meu caminho para casa passa normalmente pelo aeroporto.

Suzana prontamente se manifestou:

– Não seja boba. Deixe-o levá-la. Ele não tem nada para fazer agora.

Um tanto sem jeito, concordei.

Durante o trajeto, fiquei sabendo que Pedro era engenheiro, pai de uma menina de nove anos e que estava separado há três. Falamos superficialmente das dificuldades em reorganizar a vida, compor o trabalho com a rotina das crianças. Contei como no meu caso isso se complicava, uma vez que, nesse momento, estava concentrada nos projetos de socialização dos meninos e de colaboração com a comunidade que eu frequentava.

Rapidinho chegamos ao aeroporto. Pedro não estacionou, simplesmente me ajudou a colocar no carrinho a bagagem, que consistia em uma maleta de mão e duas sacolas repletas de pacotes com as massas da fábrica. Ele me ofereceu o seu cartão de visitas e nos despedimos:

– Você foi muito gentil. Obrigada. Até qualquer hora. Quando vier a São Paulo, me avise.

– Será um prazer. Boa viagem.

Sorrimos. Ele entrou no carro e partiu. Dirigi-me apressada ao balcão de embarque para fazer o *check-in*. Com duas sacolas para carregar, resolvi despachar a maleta.

O encontro havia sido muito proveitoso e extremamente afetivo. Pude esclarecer uma série de questões em meio a novas dúvidas. Entusiasmada, com o sentimento de que estava encontrando um caminho que poderia ser útil para os meninos. Paralelamente, havia a percepção da existência de uma longa trajetória até que Lucas, Fabinho e nós estivéssemos prontos para iniciar um trabalho profissional. Os primeiros passos foram dados. Como dizia o ditado: devagar se vai ao longe. Um degrau de cada vez, era como tentava me convencer diante de uma pressão interna que já queria ver tudo resolvido.

Quando cheguei em São Paulo, Lina estava uma fera comigo:

– Pô, mãe! Você deixou pra me avisar sobre sua mudança de programa na última hora. Precisei me virar com minhas coisas. Eu tinha uma festa na sexta, à qual não queria faltar. Bem que você podia ter me avisado com antecedência... eu teria me organizado melhor.

– Desculpe, minha filha. Não estava previsto. Pretendia voltar no dia seguinte, sexta-feira, mas houve o convite para almoçar sábado na casa deles e me interessava conhecer a família. Teria sido uma indelicadeza voltar de forma abrupta quando eles tinham se disponibilizado e organizado tudo para ser do jeito que foi. Senti-me constrangida em recusar o convite, e eu mesma não queria perder a oportunidade de aprofundar o relacionamento com Suzana. Eu não sabia que você tinha um programa organizado. Também é verdade que aproveitei para tirar uma folguinha. Lamento se atrapalhei sua programação.

– Na verdade, não muito. Com sua mudança de programa, eu acabei convidando alguns amigos para virem em casa. Baixamos um filme na TV, compramos uma pizza e fizemos a nossa farra. O pessoal ficou até tarde. Foi uma noite muito gostosa.

– Ah! Então por que tanto barulho? Só para me encher? Vem cá. Me dá um beijo. Vamos ficar em paz. Tenho boas novas para contar.

Lina se acalmou e se aconchegou no sofá após um abraço.

– Deixe-me contar como foi a experiência com Suzana, a visita à fábrica de massas, a maneira como ela e o marido se organizaram em relação à Clarice. Já estou até vendo os meninos trabalhando na nossa *chocolaterie* e você, uma *expert*, na produção de chocolates finos. Só não sei se será para o seu consumo, um meio de vida ou ambas as coisas.

Entre sorrisos, Lina me respondeu:

– Você gosta de me provocar, né? Por falar em projetos, enviei na sexta-feira minha proposta e meu currículo pedindo uma bolsa de estudos. Mandei a documentação para algumas faculdades na França, Suíça e Bélgica com a sugestão de realizar uma bolsa sanduíche. Agora só resta aguardar. Ah, mãe! Lembra-se do Hernandez, o uruguaio que passou alguns dias aqui conosco?

– Claro que me lembro, Lina. Vocês estavam tão apaixonados. Eu estava morrendo de medo que o envolvimento de vocês pudesse resultar em uma alteração no seu projeto de vida, mas sua lucidez levou a interromper o romance. Meus medos poderiam estar ligados às minhas experiências de jovem, quando viajei com seu pai para Jericoacoara em uma de nossas aventuras e acabei engravidando de você. Lembra-se dessa história?

– Ainda bem que você está se dando conta de que eu não sou você. Pois é, ele me mandou uma mensagem que estará vindo para cá no próximo mês.

– Eu achei que vocês tivessem terminado!

– Sim, rompemos. Mas isso não impediu que continuássemos amigos. Vez por outra trocamos mensagens sem que haja qualquer compromisso entre nós.

– Muito bem. Mas por que você está me contando?

– É que ele perguntou se poderia ficar aqui em casa por alguns dias. Ele participará do festival de inverno em Campos do Jordão como bolsista. Quer conhecer de perto a OSB, do Rio de Janeiro, e a Osesp, que estarão se apresentando. As referências que ele tem dessas orquestras são muito boas.

– Puxa. Mas só agora ele resolveu dar notícias?

– Não, mãe. Às vezes a gente se fala por Skype ou trocamos mensagens pelo celular.

– Você nunca me contou!

– Ah, é... Me esqueci de contar.

– Ele está pretendendo estudar aqui em São Paulo ou no Rio?

– Não sei quais são os planos dele. Ele está terminando sua formação em música e pretende se especializar como regente de orquestra. Nesse momento seu interesse é passar alguns dias em São Paulo antes de ir a Campos de Jordão.

– Lembro-me dos projetos dele. Parece que estão se concretizando! O tempo passa rápido! Minha mocinha já é mulher e está prestes a ir para o exterior!

– Calma, mãe. O caminho é longo. Estou dando apenas os primeiros passos.

– Agora estou entendendo por que ficou tão nervosa com a mudança do meu programa em Curitiba. Será que a vinda de Hernandez a deixou nervosa? Imagino quantas "minhocas" estão se mexendo em sua cabeça com a perspectiva da chegada dele. Não é para menos, não é? Será que a antiga paixão ainda está presente? O que fazer?

– Ah mãe, não me enche, mas você até pode ter razão. Eu tenho uma queda especial por ele. Só isso.

Lina ficou encabulada com a revelação do segredo. Minha intuição dizia que ela poderia estar atrapalhada, como eu estava diante de tantas novidades com a ida a Curitiba e a quantidade de questões a ter de enfrentar. Ficou claro que o êxito do projeto de criação da empresa não deveria ser colocado sobre Lina. Ela estava na flor da idade, tomada de sonhos e realizações, para ficar aprisionada em algo distante, como a fábrica de chocolate. Seria pressão demasiada sobre ela. A percepção da passagem do tempo para mim, Lina e para os meninos era completamente diferente. A ideia de termos uma fábrica de chocolate artesanal parecia ser boa, mas sua realização era complexa e a avaliação da viabilidade no presente se mostrava difícil. Nada comentei com ela a esse respeito, tomada pela perplexidade e clareza com que tais ideias emergiram em minha cabeça.

Lina manuseava seu celular quando, sem desgrudar os olhos da telinha, comentou:

– Mãe, ele está confirmando sua vinda para o próximo fim de semana. Eu disse a ele que poderá ficar em casa. Passaremos alguns dias em Campos do Jordão para assistir ao início da temporada. Eu voltarei para as minhas atividades e ele fará audições e terá *master classes* de regência, dadas por importantes maestros nacionais e estrangeiros. Se der certo, pretendo me encontrar com ele nos finais de semana. Tudo bem?

– A essa altura, só me resta dizer: aproveitem! Preste atenção nas paixonites agudas para não se atrapalhar. Lembrei-me de ter contado a Hernandez que teu pai, na juventude, tinha sido um idealista de esquerda, que desejava mudar o mundo. Também me recordo de ter contado sobre um parente nosso, uruguaio, perseguido e assassinado na Argentina durante sua tentativa de se refugiar no país vizinho. Ele foi metralhado pela polícia secreta do Uruguai na noite de Natal de 1974. O nome dele era Raul Feldman, hoje uma praça construída em Montevidéu como homenagem aos jovens que lutaram pela liberdade no país. Um trabalho de resgate da memória dele feito pelo seu irmão, Daniel. É um aspecto da garra familiar que se transmite de geração em geração.

– Tenho bons exemplos na família. Portanto, é preciso batalhar.

– Já que é assim, vamos às nossas tarefas.

Cada uma foi para o seu canto dar continuidade aos compromissos na crença de que se fossem depender exclusivamente dos recursos oficiais, os projetos não sairiam do lugar. Coisas positivas, ações isoladas e comunitárias estavam ocorrendo na legislação brasileira sobre a proteção de pessoas com deficiência graças ao empenho dos pais, familiares, amigos e de alguns poucos políticos. O conjunto fazia a diferença na obtenção de bons resultados, entre dúvidas, medos e incertezas na luta para vencer os obstáculos.

9. Lina

Hernandez e eu fizemos uma longa caminhada pelas matas até chegarmos a um chalezinho no alto da montanha onde ofereciam bebidas quentes e sopas. Livramo-nos dos casacos, luvas e gorros. Uma grande lareira aquecia a sala. Sentamo-nos diante da janela que dava para um panorama magnífico que dominava o vale com algumas casinhas dispersas e um rio tortuoso ao fundo.

– Vamos tomar um chocolate quente – disse-me Hernandez, enquanto me abraçava.

– Claro, meu amor. – Entre beijos e carícias aquecíamo-nos, aguardando a bebida.

Era uma espécie de lua de mel inesperada, tamanha a felicidade do reencontro. Os anos não haviam interrompido nossa amizade, que permanecia tão próxima quão íntimo era o nosso relacionamento. Em meio à euforia, sonhamos com planos ousados, como desfrutar juntos um futuro próximo no exterior. Hernandez havia terminado sua formação no Conservatório de Música em Montevidéu. Especializava-se em regência e também pleiteava uma bolsa de estudos na Europa, em países como França, Alemanha e Bélgica.

– Vai ser ótimo – eu disse a Hernandez. – Quero estudar em Paris, também solicitei uma bolsa de pós-graduação. Continuo interessada em pesquisar sobre o chocolate nas civilizações antigas, a introdução do cacau na Europa e sua comercialização nos dias atuais. Será maravilhoso, não acha?

– Imagino que sim. Os temas são interessantes. Mas não é muito para uma pesquisa acadêmica?

– Foi esta a observação feita pelo meu professor em relação ao TCC. Fiz uma abordagem geral da história, desde as antigas civilizações até a contemporaneidade. Agora preciso fazer um projeto mais específico, selecionar um período, região ou situação social que envolva o cacau e eventos ocorridos relacionados ao processo histórico. Na introdução do projeto, terei de me dedicar a generalidades para contextualizar e objetivar a pesquisa. No momento, estou investindo no meu francês para colocá-lo em dia. As avaliações dos pedidos de bolsa são complexas, dependem da qualidade dos projetos, do domínio da língua e dos interesses acadêmicos dos países envolvidos. Sei que as relações acadêmicas entre Brasil e França são muito boas. Quem sabe dará certo, não é?

– Vamos ser adversários ou parceiros da mesma bolsa? – brincou Hernandez.

– Um irá tirar o lugar do outro? Acho que não. Meu santo é forte. Nós dois conseguiremos, mas não sei quem conseguirá primeiro nem em quais cidades.

– Na Europa tudo é perto. O transporte é bem organizado. Se não ficarmos juntos, vamos nos encontrar nos períodos de folga, feriados, finais de semana, nas férias. Vai ser muito legal! Há uma outra possibilidade, um pouco mais complicada. A Sinfônica de Israel, dirigida há muitos anos pelo extraordinário Zubin Metha, está abrindo vagas para sul-americanos. Quem sabe consigo um lugar? Seria muito interessante, apesar de ser um país estranho para mim e sempre em conflitos.

– É verdade. Soube pelos jornais que um jovem violoncelista brasileiro, filho de um motorista de táxi, foi selecionado por esse maestro para fazer um estágio na Sinfônica de Israel. Não fiquei sabendo dos desdobramentos.

– Estamos cheios de planos. Estou tão contente de estar com você! Vamos ver como tudo isso evolui. Há muitos obstáculos a serem ultrapassados.

– Mas sonhar a gente pode, não é? Ouço, nos momentos difíceis, minha mãe dizer: "Você vai conseguir!" Pensamento que me dá energia para continuar enfrentando os obstáculos.

– Esta sua garra é contagiante.

No momento em que me virei para dar um beijo nele, a moça se aproximou trazendo duas canecas de chocolate quente acompanhadas de bolachinhas. Demos um gole, e ele arrematou.

– Cada um de nós tem projetos próprios, mas se a amizade e o amor perdurarem encontraremos uma forma criativa de construirmos juntos um caminho. Se não for possível, ficará como boa lembrança essa nossa linda amizade. Não é?

– Claro que sim. É isso que estamos fazendo agora. Está tão bom, meu amor.

Voltei para São Paulo enquanto Hernandez permanecia em Campos fazendo seus cursos. Combinamos que eu retornaria para passar com ele o próximo fim de semana. Mas Fabinho teve febre e convulsões e eu acompanhei minha mãe ao pronto-socorro. Ele permaneceu internado em observação por uns dois dias. Uma infecção pulmonar parecia ser a causa dos problemas. Ajudei minha mãe a cuidar da casa e do Lucas até a obtenção da alta hospitalar, pois naquele fim de semana era a folga das cuidadoras. Fiquei com raiva e triste de ter de cancelar meu encontro com Hernandez. Mas teria ficado ainda mais triste e culpada se tivesse deixado minha mãe sozinha nessa situação. Chamei-o pelo Skype para explicar o que estava se passando. Apesar de compreensivo, Hernandez me alertou:

– Lina, entendo a emergência. Fiquei triste e também decepcionado. Estava sonhando passar o fim de semana com você. Aproveitei e fui aos concertos e encontrei pessoas interessantes, mas senti sua falta. Sei que o mundo não vai acabar e que poderemos nos encontrar mais para frente. Preocupa-me se, a cada problema de saúde dos seus irmãos, você tiver de mudar seus projetos de vida. Ficará difícil para você a realização dos sonhos que tanto a estimulam. É se colocar continuamente a mercê do imponderável! Uma coisa é o sentimento de solidariedade com sua mãe e irmãos. Eu admiro esse seu traço de caráter, de disponibilidade para ajudar as pessoas, mas isso é diferente de você restringir sua vida em função deles.

Comecei a chorar. Hernandez havia tocado em uma das minhas principais feridas. Eu me via dividida entre dar continuidade à minha vida pessoal e ter de abrir mão dela em prol do atendimento das necessidades de minha mãe e irmãos. Meu pai eu nem incluo, pois ele toca a vida dele de forma independente e distante dos filhos. Para mim, essa ainda é uma equação difícil, que me faz sentir culpada, pois, ao optar por um lado, sinto estar abandonando o outro. Até onde me permito ou não assumir o meu egoísmo? Questão com que frequentemente me deparo.

Nas sessões de psicanálise, tais conflitos se evidenciam como indecisões que me fazem sentir confusa. Uma confusão até certo ponto desejável para não ter de me posicionar. Eu sabia que era dona do meu caminho, que podia fazer uso do livre-arbítrio, ponderar entre ser grata e generosa aos que se dedicavam a mim e renunciar a desejos por amor ao outro. Tarefa difícil, geradora de culpa e profundo sentimento de impotência diante dos desejos de querer solucionar todas as demandas, externas e internas. O adoecimento súbito de Fabinho levou-me a renunciar o encontro com Hernandez, um namorado em trânsito. A perspectiva de situações dessa natureza se repetirem me levaram a pensar onde quero me colocar. Assumir meu egoísmo não é tarefa fácil de realizar. É um traço da minha realidade pessoal com o qual terei de lidar caso queira organizar a vida de acordo com minhas motivações. Descobrir o lugar dos meus pais e irmãos dentro de mim e o meu próprio é uma incógnita que emerge em diferentes momentos, sempre com muitas angústias. Terei de carregar uma cruz e sacrificar minha vida pelos outros? Não quero ser omissa como meu pai, nem devota como minha mãe. Caberá à minha mãe o ônus de conduzir sozinha os meninos? Também poderei ter filhos com problemas. Fui tomada por uma ansiedade sufocante. Senti raiva da realidade, de ter consciência de que era preciso saber me posicionar. Finalmente me acalmei com a ideia de não sofrer por antecipação. Com Hernandez, a situação já havia sido esclarecida. Não era preciso esticar o assunto. Houve um longo silêncio:

– No que está pensando? Perguntou Hernandez. Talvez queira compartilhar comigo suas dúvidas e sentimentos?

– Obrigada por me ouvir. Fico constrangida de aborrecê-lo com situações que nada têm a ver com você. Não quero que essas coisas atrapalhem o nosso relacionamento. Sei que sou normal, privilegiada, bonita, modéstia à parte, inteligente, com habilidades e garra para vencer. Tenho a impressão de que ser portadora dessas qualidades me dá culpa por estar bem. Admiro o tremendo esforço e dedicação de minha mãe, mas fico irritada ao me perceber na encruzilhada de desejos e sentimentos. Hernandez, preciso desligar. Falaremos mais tarde. Está muito difícil falar sobre isso por telefone. Quando me acalmar, voltarei a ligar para você.

Pus-me a chorar desolada, acho que com pena de mim. Quando essa nuvem de sofrimento se dissipou, voltei a chamá-lo:

– Hernandez, o que você me falou é tudo verdade. Tenho de admitir a necessidade de assumir certo egoísmo para me preservar, se quiser dar continuidade aos meus projetos. É muito difícil ver minha mãe e irmãos sofrendo e eu curtindo a vida com você. Tenho medo de me comprometer com algum projeto maior no exterior ou aqui pela possibilidade de algo trágico vir a acontecer e eu não estar por perto. Sei que não devo pensar assim, mas é o que passa em minha cabeça.

– Eu a compreendo. Mas não dá para estar em todos os lugares do mundo ao mesmo tempo. Claro que há um egoísmo, inclusive o meu, que desejo ter você ao meu lado. Porém, se você não cuidar de si, quem o fará? Ficaria surpreso se não fosse assim. Admiro a nobreza do seu espírito, mas você não pode ficar grudada em sua mãe e irmãos. Ela compreenderá suas opções. Fale com ela. Veja o que ela pensa. Não é justo deixar sua vida para trás em função dos outros e das eventualidades. A não ser que você tenha aptidão para ser santa ou heroína. Cuide de si. Se houver fôlego, cuide dos outros. É a lei da sobrevivência. Posição incômoda, mas realista. Você não pode se responsabilizar por tudo, então responsabilize-se por si mesma.

– Eu sei. Já ouvi isso. Ninguém é responsável pela realidade deles. A natureza é aleatória. Não há culpados. A vida é assim. Isso não me impede de ficar confusa, dividida. Já falei com minha mãe. Ela me estimula a tocar minha vida para frente, porém ela não despreza minha colaboração e sente-se aliviada quando a ajudo. Mas sente-se também culpada quando deixo de tocar minha vida em função dela ou dos meninos. São contradições inerentes à situação e que terei de superar.

– Pense que o seu desenvolvimento poderá ser mais útil do que a sua preocupação imediata. Se o sonho da fábrica de chocolate se concretizar, será um lugar de trabalho que ajudará no sustento deles. Poderá ser bom para você e para eles. Porém, o futuro poderá oferecer outros rumos. Não é necessário que todos sofram e se afundem juntos só porque pertencem à mesma família.

– Concordo. Tenho de trabalhar melhor essa situação dentro de mim. É muito difícil. Sei que vou conseguir, mas o seu carinho, suas palavras são importantes e me ajudam a refletir.

– Estou chateado por você não estar comigo. Uma família é um pouco como uma orquestra, onde cada instrumento ou naipe de instrumentos tem sua função e precisa entrar no momento certo. Para isso é preciso muito estudo e treinamento. Os músicos, todos eles professores, têm sua maneira de tocar e procuram alcançar os acordes para produzir os efeitos de acordo com a interpretação dada pelo maestro sobre a obra do compositor. Não é fácil. Necessita-se de energia, firmeza, sensibilidade, harmonia e tolerância para alcançar o equilíbrio musical desejável. Imagino que a vida familiar seja assim. Quero estar com você. Não quero perturbá-la, nem a sua família. Se resolvermos prosseguir em nosso relacionamento, teremos um desafio pela frente.

– Eu entendo, Hernandez. Mas uma família não é uma partitura pronta. Ela é o resultado do desafio das partes ao tentar escrever os compassos e acordes das relações. É um processo em movimento, que se configura na medida em que os fatos e as dinâmicas das relações acontecem. É preciso muita percepção, intuição e diálogo pessoal e com o entorno.

– Concordo que na família não há uma partitura prévia, apesar de cada integrante trazer inscritas dentro de si memórias e vivências preestabelecidas pelos ancestrais. Cada um carrega alguma partitura que requer arranjos e criações complementares que se agreguam e que se transformam, originando um novo som. Caso contrário, vira ruído e tumultua.

Começamos a rir de nossas analogias. Havia uma sintonia entre nós a ser preservada.

– Amo você, Hernandez. Suas palavras me ajudam a pensar. Você me faz poucas críticas... só de vez em quando, né? Caso contrário, eu não suportaria. Vamos falar de outras coisas. Conte-me como está o festival. Se está sendo bom para você. Fez bons contatos?

– Estou adorando. Está muito bem organizado. Conheci maestros importantes do Brasil e do exterior. Participei de audições, *master classes* com figuras de renome internacional. Estou surpreso com a qualidade das orquestras e a formação dos músicos participantes. Quando termina o dia, sinto-me cansado, na verdade, exausto, mas feliz. Só me resta um vazio, a falta que você me faz, mas posso esperar.

– Que bom que você entende minha situação. Deixar minha mãe naquele momento teria sido um egoísmo que eu não aguentaria, e você sabe disso.

– Tem um lado egoísta, claro. Mas penso no seu futuro. É ele que está em jogo.

– Já falamos disso. Não vamos retomar. Estarei aí com você no próximo fim de semana e até estou gostando que sinta minha falta, assim me valoriza e confirma que sou importante para você. Se pretende reger trinta, sessenta ou cento e vinte músicos de uma orquestra, a paciência é um fator fundamental. Não basta só conhecer teoria musical. Esse foi apenas um pequeno teste.

Sorrimos diante das insinuações, partes das provações e provocações do amor.

– Caramba! Você está afiadíssima e afinadíssima. Que bom! Eu gosto desse seu jeito.

Hernandez prossegue:

– Claro! Todas as orquestras passam por momentos de crise. Pois, é nessa hora que o diálogo se torna importante. Quanto aos maestros, dos que conheço, poucos são calmos e controlados. Alguns gritam, esbravejam, saem da sala e até xingam quando não conseguem obter dos músicos os resultados que esperam. Há os que são mais democráticos, ouvem os músicos e buscam entendimentos; outros parecem ter o rei na barriga. São prepotentes. Lidam com os músicos como se fosse uma tropa militar.

– Lembro-me de ter assistido tempos atrás ao filme *Ensaio de orquestra*, do Fellini, que mostrava, entre outras coisas, os conflitos existentes entre maestro, músicos, instituição mantenedora, patrocinadores e o público. As lutas sindicais e distintos interesses podem superar as preocupações com a organização, transmissão e execução da arte.

– Regência é uma função muito difícil. Envolve aspectos técnicos, relacionais decorrentes da dinâmica do grupo, dos contextos político, econômico e social. Fatores que interferem na qualidade das relações. Algumas orquestras possuem músicos contratados em diferentes regimes: estáveis, temporários. Uns são funcionários públicos, outros seguem leis trabalhistas, gerando privilégios, vantagens e injustiças. Há orquestras subsidiadas, outras vivem às custas do mecenato. Pouquíssimas têm recursos próprios e são autônomas. São conjuntos de fatores que interferem na produção de uma orquestra formada, geralmente, por professores com muita experiência e dominados por vaidades.

– E será que os maestros e candidatos a maestro não têm as suas? Deve ser um bando de egos inflados. Ouço minha mãe contar que os projetos na associação de pais evoluem bem quando as vaidades e o egoísmo são postos de lado.

– Então teremos muito para conversar se quisermos afinar nossos instrumentos para o bom andamento do dueto – brincou Hernandez.

O humor ajudava na descontração. Combinamos os próximos encontros, que, por sinal, foram momentos maravilhosos.

Antes de retornar a Montevidéu, Hernandez permaneceu ainda alguns dias em casa. Ele trouxe de Campos uma linda lembrança para minha mãe e para cada um dos meninos. Havia um sentimento de intimidade familiar. Percebi as reações de alegria dos meus irmãos e como minha mãe ficou contente.

Na noite da despedida tivemos uma longa conversa:

– Pensei muito, Hernandez. Eu te amo muito. Podemos vir a construir um caminho bonito e enfrentarmos juntos os desafios com amizade. Porém, está claro para mim que, neste momento, cada um de nós tem projetos, sonhos e realidades diferentes. Só o amor não basta. Há questões a serem definidas, como o país, época e condições das bolsas. Pode ser até que as bolsas não saiam. As velocidades dos processos são distintas e não dependem só das nossas vontades. Muitas são as variáveis em questão. Temos amor um pelo outro e será melhor preservarmos a amizade. Deixemos o tempo correr. Não vamos nos prender um ao outro. Se for para a gente ficar juntos, isso acontecerá.

– Não quero perdê-la, Lina. Será que não somos capazes de realizar nossos projetos e preservar o amor?

– O amor, sim. Mas o compromisso entre nós pode se transformar em um obstáculo cruel. Seria uma irresponsabilidade estabelecer um compromisso duradouro e fiel quando nossas vidas estão ainda indefinidas. Também não quero perdê-lo. Não dá para fazer promessas. Poderão se tornar um peso, um estado de escravidão para nós. Sozinha já está sendo difícil tomar decisões; a dois, será ainda mais.

– Sei que você tem razão. Fico dividido entre alimentar o amor que tenho por você e o peso de assumirmos um compromisso longo e à distância. É uma decisão triste. Admiro sua franqueza e senso de realidade, o que aumenta meu amor e respeito por você. São os acordes de nossa melodia.

– É melhor assim. Guardaremos boas lembranças. Caberá ao futuro nos dizer se nossa decisão está certa ou errada.

Despedimo-nos em meio a incógnitas e vazios, acompanhados de um grande alívio. Nossos contatos por Skype, pouco a pouco, se transformaram em raras mensagens.

Concentrei minhas energias no envio de material acadêmico para outras universidades. Entrei em contato com consulados e embaixadas. Estava decidida a fazer paralelamente um curso de *chocolatier*. Iniciativa gostosa e útil caso a fabricação de chocolate venha a se transformar em uma realidade.

Descobri que os grandes artesãos europeus se distribuíam entre França, Bélgica, Suíça, Itália e Inglaterra. Identifiquei fabricantes de destaque como Godiva, Leonidas e Pierre Marcolini, na Bélgica. As estrelas dos melhores chocolates franceses se dividiam entre Patrick Roger, Alain Ducasse, Pierre Hermé, Michel Chaudun, e François Pralus. Estes e outros disputavam, a peso de ouro, os melhores sabores, as melhores receitas, as mais exóticas em meio a lindas e esculturais apresentações assinadas. Verdadeiras obras de arte que valorizavam o custo da *Theobrominacocoa*, o elixir dos deuses.

– Será que terei condições de provar um bombom cujo quilo custa ao redor de duzentos euros?

Soube que a cada ano, geralmente em outubro, ocorre em Paris o *Salon du Chocolat*, onde comparecem produtores, fabricantes e consumidores do mundo todo. Centenas de metros quadrados recheados de chocolate. *La Maison du Chocolat* é outra iniciativa de sucesso. Obra original de Robert Linxe, que há mais de trinta anos reúne arte, ciência, paciência, qualidade e criatividade.

Ao refletir sobre a história do chocolate, descobri que o amargo podia ser o propulsor da felicidade, possibilitando o encontro de novas fórmulas e sabores na maneira de se levar a vida. As dificuldades dos meus irmãos acabaram por gerar turbulências pessoais, familiares e comunitárias que se tornaram estímulos renovadores. Deram um outro e inesperado sentido à vida na maneira de lidar com limitações, dores e frustrações. O encontro da pimenta com o chocolate amargo, na dose certa, produz uma combinação exótica de sabores e reações estimulantes a paladares sensíveis que, associados à criatividade, permitem desfrutar do diferente e do inesperado. Sabores da vida, que beiram a magia transformadora. Assim faz o ilusionista, que constrói um outro olhar, ou o maestro, que, com sua batuta mágica, promove sons que mobilizam emoções profundas guardadas na intimidade de cada um. Tudo tem uma história, uma gênese. Assim é a música, o chocolate, o amor, a vida.

Soube que o sabor do chocolate dependia da escolha das diferentes espécies de cacau, do *terroir*, da cepa e da seleção, como os *grand cru*. Conjunto de fatores que interferem no paladar, textura, qualidade da gordura, acidez e volume da produção. Cada produtor de chocolate tem as sementes de sua preferência, vindas da Venezuela, Madagascar, Vietnã, África e Caribe, alguns produzindo chocolates frutados, outros, com sabores variados, como tabaco. Ficava cada vez mais claro entender por que havia em Paris tantas escolas de *chocolatiers*, fato que me deixava ainda mais entusiasmada com a possibilidade de estudar na França. Investi, com mais garra, em meu curso intensivo e diário de francês, focada no êxito desse novo desafio.

Nada falei para minha mãe sobre a decisão de não prosseguir no namoro com Hernandez, com receio de que as interferências dela pudessem me fazer mudar de ideia. Mas algo em meu comportamento ficou diferente após a partida dele, a ponto de ser questionada por ela:

– Lina, o que está acontecendo? Estou preocupada com você. Vejo-a tão calada, trancada em seu quarto, grudada nesse computador, rodeada de livros e papéis! Não tem saído, nem ouço você falar que vai a algum barzinho, nem mesmo de Hernandez.

– É verdade, mãe. Mergulhei fundo na ideia de ir para o exterior. Estou providenciando todo material necessário para que a ideia dê certo e que eu consiga uma bolsa de estudos fora do país, ou pelo menos parte dela. Tenho conversado com meu orientador. Ele está me dando todo o apoio para que este sonho se realize. Se tudo der certo, também andei pesquisando sobre cursos de fabricação de chocolate, como um estudo complementar. Preferi deixar essa questão para mais tarde. Não quero correr o risco de me atrapalhar. Quando estiver lá, se estiver, verei o que é possível fazer.

– Você tem razão. Dedique-se ao que é prioritário. Mesmo porque, até conseguirmos montar a oficina abrigada de modo adequado e os meninos estarem prontos para trabalhar, teremos de percorrer um longo percurso. Torço para que seus sonhos se realizem. Por sinal, para onde está querendo ir? Já ouvi você falar da França, Espanha, Bélgica, Suíça. Todos os países são iguais para o seu estudo?

– Não, mãe. Do ponto de vista da história do chocolate cada um deles tem seus aspectos interessantes. Do ponto de vista pessoal, de qualidade de vida, de abertura para o mundo e de vida acadêmica acredito que a França seja o país que mais me atrai. Sem falar, é claro, do aprendizado como *chocolatier*. Morro de vontade de conhecer Paris. Acho que lá aprenderei mais sobre a vida e, quem sabe também, um pouco da história. Se não aprender nada disso, nem a fazer chocolate, pelo menos comerei alguns. Já não é uma boa ideia?

– Sem dúvida, desfrutar da vida francesa deve valer a pena. Gostaria de estar no seu lugar. O estudo pode ser um bom pretexto para experimentar uma vida diferente. Libertar-se das amarras, dos dramas familiares, sentir novos ares e voar por seus próprios meios. Redescobrir-se. É fantástico. Incorporar um país que valoriza a cultura, que preza a liberdade, a justiça, a cultura. Mas lembre-se de que não é o paraíso. Admiro e invejo sua capacidade de luta em busca de autonomia, mas lembre-se que a realidade pessoal e do seu entorno existem.

– Estou orgulhosa da minha filhota querida – disse isso ao passar o braço sobre seus ombros. E em relação ao Hernandez, como andam as coisas? Sumiu?

– Não andam. Não temos conversado. Cada um está envolvido em seus projetos. Preferimos dar um tempo. A princípio ele não quis aceitar. Depois, confessou estar dividido entre manter o compromisso e terminar. No final, concordou que a separação, apesar de trazer tristeza, era também um alívio. Saudades a gente carrega. Acho que assim é melhor. Sinto-me mais livre.

– Bem, você é quem sabe. Acabará arrumando um francês?

– Pode ser. Por que não? Mas... vamos deixar essas questões para mais tarde. O momento é bom para tomar um cafezinho à espera do futuro. E, como não poderia deixar de ser, acompanhado de um novo chocolate que acabei de descobrir. Por aqui também se encontram muitas coisas boas, basta procurar que se acha. Tudo depende da dedicação e de ter um pouco de sorte.

– Está bem. Se você quer assim...! Bem, vou fazer o café!

– E eu pegarei o chocolate!

Os sabores gravados na memória dependiam dos eventos vividos, da espécie do cacau utilizado e do modo de preparo do produto. Sementes de boa qualidade, bem tratadas desde o fruto, não garantiam a produção de um bom produto, pois os sabores dependiam da fase de preparo, da destreza e da capacidade de afinação do artesão. Qualquer falha nas várias fases desse processo se revelava no sabor do produto final. A afinação do chocolate alcançado pelo *chocolatier* sofria também as interferências das características do paladar de cada cultura: "Nada é simples quando se trata de um bom chocolate", dizem os especialistas. É como no amor: ele depende de tantos fatores para chegar a uma boa harmonização. A História estuda o passado e seus processos cuja análise ajuda a compreender o presente. A arte de amar e de ser amada também depende do histórico pessoal e familiar, da relação criada entre os parceiros e dos movimentos dos sentimentos, dos afetos e das ideias, sem garantias definitivas, pois tudo muda, tudo é movimento.

Ao sonhar em abrir uma fábrica de chocolate senti água na boca imaginando-me no ambiente dos *chocolatiers*. Vi a loucura e até ouvi a voz da minha mãe me mandando parar de comer tanto chocolate. Conhecer as novidades do Velho Mundo deixava-me cada vez mais entusiasmada, ansiosa na espera dos resultados de solicitação da bolsa de estudos para conhecer os segredos do *cacahuatl*. A bebida sagrada e amarga da Antiguidade havia se transformado e estava me transformando; na atualidade as sementes foram torradas, misturadas com mel, milho, baunilha, leite e receitas guardadas em segredo, cujos sabores se espalharam pelo mundo, inclusive em São Paulo, onde há uma filial da gigante francesa Valrhona. Onde é que irei parar? Indagação cujo som paira mudo no ar.

10. Gabriela

Concentrada na ideia de implantação da oficina abrigada de trabalho para jovens com deficiência cognitiva destinada ao manuseio de alimentos, retornei a Curitiba. Queria conversar com Suzana sobre detalhes de ordem jurídica, psicológica, pedagógica e financeira de um projeto dessa natureza.

Reencontrei Pedro algumas vezes na casa de Suzana. Ele sempre se mostrou solícito para me ajudar. Formado em engenharia de produção, orientou-me passo a passo na elaboração da organização de uma oficina dessa natureza com vistas à criação de uma empresa familiar no ramo de alimentos. Nossas conversas foram sempre educadas, amistosas, preservando seu caráter profissional. Em nosso último encontro, em um café, após algumas horas de trabalho, recebi um convite especial:

– Gabi, gostaria de convidá-la para jantar.

– Oh! Que gentil. Será um prazer. Na verdade, sou eu quem deveria oferecer um jantar por tudo que tem feito por mim. Podemos combinar também com Suzana e Paulo. Acho que ficarão felizes se forem incluídos.

– Claro que sim. Mas este convite é destinado a você, uma oportunidade para nos conhecermos melhor.

Fiquei atrapalhada. Um calor estranho me subiu pelo corpo. O silêncio, que me pareceu longo, foi quebrado por *flashes* de lembranças de relacionamentos e cantadas desgastantes. Recomposta, disse:

– Quanta gentileza. Suzana, cada vez que venho a Curitiba, organiza algum programa para compartilharmos. Vou me sentir desconfortável se não a convidar.

– Não é necessário se preocupar. Já falei com Suzana e Paulo. Foram eles que me sugeriram fazer o convite ao saberem do meu interesse em conhecê-la melhor. Tanto sabem quanto aprovam a iniciativa. Trocamos ideia sobre lugares onde pudesse levá-la.

– Então já está tudo combinado? Sou a última a saber?

– Claro! É tão simples assim. Basta você aceitar o convite! Agora, não há mais nenhum obstáculo. A decisão é sua. Aceitar ou aceitar.

Rimos da situação, que me deixou atônita, pois não havia percebido qualquer outra intenção de Pedro, além do desejo em me ajudar no trabalho de planejamento da OAT. Achava-o simpático, bonitão, atraente e um pouco tímido. Meu foco era outro, a realização do projeto; minha vida pessoal e amorosa não estava incluída.

– Pedro, você sabe boa parte de minha história em função dos laços de amizade com Suzana e da sua presença, sempre bem-vinda, ao colaborar na elaboração de alguns detalhes da criação da OAT. Conhece as dificuldades pelas quais tenho passado com os meninos e com Lina. Lucas, lutando para se alfabetizar e ampliar sua independência. Fabinho, portador de maiores limitações cognitivas, motoras e de comunicação. Felizmente, ambos, agora, estão sem crises ou elas são esporádicas. Dentro da complexidade da situação não tenho dedicado tempo para pensar em outras coisas além dessas e do meu trabalho. Me acostumei a ficar sozinha.

– Eu a compreendo. Deve ser difícil se estruturar. Não quero atrapalhá-la. Mas não vejo nenhum impedimento para nos conhecermos melhor e desfrutarmos de forma descontraída e prazerosa momentos que a vida nos oferece. São tantos os problemas! Por que não usufruir das oportunidades? É apenas um convite que pode ser recusado, mas também compartilhado.

O silêncio foi quebrado quando Pedro me perguntou:

– Será que um gato comeu a sua língua?

– Não. Estava só pensando. Tenho aprendido a ser menos impulsiva. Arrependo-me menos. Há questões que precisam ficar mais claras para mim, como o sentido da vida, prazeres e realizações. Se você não se importar, falaremos mais tarde. Eu ligarei.

– Você tem o tempo que quiser, mas espero que venha uma resposta, de preferência positiva.

Pedro me deixou no hotel. Tomei um banho e me deitei para relaxar. Lembrei-me da conversa com Lina sobre suas perspectivas de viajar para o exterior. Por quanto tempo? Entendi que eu precisava começar a organizar o meu futuro. Eu não seria eterna, a vida estava passando e, caso me concentrasse apenas nos filhos e no trabalho, poderia me arrepender. Também tinha o direito de amar e de ser amada, independentemente do que significasse o convite de Pedro. Mas era um sinal de que eu estava pondo obstáculos a situações que poderiam me trazer felicidade. Com essas ideias em mente, telefonei para ele.

Pedro veio me apanhar no hotel. Trouxe uma linda caixa de chocolates artesanais feita pelo *chocolatier* mais badalado de Curitiba.

– Que lindo. Parece uma joia!

– Prometo levá-la para conhecer a loja e o processo de produção. São deliciosos. Os fabricantes preparam o chocolate no mesmo local onde moram, em um pequeno sobrado. Ele é preparado na cozinha da casa e segue depois para a garagem, nos fundos, onde o embalam. Na sala há um *showroom* para exposição e venda dos produtos. Tudo muito simples, realizado com esmero, delicadeza e arte.

– Você está sendo muito gentil. Isso me comove.

– Fico contente que você gostou. Mais contente ainda que tenha aceitado meu convite. Podemos ir?

Pedro havia reservado mesa para dois em um restaurante aconchegante, com pista para dançar. Um conjunto tocava músicas românticas. Meu coração batia acelerado, a voz trêmula, o ar me faltava e as mãos transpiravam. Era uma adolescente em seu primeiro encontro amoroso. Intensas vibrações acordaram a mulher adormecida em mim. De um modo delicado, conversamos sobre a vida, nossos filhos, perspectivas deles e pessoais, até que ele me convidou para dançar. Houve um desencontro inicial. Estava enferrujada. Senti a segurança dos seus braços e passos, o calor do corpo e a habilidade com que me segurava e deslizava pela pista, conduzindo-me em perfeita sincronia. Aproximou minha mão do seu peito e eu a trouxe para o meu:

– Posso sentir os batimentos do seu coração – ele me disse.

Trouxe-me para mais perto e eu encostei meu rosto no dele. Inspirei profundamente. Ele sorriu e me perguntou docemente:

– Está faltando ar?

Sorrimos ao som de *New York, New York*.

Acordei. Simplesmente, acordei. Ele me deixou no hotel, retornando cedo para me levar ao aeroporto. Desta vez acompanhou-me até o portão de embarque e me beijou na despedida. Ambos sorrimos à espera do próximo encontro.

De volta a São Paulo, pus mãos à obra para concretizar a implantação da OAT. Contávamos com o apoio de instituições privadas, ONGs e de pais que davam uma forte retaguarda. Batalhamos na busca de recursos econômicos, no encontro de empresas abertas a compartilhar, orientar e oferecer produtos dentro de suas linhas de processamento e que estivessem dispostas a, posteriormente, absorver os jovens no mercado de trabalho.

Houve muita discussão no grupo de pais até nos darmos conta de que era necessário realizar bazares, jantares, convidar artistas que compreendessem e se disponibilizassem a doar recursos dos seus shows para angariar fundos para nossa obra. Estudamos as leis e descobrimos que desde abril de 2001 a lei federal n.º 10.216 dispunha sobre a proteção e os direitos das pessoas portadoras de transtornos mentais, redirecionando o modelo assistencial em saúde mental. Em 2009, saiu a quinta edição da *Legislação brasileira sobre pessoas portadoras de deficiência*. Passo fundamental dado pelo Estado diante das pressões impostas pela sociedade para sair da escuridão. Abriram-se portas para melhor integração dessas pessoas e suas famílias à sociedade brasileira.

No caso da OAT, manusear alimentos requeria cuidados e destreza maiores do que lidar com peças de material resistente e não contaminável. Embalar peças de madeira ou metal era mais simples, cada jovem passaria um período em cada setor, seleção, montagem, fechamento e armazenamento. Estabeleceu-se uma linha mestra de trabalhos que incluía seleção e organização de materiais distintos como parafusos, porcas, pregos, botões. Uma espécie de linha de montagem que poderia ser adaptada à produção, embalagem e venda de chocolates e produtos similares. A manipulação de alimentos implicava em um treinamento com muita disciplina. Percorrida essa trajetória, haveria uma avaliação no intuito de constatar o desenvolvimento alcançado pelos jovens aprendizes para integrar o trabalho formal. Outros permaneceriam na linha de produção do trabalho assistido. Atividades sociais foram desenvolvidas com o objetivo de entretenimento e integração social. O processo lento e complexo era promissor ao olhar cada pessoa em sua singularidade. Uma equipe composta de psicólogo, assistente social, pedagogo, psiquiatra, psicanalista, advogado e mestres trabalhava diretamente com os jovens e suas famílias.

Quando olho para trás, enxergo o quanto caminhamos. Não dá para acreditar. A realidade do que plantamos reflete a evolução dos meninos. A vida tem sorrido para mim e eu não deixei de retribuir. Não sei se me acostumei com a dor, se venci meus preconceitos, se minha autoestima desvalorizada se recuperou com os bons resultados. O fato é que hoje me sinto diferente e estimulada ao ver as crianças, Lucas e Fabinho, vivendo trabalhos comunitários, desempenhando funções, reconhecidos como pessoas humanas.

Deixei de compará-los às outras crianças para admirar as conquistas de cada um deles dentro do que lhes era possível, considerando que um é diferente do outro e que cada pessoa é singular. Como mãe, passei a aceitar que eu era boa dentro do que conseguia ser. Abandonei o desejo de me avaliar pelos resultados deles e o de querer transformá-los no que eles não poderiam ser.

Os resultados por eles alcançados eram frutos das oportunidades que se lhes ofereciam e dependiam do empenho do entorno dentro dos recursos disponíveis, físicos, mentais e sociais, de cada pessoa e da comunidade.

Essa postura tornou minha vida mais leve, menos estressante. O normal era o que estava acontecendo, e não o que eu achava que devesse ser. Deixei de me lamentar e, a duras penas, com idas e vindas, aprendi a desfrutar melhor de cada momento.

As particularidades de cada jovem e suas famílias nas atividades da OAT representavam novos desafios: crises de agressividade, resistência, reações comportamentais, somáticas e corporais. A escassez de dinheiro era outro fator que interferia nas tentativas de conduzir os projetos. Pais revoltados, impacientes, exigentes, intempestivos com as falhas, improvisos e imaturidades da equipe atingiam cada membro.

As reuniões de grupo ajudavam a amenizar e a compartilhar os sofrimentos e a encontrar energias para dar continuidade ao trabalho. Um escorava o outro nos momentos de desilusão e fracasso, cuja reação em cadeia tendia a ser como um dominó. Levamos tempo para amadurecer e perceber que o caminho era esse mesmo. Não havia outro jeito de adquirir experiência. A confiança não vinha da certeza, mas da disponibilidade em continuar tentando, apesar e em virtude dos erros.

Pedro, agora, vinha com regularidade para São Paulo, tanto para me ver quanto para tratar dos seus negócios. Trocávamos ideias sobre as metodologias praticadas na oficina abrigada, mas eu fazia um esforço para nossa relação não se transformar em assessoria ou em terapia a tiracolo. Várias vezes ele chamou minha atenção para isso. De início, eu não percebia que meus lamentos e queixas eram uma armadilha para o nosso relacionamento.

Minhas idas a Curitiba tornaram-se menos frequentes. Suzana não precisava mais mediar os encontros, que se tornaram naturais. Pedro e eu fomos discretos, até que me senti confiante em introduzi-lo na família, quando chamei Lina para uma conversa:

– Lina, você sabe que tenho ido a Curitiba com certa frequência. Suzana tem nos ajudado com sua experiência na elaboração do projeto da OAT. Venho frequentando sua casa, família e formando um grupo de amigos...

– Mãe, desembucha logo. O que você está querendo me contar?

– Lembra-se do Pedro, de Curitiba? Tenho falado muito dele...

– Claro, mãe! É a pessoa de quem você mais fala quando vai a Curitiba e quando ele vem a São Paulo. Aliás, tem sido bastante frequente, não é? Que bom que você se decidiu. Está tendo um caso com ele?

– Não fale assim, Lina. Não é um caso. Calma. Ouça o que quero contar.

– Está bem mãe, fala. Mas, eu já desconfiava de algo entre vocês dois.

– Temos nos encontrado em Curitiba e em São Paulo. Agora que você e os meninos estão mais encaminhados, resolvi cuidar de mim. Você deverá viajar para o exterior, se tudo der certo. Tenho me sentido muito sozinha e a companhia dele é boa para mim. Acho que ele sente o mesmo. Nós estamos namorando.

– Puxa! Até que enfim você está saindo da toca. Que bom. Ele é separado, viúvo, casado?

– Ele está separado há alguns anos. É engenheiro. Tem uma filha pequena.

– Que idade?

– Ela é uma garota. Deve estar entrando na puberdade. Imagino que tenha uns nove ou dez anos. Eu ainda não a conheci. Ele estará em São Paulo neste fim de semana. Gostaria de apresentá-lo a você e aos meninos. Convidei-o para vir almoçar aqui em casa no sábado.

– Pô, mãe, justo neste sábado? Tenho uma balada na sexta. Pensei em dormir na casa de uma amiga e não sei a que horas irei acordar. Não dá para ser em outro dia?

– Eu entendo, Lina. Se não der para vir, você o conhecerá em uma outra oportunidade. Ele passará alguns dias em São Paulo; não é sempre que isso acontece.

– Mas ele vai dormir aqui em casa?

– Na verdade, nem pensei nisso. Mas acho que não. Quem sabe no futuro. Vamos devagar. Eu gostaria de aproveitar a vinda dele e o fato de estarmos todos em casa para que pudessem conhecê-lo e vice-versa.

– A filha dele também vem?

– Não. Ela não virá. Neste momento, é melhor que seja apenas entre nós. Não quero envolver outras pessoas.

– Nem a vovó e o vovô?

– Não. Só a gente. Quero que ele sinta nossa casa, e vocês a ele. Se tudo caminhar bem, aí, futuramente, convidaremos outras pessoas da família e amigos.

– Ele só tem essa filha? Ela é legal?

– Sim. Só tem essa filha do primeiro casamento. Não sei se ela é legal. Não a conheço. Só sei que se chama Marta. Achamos melhor que ele conhecesse primeiro vocês.

– Achamos? Quem?

– Pedro e eu. Entendemos que seria mais fácil ele vir nos fazer uma visita, uma forma de aproximação. Quero ver se você e os meninos vão gostar dele e se ele vai se sentir bem na nossa família. Em uma próxima viagem a Curitiba conhecerei Marta, a filha dele.

– Você está muito cautelosa. É preciso tantos cuidados?

– Não sei se é preciso, mas as relações afetivas são cheias de meandros, de sutilezas, de aparências e de obscuridades. Diz o ditado que "devagar se vai ao longe" e "quem tem pressa anda devagar".

Considerando essas verdades, estou optando em ir com calma. Vivemos tantos anos fechados entre nós que a introdução de uma nova pessoa na casa pede calma para ser bem digerida.

– Bom! Vou ver se consigo acordar a tempo de vir para o almoço. Não me espere. Se der, eu apareço. Não quero me sentir pressionada.

– Está bem. Entendo. Pensei que você ficaria contente com a notícia.

– Contente, estou. Isso não significa que eu tenha de me prender ao seu programa. Quero conhecer seu novo amor. Se der eu venho. Fico mais aliviada se puder ser deste jeito, cada uma tocando a sua vida. Não é indiferença a você nem ao Pedro. Fico feliz por vê-la alegre e satisfeita. Também aliviada, se cada uma de nós for autônoma e souber direcionar seus caminhos. Cuidado para não se machucar, tá? Você já se atrapalhou em outras oportunidades.

– Espero estar mais escolada, por isso a cautela e a demora para tomar essa decisão. Era preciso amadurecer, me desfazer dos medos do novo e dos fantasmas da rejeição. Sinto-me pronta para arriscar. Na pior das hipóteses, se não der certo, ficarei triste, mas não será o fim do mundo. Ele também já passou por outras experiências. Os sentimentos são evanescentes, instáveis; um dia se quer, no outro também, mas no terceiro pode-se não querer mais. Ir devagar em um mundo que gira em alta velocidade é resultado de experiência anteriores, que nos ensinam a caminhar com cautela e muita observação. Pedro e eu nos gostamos, resolvemos tocar pra frente apesar das distâncias e dos encontros ocasionais. Somos moderninhos... A questão está em cada um de nós aceitar a própria realidade e descobrir nosso espaço comum, sem pretender modificar o mundo. É melhor assim do que a solidão...

Pedro poderia ser mais uma aventura, que, com o passar do tempo se revelou compreensivo, tolerante, amigo e muito amoroso. Nossos desencontros ocorriam por questões de agenda, entendimentos distintos da vida, cancelamento de voo ou problemas familiares que se confundiam com sentimentos de desprezo, insegurança e ciúmes. Passada a fase de turbulência, voltávamos a nos procurar. A imprevisibilidade dava ao nosso relacionamento um sentimento de aventura. Aprendemos que o espaço possível da nossa relação não era o desejável, mas o conveniente.

Minha vida pessoal se recuperava ao cuidar melhor de mim, amar e ser amada, revigorando a energia de viver e de tolerar melhor as frustrações. Fui firme diante da insistência de Pedro para que eu conhecesse sua filha. Só o faria depois que ele conhecesse as crianças. Preconceitos meus? Temor de alguma rejeição da parte dele? Pode ser, mas era importante que ele entrasse em contato com o meu drama antes de aprofundar os vínculos de nossa relação.

Havia o temor de produzir na cabeça de Marta fantasias e expectativas para mais tarde eu desaparecer do seu mundo. Na medida em que o relacionamento se tornasse mais consistente, com maior clareza de nossas intenções, poderíamos assumir o nosso namoro.

Reuni os meninos para dizer que meu amigo Pedro iria chegar para conhecê-los. Lucas prontamente quis saber quem era, onde morava, se era velho e se tinha filhos. Contei que ele era quase da minha idade, um pouco mais alto, bonito, um pouco gordinho e muito simpático:

– Ele me ajuda no preparo da oficina de trabalho na qual, futuramente, vocês irão estudar e trabalhar.

Fabinho me ouviu em silêncio. Depois reagiu com gritinhos e agitação dos braços, que aprendi a ler como sinais de contentamento e excitação.

A aceitação real, autêntica, com a entrada de Pedro na família eu saberia somente após a visita e outros encontros. De minha parte, desconhecia como eu iria reagir.

Pedro chegou um pouco antes da hora do almoço, com ar alegre e carregado de pacotes. Presentes para todos, escolhidos com a preocupação de acertar os gostos de cada um. Estávamos excitadíssimos. Precisei ajudar Fabinho a rasgar o papel. Era um momento de encantamento. Choro só de recordar a emoção que senti ao ver a alegria dos meninos. Para mim, flores. Um lindo buquê de margaridas brancas entremeado de flores-do-campo e uma rosa vermelha, como eu gosto. E claro, junto, uma caixa de chocolate artesanal. Cada bombom, uma flor diferente.

Lina chegou mais tarde. Rapidamente se integrou no clima de excitação e adorou os livros que ganhou: um, finamente encadernado, *O diário de Anne Frank*, e o outro, *O mistério do chocolate*. Cativada pela sensibilidade de Pedro, ela sentou ao lado dele para folhear o livro enquanto relatava seus projetos de estudo e as perspectivas de conquistar uma bolsa no exterior. Contou sobre o envio do currículo para várias universidades e consulados onde havia projetos de cooperação tecnológica. As provas de avaliação acadêmica e de capacitação linguística já haviam sido realizadas. Agora era só esperar as respostas.

– E você, o que faz? – perguntou Lina. Ouvi falar do seu envolvimento na OAT aqui de São Paulo e de sua experiência em Curitiba. Minha mãe me contou um pouco, mas nada como ouvir da própria fonte. Não é verdade?

Conversaram bastante. Lina e Pedro combinaram uma visita conjunta à OAT para que ele pudesse explicar as novas instalações e o processamento das embalagens. Eu fiquei bem quieta, não me meti na conversa para não ser chamada de intrometida, apesar de estar morrendo de curiosidade. Depois, ela me disse:

– Gostei muito dele, mãe. Parece ser um cara bem legal. Tomara que dê certo.

– Que bom que você gostou. Também torço para que a gente se entenda e que ele goste da nossa família.

Pedro e eu passamos a nos encontrar com maior frequência em São Paulo e, ocasionalmente, em Curitiba. Criei uma nova rotina com as cuidadoras junto aos meninos para me dedicar com mais afinco às atividades profissionais e à vida pessoal, situação que sempre me incomodava.

Durante a semana, o trabalho na OAT demandava tempo, estudo, preparo, grande envolvimento emocional e de relacionamento na articulação e integração dos diversos agentes envolvidos: aprendizes, técnicos, pessoal administrativo, pais e familiares dos alunos. Precisávamos dos empresários na captação de recursos financeiros e na divulgação dos produtos trabalhados pelos jovens.

Numa das vindas a São Paulo, Pedro nem me procurou. Deixou um recado na caixa postal do celular, dizendo que veio rapidamente, um bate-volta, pois teria de ficar com a filha no final de semana. Fiquei uma fera. A organização que havia feito com sua ex-mulher tinha falhado e ele não poderia vir me ver. Corria o risco de perder o voo, de ter de enfrentar grande turbulência em Curitiba. Achei que o relacionamento não iria para frente. Questionei se ele não poderia ter deixado a filha com outra pessoa, com alguém da família da ex, para poder ficar comigo:

– Já nos vemos tão pouco! Não daria para se organizar de outra forma?

– Será que você não compreende que às vezes não dá? Que não basta querer? Seu comportamento é o de uma mineninha mimada.

Já ouvira isso outras vezes nas discussões com João. Por mais que Pedro tentasse me explicar, eu não conseguia aceitar suas explicações. Só fui compreendê-lo quando precisei cancelar, de última hora, minha ida a Curitiba e deixei-o na mão. Havia me esquecido do meu compromisso com Lina: ficar em casa com os meninos para que ela pudesse realizar o seu programa. Ela me avisara com suficiente antecedência que teria um compromisso inadiável naquela data. Pedro havia transferido seu fim de semana com a filha para poder ficar comigo. Eu não havia programado com as cuidadoras, pois achava que Lina ficaria. Não havia ninguém para deixar de plantão. Resultado: não viajei e Pedro ficou muito bravo. Sentiu-se desprezado e me fez engolir minha imaturidade ao ter brigado com ele por motivo semelhante. Esse episódio culminou com nossa separação. Passamos meses sem nos ver, apesar de receber, vez por outra, alguma mensagem dele. Queria ter notícias de mim, dos meninos, do projeto e das perspectivas de Lina.

Minhas raivas se atenuaram após uma conversa com ela:

– Mãe, tanto você quanto ele têm suas limitações. Um não é melhor que o outro. Ele parece ser um bom sujeito e vocês se gostam. Será que você não percebe? Não dá para flexibilizar um pouco e resgatar a relação?

Só então me dei conta de que minha intransigência e falta de tolerância, características que acreditava terem desaparecido de minha personalidade, estavam vivas. Foi uma armadilha que armei para mim. As crianças perguntavam por Pedro e eu sentia muito sua falta, dividida entre o amor e o interesse em suas orientações. Teria de aprender a dividir o amor dele com aquele destinado à sua filha. Eu não tinha o direito de exercer controle sobre as prioridades dele. Uma coisa não precisava destruir a outra. Seria melhor se eu conseguisse articular sentimentos contraditórios como amor e ódio, admiração e inveja, desafios a serem praticados e incorporados ao meu ser.

Num dos e-mails, Pedro mencionou que viria a São Paulo. Convidei-o para sair. Ele só aceitou após longa conversa, na qual lavamos a roupa suja na busca de maior sinceridade, transparência e tolerância entre nós. Retomamos o relacionamento. Me vi, novamente, diante da dor do crescimento. Turbulências nas relações afetivas eram perturbações desagradáveis mas necessárias que ajudavam a entender os processos da vida. Descobrimos que o bom relacionamento dependia do encontro de estados dinâmicos de equilíbrio, às vezes turvados por momentos críticos e de caos, a partir das capacidades individuais de adaptação, da criatividade.

Pedro insistiu que eu fosse a Curitiba, para o bem do nosso relacionamento. Conhecer Marta era fundamental. Nessas horas, eu me revestia de um formalismo falso, que tolhia minha espontaneidade. Espantei-me com minha infantilidade.

Finalmente, combinamos o dia viável para todos. Um lindo almoço foi preparado por Pedro no seu apartamento, com a participação de Marta na cozinha. Ela ajudou a servir como uma verdadeira dona da casa. Nos meus retornos a Curitiba, Marta e eu já havíamos nos tornado boas amigas. Apresentou-me seu quarto, contou-me ter outro na casa de sua mãe. Mostrou-me seu material escolar, bonecas e algumas poesias escritas em seu diário. Disse-me que, às vezes, se atrapalhava ao esquecer seus pertences na casa de um dos pais. Quando precisava deles era uma confusão, mas estava aprendendo a lidar com isso. Quis saber de mim, dos meus filhos, curiosa sobre a idade deles e o que faziam na escola. Pedro havia contado para ela que estava colaborando em um projeto de treinamento para crianças com limitações intelectuais. Marta me perguntou se poderia conhecê-los. Disse a ela que falaria com Pedro para marcarmos um encontro de todos em São Paulo.

Entramos numa fase de bons ventos, distantes das ameaças de ruptura e apesar de momentos conflitivos. Assim estamos até hoje, resignados com as peculiaridades que caracterizam nossas realidades, um aqui e outro lá. Se houve um desejo de constituir uma nova família, a possibilidade até o momento era esta, cada um em sua cidade e com suas questões.

O espaço comum, criado pelo meu relacionamento com Pedro, deixava partes de nossas vidas do lado de fora da relação, ou, quando muito, elas eram anunciadas, mas sem maiores envolvimentos e expectativas. A esperança de êxito do nosso relacionamento vinha dessa aceitação.

O projeto das oficinas abrigadas, pouco a pouco, se tornava uma realidade. A inserção parcial ou total dos aprendizes no mercado competitivo era complexa, de difícil execução ao envolver as dificuldades específicas de cada aprendiz. Dependia do envolvimento das famílias, da seleção dos produtos, da análise do mercado e das discrepâncias entre a legislação e a realidade de trabalho.

Era preciso identificar, enquanto processo pedagógico, linhas de produção abrangentes capazes de abrir oportunidades no mercado de trabalho. Por este ser competitivo e visar lucro, as empresas resistiam em participar, pois isso interferia em seus resultados. Os preconceitos também contribuíam para exacerbar a resistência à inclusão de jovens com deficiência no ambiente das empresas. Entretanto, essa mentalidade vem se modificando e algumas firmas descobriram que os benefícios sociais são compensadores em relação a uma pequena perda nas margens do lucro imediato.

O preparo e a manutenção desses aprendizes custava caro. A noção de inserção passava por planos que não o exclusivamente econômico, mas também o social e o emocional.

Encontrar um equilíbrio satisfatório entre necessidades individuais, interesses das empresas, da sociedade, da família e do sujeito comprometido em suas capacidades de análise e de tomada de decisões tornava esse desafio angustiante. Postura que requisitava reflexão, posicionamento filosófico frente ao sentido da vida, tolerância e disponibilidade para se lidar com erros e divergências. Discutia-se o conceito do que se considerava inserção social para a pessoa com deficiência.

Imaginar Lucas e Fabinho trabalhando supervisionados, sendo úteis para si e para a comunidade, transformando energia em força de trabalho servia de propulsão às iniciativas que estavam sendo tomadas. Ajudava-me a enfrentar sofrimentos, raivas e frustrações na esperança de um futuro melhor para esses jovens e, consequentemente, para as famílias e a sociedade como um todo.

A perspectiva de eles produzirem recursos para si e para a família era a esperança e a concretização da luta pelo encontro de caminhos viáveis para os meninos e outras pessoas necessitadas.

A deficiência de Lucas, em grau leve, dava a ele melhores perspectivas profissionais. Fabinho, com grau moderado, tinha condições mais limitadas, podendo realizar atividades simples, repetitivas e bem programadas. Seu tempo de concentração nas tarefas era baixo, sendo melhor interrompê-las antes que a irritação o levasse ao grau de descontrole. A adaptação na oficina abrigada seria a etapa preparatória para o trabalho na futura fábrica de chocolate. Cada passo precisava ser analisado em detalhe, desde o horário, a rotina de higiene, o transporte, o descanso e a tarefa propriamente dita. A experiência com cada um deles seria uma verdadeira caixa de surpresas, mas estávamos tomados de esperança e de fé no trabalho, que requeria muito de nossa dedicação. Eu estava ciente das múltiplas adaptações que surgiriam no decorrer desse processo.

Algumas empresas forneceram produtos como parafusos, bolinhas e cubos de madeira a serem separados por tamanho e cor, devendo ser guardados em caixas. Era nossa primeira linha de produção.

A inauguração da OAT estava marcada para o início do próximo ano letivo, logo após os feriados de carnaval. Eu revisava cada movimento das áreas administrativa, pedagógica e outras para diminuir a margem de erros. Começaríamos com dez aprendizes, entre os quais estavam Lucas e Fabinho.

Numa das reuniões do grupo em minha casa para definir a data de inauguração da OAT, fomos surpreendidos por Lina, que entrou correndo e aos gritos:

– Mãe, mãe! A carta da faculdade chegou. Fui aprovada. Vou para a França.

Explodimos de alegria em meio à algazarra que se criou.

– Vou para Paris, mãe. Paris! Não é maravilhoso? É para onde eu mais queria ir. Um país cheio de história, arte, cultura, moda e culinária. O lugar onde estão os melhores e mais famosos *chocolatiers* do mundo.

– Que lindo, minha filha. Estou tão orgulhosa de você! Mas o curso é de História ou para aprender a fazer chocolate? Desistiu da História?

– Não, mãe. A bolsa é para estudar História. O chocolate é coisa à parte. Só se der tempo.

– Já estou sentindo saudades. Quem vai me dar conselhos diante das minhas criancices?

– Você fala como se fosse uma ruptura. São só alguns meses. É verdade que há a possibilidade de estender esse prazo, mas deixemos isso para mais tarde.

– Pelo jeito você já está com a cabeça lá, não é? Procure fazer o que for melhor para você. Não se preocupe comigo. Estou certa de que saberá tomar decisões.

– Boa noite a todos. Peço desculpas por ter atrapalhado a reunião. Obrigada pelos cumprimentos, mas deixarei vocês em paz. Sei que o momento é importante, e não só de comemorações.

Pedro levantou-se para dar um abraço especial em Lina. Ele havia contado para ela as experiências do tempo em que tinha vivido em Paris. Difícil a adaptação inicial, mas tinha valido a pena pelo que aprendera da vida, de si e profissionalmente. Ele estava dando a maior força para que ela encarasse com coragem os seus projetos.

Os meses seguintes foram intensos, com Lina envolvida até o fundo da alma no andamento de sua pesquisa e preparo da viagem programada para o meio do ano. As aulas só começariam em outubro, mas antes ela faria nova imersão no francês.

De minha parte, estava envolvida plenamente na implantação da oficina abrigada. A adrenalina circulava no sangue diante das perspectivas de tantas mudanças. Pensei que após a partida de Lina eu também poderia me matricular em um curso online breve de *chocolatier* para melhor acompanhar os processos a serem implantados na futura fábrica. Compartilharia melhor com Lina caso eu tivesse um conhecimento mais apurado sobre a fabricação do chocolate. A vida estava em plena ebulição e cheia de sentidos.

11. Lina

A chegada a Paris me trouxe uma série de desafios. Cada momento, espaço ou encontro, uma nova descoberta. Dirigi-me ao *foyer d'accueil* que me fora indicado pelo consulado francês no XIVe arrondissement de Paris, uma casa que recebia estudantes do mundo todo. Lá fiquei num quartinho com uma cama e escrivaninha. Havia no prédio apenas um estudante da Martinica e outro da República Tcheca. Eram férias. A maioria dos estrangeiros tinha viajado para visitar suas famílias ou conhecer lugares; outros estavam por chegar. Eu fiquei apenas alguns dias hospedada neste prédio escuro e silencioso antes de partir para a cidade de Vichy, em uma instituição especializada no ensino de francês para estrangeiros, onde fiz um curso intensivo como parte da bolsa. O início do ano letivo na Universidade de Paris estava marcado para fins de setembro.

Foram meses intensos. Situações simples representavam grandes vitórias, como conseguir me comunicar por telefone, ser entendida em uma loja, fazer uma pergunta em classe e participar dos debates. Momentos tristes ficavam por conta da solidão ao me defrontar com sentimentos de estranhamento em meio a motivações positivas facilmente detectáveis. Perguntava-me: vim fazer o que nessa terra estranha? Para que todo esse desgaste?

Lembranças de minha mãe e irmãos sorrindo, agitando os braços ou dando gritinhos de contentamento, encostando a cabeça em meu corpo como um gatinho no aconchego de um colo amigo, preenchiam os vazios. Emoções intensas e profundas valorizavam o lugar ocupado por eles dentro de mim. Passei a entender que a liberdade tinha o preço das saudades. O óbvio havia adquirido enorme dimensão. O temor da morte de um familiar ou de alguma pessoa querida tornara-se mais presente. Havia a necessidade de me adaptar, de me ligar logo ao novo para sobreviver a um ambiente estranho. Não queria que o vazio e a saudade tomassem conta de mim.

Tentei me distanciar dessas ideias para usufruir do dia a dia em Vichy, inserida em um grande grupo de estudantes do mundo. A cultura do mundo ocidental havia se iniciado na Europa, tema que alimentava as conversas com colegas do curso. Fiquei surpresa ao me deparar com jovens que encaravam com profundidade a experiência de viver em terras longínquas. Entretanto, outros usufruíam da liberdade para se distanciar dos problemas familiares, dos pais, da falta de perspectiva nos países de origem. Eu me via tomada por inquietações, achando que minha situação era mais complexa. Na medida em que fazia novos amigos descobria que não estava tão sozinha.

Ao retornar a Paris, nos últimos dias de setembro, havia conseguido, a duras penas, uma vaga para viver na Maison du Brésil. Era uma farra, um contínuo carnaval. Não havia noite em que o pessoal não se reunisse para cantar, beber, fumar, contar os desafios do dia. Sem hora para terminar os papos filosóficos, políticos, éticos e questões psicológicas infindáveis. Estávamos desejosos de reformar o mundo, encontrar caminhos de maior justiça social, paz e felicidade. Cada uma de nós tinha a liberdade para fazer o que quisesse. A única voz a direcionar o caminho era interna, além, claro, do temor de ser advertida pela administração e ter a bolsa suspensa.

Nem todos viviam assim. Mas era preciso muita disciplina para controlar as tentações transgressoras. Dei-me conta de que seria difícil me concentrar naquele ambiente e tratei de me mudar para um estúdio. Era um pequeno apartamento no qual apenas um biombo dividia o espaço entre as camas e o que seria a sala com uma mesa e duas cadeiras, pequena cozinha e banheiro, dividido com uma amiga de São Domingos.

Precisava conseguir um dinheirinho a mais para equilibrar as contas com os gastos do aluguel, comer uns docinhos e chocolatinhos deliciosos, pois ninguém era de ferro. Eu não queria sobrecarregar meus pais, que me mandavam uma pequena mesada. Amigas da faculdade, já há mais tempo em Paris, me deram algumas dicas de como trabalhar de *au pair*, cuidando de crianças. Coloquei anúncios na universidade, na Maison du Brésil, falei com pessoas e passei meus dados e disponibilidades. Afinal, eu tinha experiência no cuidado dos meus irmãos e no convívio com várias cuidadoras.

Nas férias de Natal, preferi não viajar. Apesar das saudades que sentia da família e dos amigos, tinha receio de vir ao Brasil ou que viessem me visitar. O encontro poderia perturbar o tênue equilíbrio de minha cabeça com uma nova separação. Estava resolvida a permanecer por mais tempo no exterior. O semestre havia passado rápido. Consegui rever minha bolsa e solicitei o prolongamento de minha permanência.

Terminado o primeiro ano, vencidos os obstáculos da adaptação, terminei o *memoire* e me inscrevi no *doctorat de 3ème cycle*, percurso acadêmico reconhecido no Brasil e equivalente a um doutorado. Tive longas conversas com meus orientadores da França e do Brasil. Analisamos os prós e contras, inclusive considerando os pontos de vista dos meus pais. Minha mãe dizia:

– Não tenho dúvidas de que a oportunidade de permanecer é única, experiência que influenciará de forma decisiva a sua estruturação como pessoa. Ainda que seja mais fácil pôr a fábrica de chocolate em funcionamento com a sua presença, não quero interferir nos seus projetos pessoais. O que está em jogo é a sua vida. A decisão final é sua. Está tudo andando bem por aqui. Você não deve se preocupar nem com os meninos nem comigo.

Apesar de ter tomado a decisão de permanecer na França, a sombra de não voltar para ajudar minha mãe e irmãos me acompanhava, aflita por assumir, de forma egoísta, os meus projetos. A decisão era um ato solitário que dependia da minha capacidade de ficar comigo mesma, apesar dos outros participantes do meu universo afetivo. Parecia que eu tinha raiva de poder decidir, de ter de frustrar um lado para agradar o outro. No fundo, queria ser capaz de agradar a todos, principalmente a mim mesma, em meus vários aspectos, como ficar e partir. Descobri que não era capaz de ser a deusa onipresente. Tive o sentimento de que estar de bem comigo não era fácil, gerava algum grau de culpa com a qual era preciso aprender a conviver. Estranho pensar assim. Porém, se não lutasse por mim, quem o faria? A oportunidade estava lá, era pegar ou largar. Meu pai era da mesma opinião.

Lucas e Fabinho sentiam a minha falta, mas a vida continuava apesar disso. Eu era importante, mas não essencial; todos estavam envolvidos em vencer seus desafios com êxito. Energia que havia aprendido a admirar em minha mãe e que também me pertencia. Entendi ser necessário certo grau de egoísmo, cuja função era abrir portas para o viver. Ao encarar a permanência na França, senti alívio. Prosseguiria, com calma e profundidade, as pesquisas do meu interesse.

Só fui visitar minha família após um ano e meio, quando minha permanência para a realização do doutorado estava definida. Nessa época meu francês já estava bom e eu me sentia adaptada e com um núcleo de amigos. Ao chegar no Brasil, fiquei surpresa ao ver os meninos saudáveis e mais independentes. Lucas se comunicava com clareza por meio de frases curtas e adequadas. Contou-me suas atividades na escola, na oficina abrigada e o que fazia nos finais de semana ao participar do grupo de jovens da comunidade ligado à escola. Fabinho havia adquirido maior autonomia: havia retirado as fraldas, ia sozinho ao banheiro e caminhava com maior desenvoltura. Apesar de pouco falar, comunicava-se por sinais compreensíveis. Minha mãe revelava entusiasmo com os progressos deles e de seus projetos. Ela não esmorecia com tanto trabalho, pelo contrário, cada conquista servia de estímulo para novos desafios. Cada fracasso, uma esperança criativa que valorizava a dedicação. Minha mãe estava satisfeita, mesmo tendo à frente uma realidade árdua.

Pusemos as novidades em dia. Visitei com ela a OAT em plena atividade e na perspectiva de abrir a fábrica de chocolate artesanal. Pouco falamos de sua relação com Pedro.

Contei para minha mãe como eu estava me aprofundando nas pesquisas sobre os percursos históricos do cacau e sua comercialização na Europa no século XVII:

– Descobri que um cristão-novo, marrano, nascido no ano de 1649 em Guarda, Portugal, por ocasião da invasão holandesa no Nordeste brasileiro, negociava o açúcar da região e enviava para a Europa.

– Como você descobriu essas coisas, Lina? A história do chocolate é rica de nuances que vão muito além dos produtos que se compra nos supermercados. Envolve perseguições religiosas, preconceitos, racismo, interesses econômicos, sem falar da gula!

— Meu orientador tem me ajudado nessas pesquisas. Ele está muito entusiasmado com as coisas que estamos descobrindo. Com a Inquisição espanhola e a portuguesa, muitas famílias de judeus, em sua maioria marranos, se refugiaram na Holanda. Quando os holandeses invadiram o Nordeste brasileiro, judeus portugueses que lá viviam vieram para o Brasil. Entre eles, Antonio D'Acosta Andrade, que comercializava açúcar para a Europa. Com a expulsão dos holandeses e as hostilidades aos judeus, ele e sua família se refugiaram na Martinica, onde iniciou uma plantação de cacau e de açúcar em 1660, atividade aprendida com os índios venezuelanos. Mais tarde, resolveu envolver pílulas medicinais com chocolate para tornar o sabor dos medicamentos mais agradável. Foi um sucesso extraordinário. Nesse meio-tempo, resgatou sua identidade judaica e se tornou um líder comunitário, construindo na ilha a primeira sinagoga. A partir de 1684 passou a exportar a produção de açúcar de cana e cacau para a França, especialmente para famílias judias. Mas, em 1685, Luís XIV decretou o *Code Noir*, obrigando a conversão dos judeus ao cristianismo, ocasião em que D'Acosta se refugiou no território holandês de Curaçao.

— Que história empolgante! Vejo que você está adorando o seu trabalho. Vai ser um sucesso.

— Estou gostando muito. Tenho tido acesso a documentos importantíssimos que estavam meio abandonados ou que pesquisadores não deram atenção aos fatos que estou identificando.

Senti-me orgulhosa ao contar essas proezas para minha mãe e, ao mesmo tempo, constrangida por ter me afastado dos sonhos de implantação da fábrica de chocolate, pelo menos naquele momento.

— Você deve tocar sua vida para frente, disse-me ela. Estamos buscando alternativas para a direção da futura fábrica.

Discretamente, minha mãe procurava evitar que a responsabilidade da criação da fábrica recaísse sobre mim. Ouvi isso com alívio, tristeza e frustração ao perceber que cada uma de nós tinha sua autonomia. Eu era dispensável, apesar de desejada.

A temporada no Brasil passou rápido. Visitei amigos, familiares e fui um pouco para a praia. Quando retornei a Paris, algo havia se modificado na organização do meu tempo. Estava decidida a iniciar um curso prático de *chocolatier*: aulas online duas vezes por semana e uma aula prática, presencial, nos finais de semana. O curso semestral envolvia técnicas de preparo do chocolate, tipos de cacau, produtos finais, vendas, mercado internacional do cacau e do chocolate. Outra parte do curso era voltada para técnicas de modelagem artística e perspectivas dos mercados de franquias. O envolvimento com os cursos servia como hora de descanso, com encontros levados a sério, divertidos, competitivos e solidários. Sentia-me entrosada entre grupos de amigos franceses e estrangeiros. Eu era parte de Paris.

O inverno era duro, úmido, com ventos e chuvas, entremeado de dias ensolarados de luminosidade incrível e frio congelante que fazia doer os ossos. A presença do sol trazia alegria, dando vontade de ficar estirada na grama ou em um banco de jardim, mesmo encapotada. Num desses dias, comendo uma *baguette* com presunto e queijo e um chocolate quente, no Parc Monceau, recebi uma mensagem pelo Facebook:

– Oi, Lina, como vai? Soube que está em Paris. No próximo fim de semana viajarei com a orquestra de Berlim para apresentações em Paris. A primeira será na sexta-feira à noite, na sala de concertos da Filarmônica. Vamos nos encontrar? Reservei ingresso para você. Depois da apresentação poderemos sair para jantar e conversar. Que tal?

Fiquei agitada, na verdade, perplexa. Olhava para a tela do celular sem saber o que fazer, até me recompor e responder:

– Hernandez, tenho um compromisso nessa noite. Farei o possível para transferi-lo. Comunico-me com você logo mais.

Nada lhe falei, mas um dos meus colegas do curso de *chocolatier* havia me convidado para sair naquela noite. Eu estava há tempos sem ninguém e agora me via com dois parceiros, cada um com suas belezas e incógnitas. Um com endereço certo, o outro, um passageiro do tempo. Desdobrei-me e acabei marcando com Roland um encontro na tarde daquele mesmo dia. No início da noite, fui à apresentação da orquestra no Parc de la Villette.

Hernandez havia me deixado um ingresso na bilheteria com uma anotação para aguardá-lo após a apresentação. Sentei-me no lugar indicado. Quando o espetáculo começou, fiquei decepcionada ao ver que não era ele quem regeria a orquestra. Momentos antes de a apresentação ter início, ele veio se sentar ao meu lado em uma cadeira que havia reservado para si. Ficamos cinquenta minutos sem poder falar. A orquestra tocava e eu não a ouvia, apenas sentia as batidas do meu coração em meio a um turbilhão de ideias. Sem cerimônia, ele segurou minha mão com firmeza e carinho e aproximou-a do seu corpo. Eu era só tensão. Não conseguia ouvir nada. No intervalo, me falou rapidamente de sua função como estagiário do maestro preparador:

– Conversaremos depois do concerto. Preciso voltar para os camarins, pois podem necessitar de mim. Tchau. Volto logo.

Segurou meu rosto com um lindo sorriso, deu-me um beijinho na boca sem tempo para que eu pudesse dizer qualquer coisa. Aturdida no *hall* de entrada, só me restou tomar uma taça de champanhe, quinze euros, uma fortuna bem gasta para aguentar o início da segunda parte.

Após o espetáculo, esperei no grande *hall*. O público, em sua grande maioria, tinha ido embora. Irritada de tanto esperar, fui falar com a moça que cuidava da entrada nos camarins. Apresentei-me. Ela me pediu para esperar um instante e logo voltou acompanhada de Hernandez, que me fez entrar no *backstage*.

Apresentou-me a alguns dos seus colegas músicos, ao maestro preparador, que logo o dispensou com uma advertência em alemão, traduzida mais tarde: não se atrase amanhã, o ensaio está marcado para às 14h. Despedimo-nos do grupo com Hernandez me segurando pela mão.

Fomos jantar em um restaurante próximo ao teatro, no Le Clocher Pereire. Eu estava surpresa com a fluidez da conversa, em clima de familiaridade, como se o longo tempo de separação inexistisse. Já era tarde quando terminamos o jantar. Pegamos um táxi resolvidos a esticar a noite em meu minúsculo apartamento dividido com minha amiga de São Domingos. Ela dormia. Tomamos um copo de água e fomos passar a noite em um pequeno hotel próximo dali. Ofereci-me para pagar as despesas, mas ele não permitiu:

– Não, não! Será por minha conta. Já dividimos o jantar. Recebi uma ajuda de custo da orquestra para cobrir despesas eventuais durante a *tourné*.

Ficamos aninhados um nos braços do outro, recordando cenas de amor vividas no já distante verão brasileiro e depois em Campos do Jordão, sem pensar no amanhã. Acordamos às onze para tomar um café reforçado na *boulangerie* ao lado. Caminhamos um pouco de mãos dadas e nos despedimos sem juras de amor, com esperanças de nos encontrarmos, uma vez que sabíamos onde estávamos.

Levei dias para me recompor e retomar as pesquisas na faculdade e no curso de *chocolatier*. Cada vez mais interessada, soube que a famosa *pâtisserie française* surgiu do envio de açúcar, baunilha e cacau feito por judeus da América do Sul, como havia sido com D'Acosta. Outros judeus também o fizeram ao mandar esses produtos a familiares das regiões de Bayonne e Bordeaux, a chamada "nação judaica", e também para as cidades de Marselha, Toulouse, Rouen, Nantes, Paris, Livorno, Bélgica e Holanda. A diáspora judaica tinha contribuido para a difusão, criação e consumo do chocolate como conhecemos hoje no mundo.

No programa do curso, havia um roteiro de visitação a uma série de *chocolatiers* famosos que poderiam ser entrevistados, perspectiva que me estimulou a pensar em questões práticas, ligadas aos meus irmãos, quanto ao manuseio dos produtos, higiene, simplificação do processamento de produção e embalagem. Imaginei--me dirigindo a fábrica e as possíveis fases nas quais Lucas e Fabinho poderiam vir a colaborar. A empresa não poderia ser feita para eles, mas seria possível planejar de modo a inseri-los em setores compatíveis com suas habilidades. A diversidade de atividades que eu desenvolvia dava à minha vida um colorido intenso e vivo. Aliás, a França era um país onde cada coisa podia ser explorada em seus mínimos detalhes, ampliando o sentido da vida.

O curso de *chocolatier* e a vida acadêmica tornaram-se complementares. Eu me sentia radiante frente às perspectivas. Voltei a me encontrar com Hernandez depois de alguns meses, quando ele me convidou para passar um feriado prolongado em Berlim. Lá fui eu, em pleno inverno, conhecer a Berliner Philharmoniker. A cidade era mais fria e úmida do que Paris. Na verdade, pouco conheci da cidade, tomada pelo entusiasmo do encontro romântico.

Hernandez cozinhou para nós. Arrumou o pequeno estúdio com flores que ele sabia que eu gostava e foi muito amável. Amamo-nos em meio a discussões intermináveis sobre fidelidade e confiança, temas difíceis de serem equacionados quando se está distante por tempo indeterminado e sem garantias quanto às perspectivas do relacionamento.

Continuarmos juntos era aceitar continuarmos distantes, dispostos a carregar carência, solidão e saudade com criatividade e subterfúgios para preencher os vazios internos. Em nossas opções prevaleciam a formação profissional e o desempenho pessoal. Juras de amor eterno equivaleriam a mentir. A única certeza era a presença de incertezas diante do compromisso de preservar a amizade.

Concluímos que, se soubéssemos nos respeitar, tolerar as ausências prolongadas sem exigências, talvez conseguiríamos construir um caminho comum. Acordamos que a sinceridade seria nosso único e fundamental compromisso. Altos e baixos iriam nos acompanhar diante das difíceis escolhas que havíamos feito para evoluir em nossas carreiras.

Hernandez havia escolhido uma profissão na qual viajaria e estudaria muito. Para se desenvolver na função de regente de orquestra teria de aceitar oportunidades de trabalho nas mais diferentes partes do mundo e, geralmente, por tempo incerto. Poucos eram os maestros que conseguiam se manter no *hall* da fama. Amá-lo traria admiração e orgulho. Porém, construir uma vida em conjunto dependeria de compreensão e aceitação das particularidades da função, que demandava dedicação e encontro de oportunidades.

Do meu lado, o futuro se delineava nas áreas de pesquisa e ensino de História com possibilidades de permanecer na França. Pouco a pouco oportunidades temporárias estavam surgindo e poderiam se transformar em algo regular e registrado. A atividade de *chocolatière* era outra opção que se mostrava interessante, viável para uma moça solteira e sem outros compromissos. Resolvi deixar o tempo correr e não esquentar a cabeça. Voltar para o Brasil era uma questão colocada à distância para não perturbar o presente. Os sensos de compromisso e de dever me acompanhavam.

Os encontros com Hernandez tornaram-se mais frequentes nos finais de semana e em diferentes pontos da Alemanha, França, Itália, fazendo com que o Velho Continente se tornasse pequeno. Permanecíamos na casa de amigos, em albergues da juventude, *zimmer house* ou pousadas de baixo custo. As despesas eram poucas e ainda as dividíamos.

Preferi nada falar para minha mãe sobre Hernandez, para que ela não criasse mais minhocas em sua cabeça. Conversávamos com frequência por meio do Skype, o que nos dava uma sensação de presença constante. Atualizávamos semanalmente os acontecimentos do dia a dia na faculdade, com professores e amigos, nas visitas às fábricas de chocolate e conversas com *chocolatiers* famosos, dos quais ela só tomara conhecimento pelas revistas. Imaginar sua filhinha querida em contato com renomados artesãos do mundo *gourmet* dava a ela imensa felicidade. Sentimentos de realização e orgulho, que eu percebia em sua voz e no brilho significativo do seu olhar transmitido pela telinha do aparelho. Eram reações positivas que me estimulavam a prosseguir, ao preencher as lacunas da saudade.

Com paciência e persistência tudo iria se arranjar, esse era o lema. Tanto eu quanto Hernandez precisávamos contornar situações de carência e de eventuais aventuras passageiras. Era ruim quando acontecia, mas não significava o fim do mundo. Em contrapartida, aprendemos que a liberdade plena era fictícia, que nos machucava ao avançarmos o sinal. Qual era o limite da traição suportável? Resposta que cada um buscava para si. Havia uma outra dor, maior, que decorria da traição a si mesma ao negar o sofrimento, as saudades e o potencial risco de se apaixonar por um outro amor.

Sair com alguém, receber um carinho era o preenchimento de uma necessidade íntima a ser satisfeita e não significava obrigatoriamente a intenção de desprezar alguém, apesar de provocar ciúmes. A sinceridade continuava sendo o meio para atenuar a dor, tendo-se o cuidado de manter a privacidade como alternativa. Condição que conflitava com o princípio da sinceridade mútua. O encontro fortuito com alguém substituto atenuava o vazio, mas fazia emergir raiva, divisão e depressão ao se constatar a incompetência para alimentar um processo racionalmente viável e emocionalmente insuportável. A renúncia de partes de si mesma era o caminho viável para preservar a relação que se aprofundava. Projetos mais duradouros perambulavam em nossos sonhos, como a ideia de viver juntos, de vir a construir uma família.

Por ocasião do término dos trabalhos do *3ème cycle* pensei chamar meus pais para virem assistir a defesa do meu *doctorat*. Estariam presentes meu orientador do Brasil, da França e alguns amigos. Hernandez viria da Bélgica. Meu receio em chamá-los devia-se também ao fato de eu não querer causar transtornos pela mobilização e custos.

O momento econômico era difícil. O envolvimento de minha mãe na OAT era intenso e delicado, pois estava em andamento a implantação de um sistema de embalagem em caixinhas de pequenas barras de chocolate. A manipulação requeria alto grau de higiene, com o uso de gorros, máscaras e luvas, além de um delicado processo de lavagem das mãos. Nem todos os jovens da oficina estavam habilitados para essa tarefa, organizada em parceria com uma fábrica tradicional de chocolates. A cada dois dias a fábrica enviava barrinhas do produto recém-fabricadas e retirava as caixinhas prontas para a distribuição. A conferência da qualidade do trabalho feita pelos jovens da oficina abrigada era feita por um funcionário da empresa treinado especialmente para essa tarefa. Ele permanecia em tempo integral na supervisão da qualidade do serviço.

Na verdade, eu não queria compartilhar com meus pais o grau de envolvimento que estava tendo com Hernandez. Convivência inusitada perante modelos tradicionais que havia aprendido em família. Receava causar grande desilusão por manter um relacionamento instável caso eu prolongasse ainda mais minha permanência na Europa.

Minha vida acadêmica concentrava-se em projetos que estavam surgindo em Paris paralelamente ao curso de *chocolatier*, que me permitia dar aulas, entrelaçando curiosidades históricas e receitas de doces e chocolates. Na Itália, doceiros judeus criaram enrolados e tortas de chocolate feitos à base de nozes e avelãs, ao invés de farinha. Os britânicos inventaram a barra de chocolate em

1847. Um rapaz judeu de dezesseis anos, Franz Sacher, criou em Viena, em 1832, a famosa torta de chocolate Sacher, servida a convidados especiais do príncipe de Metternich, ministro de Assuntos Exteriores da Áustria.

Hernandez havia vencido um concurso de regência. O prêmio recebido era uma bolsa mensal de 3 mil euros, moradia e ajuda de custo para passar um ano renovável como maestro residente na formação de uma orquestra jovem no interior da Bélgica. O inusitado para mim estava em passar fins de semana de folga em Bruges, cidade linda e romântica, localizada a uma hora de trem de Bruxelas. Vez por outra, acompanhava-o a outras cidades onde o grupo se apresentava, para depois retornar sozinha a Paris. Outras vezes, ele vinha ao meu encontro. Vivíamos o presente conforme nos era possível. Aprendemos que assim desfrutaríamos melhor da vida, ao invés de nos lamentarmos por não estarmos juntos.

Os sentimentos oscilavam entre surpresas proporcionadas pelas oportunidades e incertezas das motivações individuais. Até quando aguentaríamos essa imprevisibilidade? Questão que passou a fazer parte de nossas conversas diante do desejo de vivermos juntos e formar família. Mas tudo muito vago. O espaço comum da nossa relação era exíguo e instável, com poucas possibilidades para se prever o amanhã.

As oportunidades de trabalho para Hernandez estavam surgindo em distintos pontos da Europa, com convites para reger orquestras de outras cidades. Isso fazia com que ele se ausentasse de Bruges por temporadas de uma semana, quinze dias ou um mês. Bom para o lado econômico e para a carreira dele, mau para o nosso relacionamento, pelas lacunas que se expandiam.

Minhas perspectivas profissionais em Paris caminhavam favoravelmente, ameaçadas pelas incertezas da vida afetiva e das perspectivas de retornar ao Brasil com o propósito de ajudar minha mãe e meus irmãos. Poderia vir a dar aulas em faculdades ou colégios em São Paulo. Na França, conseguiria um trabalho mais estável, que permitisse prosseguir com as pesquisas históricas e trabalhar com algum *chocolatier* famoso para aprofundar minhas habilidades de confeiteira. Em termos de dinheiro, a última opção era a mais segura e rentável. A questão parecia girar em torno da vida afetiva.

Com meu pai eu pouco falava, e, quando isso acontecia, o que dele ouvia era para fazer o que eu quisesse, sem qualquer análise mais profunda da minha situação. Minha mãe apoiava minha permanência fora do país. Dizia que eu era jovem, que teria mais campo na Europa e repetir uma oportunidade como essa seria mais difícil quando organizasse uma nova família. Sinalizava que era preciso conseguir recursos próprios para me manter. Eu não devia ter pressa em tomar uma decisão, pois a OAT ainda estava se consolidando. A decisão de abrir uma fábrica tinha sido postergada após a primeira experiência de colocar barras de chocolate em caixinhas. Era uma iniciativa que requeria maior preparo técnico e experiência sobre sua produção. Foi quando minha mãe me disse:

– Retornar ao Brasil agora, pensando na fábrica de chocolate, só se for esse o seu objetivo. Não temos ainda condições para abrir a fábrica. Uma vez em funcionamento, teríamos de identificar os setores em que Lucas e Fabinho poderão trabalhar. Caso queira retornar por ter vontade de viver aqui, curtir a casa, seu quarto, tudo bem. Está tudo preparado para recebê-la. Seu retorno será bem-vindo. Dependerá muito de você, caso queira caminhar nessa direção.

– Mãe, não estou pronta para enfrentar o início de um negócio. Caso minha presença seja fundamental, poderei até pensar em retornar. Minha vida por aqui está muito bem. É simples, mas oferece-me tudo de que preciso, menos minha família. Sinto falta de você, dos meus irmãos, mas me acostumei a viver sozinha. Vez por outra, encontro-me com Hernandez. Trabalho bastante para me cuidar, o suficiente para prosseguir no que estou gostando de fazer.

Hernandez e eu estávamos unidos por um afeto especial de amizade, incapazes de dizer que éramos namorados. Havia uma certeza incerta de encontrá-lo, preferível à certeza de não vê-lo, caso eu retornasse para o Brasil. Hernandez poderia voltar a Montevidéu, mas seu percurso era mais europeu. As incertezas do retorno eram maiores do que as incertezas da permanência.

12. Gabriela

Quando as barrinhas de chocolate fresquinhas chegavam à oficina abrigada, o ambiente ficava impregnado pelo cheiro adocicado e estimulante. Os aprendizes entravam em alvoroço, querendo enfiar as mãos nas bandejas plásticas nas quais eram entregues para serem selecionadas e ordenadas nas caixinhas. Era preciso, antes de cada operação, lavar e secar bem as mãos, colocar máscara no nariz, vestir luvas descartáveis a cada início da atividade, e, antes de tudo, vestir um avental limpo e gorro. Verdadeiro preparatório cirúrgico.

Ultrapassada a fase de excitação e saciada a vontade de comer as barrinhas, uma rotina sistemática, repetitiva, de elevado grau de disciplina teve lugar, para que aprendessem e se concentrassem no trabalho. Houve alguns escapes de conduta, como tirar a máscara ou pegar alguma barrinha para comer, mesmo após levarem uma advertência, sempre feita com delicadeza e firmeza. Queria-se evitar os riscos de ferir susceptibilidades, frequentemente à flor da pele, capazes de gerar alterações de comportamento e interferências na rotina do processo de embalagem.

Caminhava-se bem. Lucas adaptou-se rapidamente à sistemática, com boa capacidade de concentração e eficiência. Fabinho estava longe de poder participar das atividades da oficina abrigada. Imaginou-se que parte do aprendizado e do sistema desenvolvido para a linha de embalagem de peças pudesse ser substituída pela embalagem de chocolates. Porém, a introdução de um sistema rigoroso de higiene e a excitação causada pelo perfume do chocolate geravam reações complexas. O grau de responsabilidade no desempenho da tarefa havia aumentado, e a dificuldade em aceitar que aquele chocolate não podia ser comido gerava um novo tipo de tensão.

Os chocolates que vinham quebrados não eram embalados e poderiam ser saboreados no final do expediente. Aprender a lidar com a diferença entre o chocolate que ganhavam ou compravam e este que fazia parte da atividade profissional era um processo lento e complexo. As fundamentações teóricas dos professores, psicólogos e pedagogos pouco adiantavam. A prática era quem definia as condutas a serem implantadas. Não bastava dizer ou impor determinada disciplina se ela não era incorporada.

Pedro, desde que houve a mudança na linha de montagem, vinha semanalmente a São Paulo para discutir as questões que surgiam sobre procedimentos específicos a serem tomados. Cada detalhe era observado, analisado e discutido: selecionar previamente as barrinhas quebradas, oferecer chocolate antes do início das atividades, limitar o consumo diário, tempo destinado a preencher cada caixinha. As tentativas de condicionamento e padronização do tempo de colocação das barras nas caixas não podiam ser iguais para todos, pois isso aumentava a tensão do grupo e gerava indisciplina, decorrente de um clima competitivo que se criava espontaneamente entre os aprendizes. Resolveu-se a questão com uma simples mudança: cada aprendiz faria a sua caixinha no seu tempo, percepção que os ajudou a aceitar melhor as competências de cada um. Condicionamento e uniformização de condutas geravam conflitos e diminuíam o ritmo de produção.

Por estar fora do dia a dia da OAT, Pedro possuía melhores condições para captar nuances de comportamentos e das reações afetivas dos aprendizes e da equipe. Era mais isento nas avaliações dos procedimentos. Conseguia assinalar aprimoramentos a serem discutidos com a equipe de instrutores e supervisores antes de serem implementados. Os resultados se refletiam na produção e na maior satisfação dos aprendizes. Apesar de agradecida, eu ficava incomodada com a acuidade de sua percepção.

Concluiu-se que uma visão da linha de produção pautada apenas no rendimento do volume produzido feria os princípios básicos do pensamento antroposófico, como a integração do sujeito considerando os recursos individuais de cada aprendiz. Comparar o rendimento dos aprendizes entre eles ou com uma linha de produção do mercado era um procedimento inadequado. Podia ser do interesse do empregador voltado para o lucro, mas no caso da OAT não tinha sentido. O lucro estava na melhoria da qualidade das condições humanas dos aprendizes, contrariamente a uma visão exclusivamente mercantilista.

Era preciso ajudar o empresariado na tarefa de vencer preconceitos e entender o que significava lucro social e psicológico, não somente no aspecto econômico. O lucro material viria no médio e longo prazo, ao se constatar o bem-estar e a melhor integração desses jovens e suas famílias.

A participação de Pedro era voluntária na liderança desse trabalho com o grupo de profissionais e outros voluntários. Vez por outra, participava das reuniões com os familiares dos aprendizes para ajudá-los na compreensão dos processos educacionais e perspectivas dos procedimentos adotados.

Eu estava encantada com a dedicação dele, capaz de fazer despertar o entusiasmo dos pais, técnicos e aprendizes. Fabinho e Lucas também gostavam muito de sua presença, que os acalmava. Afetivo, firme e paciente para ouvir. Nos últimos tempos passou a dormir em casa cada vez que vinha a São Paulo. Aos poucos, o ambiente adquiria nova aparência, na medida em que ele conquistava espaço em minha vida. Momentos difíceis em nosso relacionamento surgiram devido a rivalidades e ciúmes motivados pelo êxito dele com o grupo de trabalho que eu coordenava. Sentia-me incomodada com as habilidades diplomáticas de Pedro para lidar com manobras políticas que tendiam a desvirtuar os propósitos da oficina abrigada. Eu ficava muito brava e impulsiva com pessoas que utilizavam a instituição para promoção pessoal. Era preciso me controlar para não arrebentar com tudo.

Pedro ajudava-me a entender o outro lado das atividades, como os custos que o investimento social representava para o empregador e as contrapartidas que o patrocinador tentava usufruir. Ele dava o suporte necessário para enfrentar toda sorte de obstáculos. Dificilmente me criticava e, ao fazê-lo, usava delicadeza e diplomacia, características que eu tentava apreender e incorporar.

Entretanto, momentos de raiva e de incompreensão turvavam nosso relacionamento quando ele dedicava mais tempo às causas da oficina ou a outras questões do seu interesse e eu me sentia posta de lado. Discutíamos por pequenas coisas, como algum atraso ou desatenção, gerando disputas desnecessárias. Após muitas conversas, silêncios, afastamentos e novas conversas conseguimos atenuar as competições e afinar nosso relacionamento. O fantasma da depressão e a angústia causada pela lentidão do desenvolvimento dos meninos deixavam-me apreensiva. Precisava me manter atenta para não me colocar de vítima diante de expectativas frustradas. Ocasiões em que eu tendia a regredir e me rebaixar ao fazer severas críticas a mim mesma e achar que os problemas podiam estar nos outros. Pedro me ouvia passivamente:

– Lina é uma folga. Essa menina fica lá na França, curtindo um monte de coisas enquanto estou aqui dando um duro danado, fazendo de tudo para poupá-la.

Pedro retrucava:

– Sem dúvida a situação dela é privilegiada, mas ela lutou para isso, inclusive incentivada por você. Não deve ser nada fácil para ela estar distante da família, dos irmãos, sabedora de que pode ser peça importante no andamento dos projetos da família. A decisão de permanecer na França é corajosa. Pense bem para não ser injusta com ela.

Pedro me ajudava a retornar à realidade nos momentos de desespero.

– Já imaginou quantas minhocas ela pode estar criando na cabeça por estar distante de você e dos irmãos?

Eram momentos em que a solidão me invadia, eu voltava a chorar e a me trancar no quarto. Perguntava-me: quando será que os meninos irão evoluir? Ao conseguir olhar para trás, percebia o passado que eu confrontava com os progressos alcançados, certamente distante das minhas expectativas, vivências que eu já havia experimentado em meio a frustrações e muitas realizações por vezes esquecidas.

Em meio a todos esses movimentos, Pedro me surpreendeu com um convite:

– Vamos visitar Lina? Será uma oportunidade para passearmos pela Europa e relaxar um pouco?

– Mas agora? Estamos em pleno processo de implantação de novas fases na OAT!

– É, mas pode ser nossa lua de mel! Estou pedindo você em casamento!

– Em casamento?

Abracei-o apaixonadamente, com o olhar fixo em seus olhos, sem acreditar no que estava ouvindo.

– Sim. Você aceita?

– Você adivinhou meu pensamento. Estava querendo visitar Lina, mas não podia imaginar que junto viria um pedido de casamento.

– Na verdade, imagino que não deva mudar nada em nosso relacionamento. É apenas o desejo de assumirmos um compromisso estável entre nós. No momento, não vejo como mudar o sistema de vida. Continuarei morando em Curitiba. Marta está crescendo e no futuro poderemos pensar em morarmos juntos. De certa forma já estamos fazendo isso.

– Mas você quer se casar de papel passado?

– Não havia pensado nestes termos. Estamos apenas assumindo que temos um compromisso entre nós, até porque, neste momento, não podemos mudar nossas rotinas de vida nem em São Paulo, nem em Curitiba.

– Se é assim, eu aceito.

Beijamo-nos e ele me rodopiou em seus braços, quase causando um acidente ao derrubar uma cadeira com os pés. Rimos bastante enquanto ele me pedia cálices para brindarmos com champanhe as nossas decisões. Já havíamos conversado com um advogado sobre a conveniência de se fazer um documento de união estável. Mesmo cada um morando em sua casa e com vidas autônomas, poderia ser mais tranquilo em relação aos filhos. O espaço comum de nosso relacionamento estava se consolidando.

– Para onde você gostaria de ir? – Pedro me perguntou. – Quem sabe parte da viagem Lina queira fazer conosco?

– Podemos elaborar um roteiro juntos. Lina tem falado de lugares incríveis, em muitos dos quais se fabricam chocolates deliciosos. Gostaria de conhecer alguns desses artesãos que vivem na Itália e no interior da França.

– Pode ser interessante. Mas eu não gostaria que o objetivo da viagem fosse trabalho.

– Claro, você tem razão. Mas nada nos impede de fazer uma visitinha a alguns fabricantes para ver como trabalham. Qual a experiência deles com a inclusão de jovens com deficiência no processo de produção? Seria pena não aproveitar essa oportunidade. Saberemos ser ponderados. Não vamos atrapalhar nossa lua de mel, não é?

– Você não tem jeito, Gabriela. Estava prevendo essa sua posição. Está bem visitar alguma fábrica, mas discordo de ir a oficinas abrigadas de trabalho. Não vai dar certo. Aí não faremos nem uma coisa nem outra. Se for o caso, você permanece mais algum tempo na Europa e eu retorno ao Brasil. Não ficarei chateado, mesmo porque meu prazo para me ausentar deverá ser menor do que o seu. Fiz um pequeno levantamento de lugares que poderemos visitar. Bruxelas é uma das dicas. Há lojas de venda de chocolate belíssimas, verdadeiras boutiques. Mas você precisa concordar em saborear as delícias, e não somente ficar babando ao olhar as vitrines.

– Fechado. Aceito a proposta – disse Gabriela.

– As principais marcas que encontrei em Bruxelas foram Guylian, Galler, Godiva, Neuhaus, Leonidas, Tintin, Corné Port-Royal. A maioria delas pode ser encontrada na Place du Grand Sablon, onde os produtos famosos do Marcolini são encontrados. Na Grand Place está o Mannequen Pis, que certamente iremos visitar. Há também a Neuhaus, localizada em um imóvel que foi a casa do Victor Hugo, em 1852. Será maravilhoso visitar tudo isso!

– Puxa! Estou contente. Você trabalhou bastante para coletar essas informações. Pelo visto vamos curtir muito.

– Como é que você adivinhou? Quero que seja um momento lindo, especial para nós dois. Parece-me que a data que pretendemos ir coincide com o Saint Valentin, o dia dos namorados, também considerado o dia da amizade. As lojas se preparam com especial esmero.

– Imagino que os preços também.

– Deve ser. Mas não vamos deixar que essas coisas estraguem a nossa alegria.

– Já que estamos fazendo planos, eu também selecionei lugares que gostaria de conhecer, além de Paris. A região de Bordeaux e de Bayonne, por exemplo. Lina me contou que, no passado, essa região teve grande importância na história do chocolate.

– Sei que na região de Bordeaux estão os melhores vinhedos da França.

– Andou navegando na internet? Está muito entendido!

– Estou preparando meu espírito e o paladar. Mas, do chocolate, nada sei. Já estou com água na boca, só de pensar.

– É capaz que um bom vinho combine com chocolate. Aliás, você me presenteou com uma caixa daqueles recheados com licor e uma cereja. Extraordinários. Era da Kopenhagen. Cada bombom vinha embrulhado em papel alumínio vermelho. Voltaremos dessa viagem uns dez quilos mais gordinhos. Não sei quando iremos, mas já vou começar meu regime. A visita às instituições deixaremos para outra oportunidade, certo?

– Não será nossa última viagem. Se começarmos a misturar demais os interesses não iremos nos divertir. Lembre-se, é uma lua de mel e queremos visitar Lina. Você pode escrever para as instituições do seu interesse, manter contato e, em outra oportunidade, se for o caso, fazer uma visita. Teremos tempo antes de investir em uma fábrica de chocolate; os meninos não estão prontos e não dominamos o processo de fabricação. Essa ansiedade só atrapalha. Estamos caminhando, mesmo que lentamente! Comeremos bastante chocolate, beberemos bons vinhos, e depois faremos um bom regime. Fiquei sabendo de uma vinícola em Bordeaux, produtora de vinhos de primeiríssima qualidade, *grand cru*, que possui uma pousada. Vou me informar. Poderemos passar alguns dias nessa região.

– Que legal! Já temos um primeiro roteiro: Paris, Bruxelas, Bordeaux e Bayonne. Veja se não está sendo muito rígido ao postergar as visitas às instituições profissionalizantes. As viagens são caras. Não sei quando teremos condições de fazer uma nova viagem.

– Sei que estou sendo chato. Entendo suas motivações, mas nossa viagem está voltada para curtir o encontro com Lina e a comemoração da nossa união. Visitaremos lojas de fábrica. Isso nos dará alguns parâmetros quanto às possibilidades de montarmos uma. A inserção de jovens com limitações nos processos de produção e venda será um outro passo. Parece-me suficiente para o momento, você não acha?

– Está bem. Faremos assim. Pensei em fazer uma surpresa para Lina, mas chegar lá sem avisá-la poderá ser uma alegria repleta de transtornos. Vou consultá-la para saber se ela terá disponibilidade para viajar conosco no período que for conveniente para nós. Isso inviabiliza qualquer surpresa.

– De qualquer forma, sua filha europeia poderá nos ajudar a organizar a viagem.

– Uma viagem dessas levará quase um mês.

– Deve ser por aí. Talvez três semanas. Seus pais poderão dar uma força durante nossa ausência?

– Minha mãe, com certeza. Duvido que meu pai deixe o trabalho por tanto tempo. Sei que ele é impaciente e acaba se enchendo, tendo de levar uma rotina diferente da que está acostumado. Mas conversarei com eles. Quanto a Lina, sei que ela está pretendendo fazer uma viagem. Assim que souber melhor nosso roteiro poderemos propor algo a ela. Ela me contou que voltou a se encontrar com Hernandez, o amigo e antigo namorado que está morando na Bélgica. Imagino que ela, ao saber que iremos a Bruxelas, se entusiasme e queira visitá-lo.

– Bem, mãos à obra. Vamos transformar esse sonho em realidade.

Nas semanas seguintes, dediquei-me intensamente aos trabalhos da oficina abrigada e, nos intervalos, via alguma coisa da viagem. Entendi que a melhor opção seria deixar a direção da futura fábrica de chocolate aos cuidados de um *chocolatier* profissional. Isso me daria maior liberdade para cuidar das questões educacionais, comerciais e de divulgação da marca. Era preciso construir um perfil, uma identidade da marca, entender a linha de produção de chocolates e selecionar os setores capazes de absorver os meninos.

Lucas somente seria desligado da oficina abrigada quando o negócio estivesse devidamente estabelecido. Levaríamos tempo até chegar a essa condição. Fabinho era um caso à parte devido às suas dificuldades de comunicação e de coordenação motora, que precisavam ser vencidas para poder frequentar a oficina abrigada. Os esforços eram muitos; a paciência, imprescindível. Fabinho, por ser mais jovem, poderia surpreender-nos com transformações que poderão acontecer durante a adolescência. Era sempre angustiante pensar no futuro. Cada passo dado no presente organizava o futuro, mas era necessário ter um direcionamento. Ficava cada vez mais claro para mim que Lina deveria seguir seu próprio destino. Não seria justo atrapalhá-la, ainda que sua presença no Brasil fosse desejável e o meu egoísmo falasse a favor da realização dos meus objetivos. A felicidade de Lina era parte dos meus ideais.

Falei com meus pais e eles aceitaram a possibilidade de me darem uma retaguarda durante a viagem. Como imaginava, meu pai disse, de pronto, que não viria por não se sentir em condições de ficar em casa sem ter nada para fazer. Quando muito, viria por uma semana e voltaria para o seu trabalho. Minha mãe prontamente me estimulou a viajar. Tranquilizou-me, dizendo que me daria a retaguarda necessária desde que pudesse contar com a presença das cuidadoras para auxiliar nas tarefas domésticas e nos cuidados com os meninos. Disse a ela que Lucas e Fabinho estavam mais independentes e que as crises convulsivas tinham cessado, felizmente. Duas amigas também se prontificaram a me dar uma ajuda no que fosse necessário. Minha mãe dirigia e isso tornava tudo mais fácil para levar os meninos às terapias.

Descobri que na história de cada uma das marcas de chocolate mencionadas por Pedro houve desafios, fracassos e sucessos. No mundo das concorrências comerciais, sentimentos de preservação, dedicação, criatividade e oportunidade precisavam ser levados em conta. Não bastava abrir uma fábrica ou uma lojinha; para arriscar era preciso ter bons fundamentos. Soube que a Neuhaus, fundada em 1857, começou como farmácia, na Galeria da Rainha, em Bruxelas. O proprietário seguiu o mesmo caminho de D'Acosta e envolveu os medicamentos com uma fina camada de chocolate. O sucesso fez com que seu neto, em 1912, substituísse o remédio por um recheio cremoso, ao qual deu o nome de *praliné*, mundialmente conhecido. A Godiva, inaugurada em 1926, cujo nome significa "presente de Deus", evoca o mito de *lady* Godiva, cuja imagem estampada na embalagem do chocolate reproduz sua extraordinária beleza e sedução.

– Pedro, tenho um alerta para você. A tal da *lady* Godiva, muito linda, causou transtornos na região de Conventry, na Inglaterra, no século XI. Pelo fato de ela despertar desejos nos súditos e pleitear uma baixa dos impostos cobrados pelo marido à população, foi condenada por ele a cavalgar nua pela cidade. Todos deveriam permanecer trancados em casa e de janelas fechadas. Mas um admirador desobedeceu a ordem imposta e ficou cego. Portanto, cuide-se! Essas e outras histórias estimulavam ainda mais os desejos de colocar em prática nossa viagem. Planejamos com calma e com cuidado para não nos cegarmos, dominados por tentações. Fui atrás da cidade de Bayonne, integrante do País Basco francês, localizada na divisa com a Espanha e próximo a Bordeaux. Constatei sua importância na história do chocolate, como Lina havia me contado. Fiquei entusiasmada para visitá-la ao saber que nos dias 10 e 11 de maio haveria uma comemoração em homenagem à comunidade judaica local. Contei para Pedro que eles foram os introdutores da fabricação do chocolate na região, contribuindo para o seu desenvolvimento econômico:

– Em Bayonne, um dos locais de entrada do chocolate na Europa, os judeus tiveram de viver fora das muralhas da cidade, na margem direita do rio Adour, em Saint Esprit. Eles estavam proibidos de ter propriedades, de vender a varejo e de utilizar funcionários cristãos no preparo do chocolate. Com o tempo a atividade de *chocolatier* foi regulamentada. Somente os franceses podiam fabricar e vender o manjar dos deuses. Os judeus ensinavam os cristãos, mas o certificado de *connaisseur* era dado somente para os franceses. Com a Revolução Francesa, em 1789, os judeus passaram a ter os mesmos direitos que qualquer cidadão da França, integrando-se à comunidade. Seria legal chegar lá nessa data. O que você acha?

– Parece interessante, mas há outras cidades também para conhecer. Vou avaliar o tempo, as distâncias e os custos para nos programarmos.

– Ficaremos alguns dias em Paris no início e fim da viagem. Dependendo da disponibilidade de Lina, definiremos datas e percurso. Minha mãe aceitou ficar o tempo que for necessário. Ela me deu a maior força para viajar e disse que se adaptaria ao nosso calendário. Vejamos os custos e quando será conveniente para nós.

— Puxa! Quando você tem uma ideia na cabeça é melhor sair da frente, pois o sonho se realiza!

— Descobri essa determinação às custas do sofrimento e das lutas de superação. Nao foi fácil, mas estou aí, batalhando. Cheguei a querer morrer, mas não tive coragem. Senti que era fugir da vida, perseguida por tanta dor e desilusão. Eu teria uma função desde que encontrasse um sentido para viver. Fico feliz por ter conseguido e estar curtindo este momento e tudo que o cerca. A determinação tem me impulsionado a cuidar dos meus filhos e a chegar onde está sendo possível. A trajetória não está terminada. Há muito a percorrer!

— Entretanto, o excesso dessa energia pode obscurecer a percepção. Ela é importante na medida certa, pois, às vezes, necessitamos de flexibilidade, adaptabilidade para alcançar pontos de realização próximos ou equivalentes aos almejados. Em outras palavras, muitas vezes é preciso renunciar a algo para se alcançar uma realização parcial, próxima do desejável. Condição que inclui carregar uma certa dose de frustração.

— Se não fosse essa determinação eu não estaria aqui com você. Seu amor me revitaliza e me ampara. Contribui para aumentar o sentido da vida. Aprendi que, para não ser dominada pela dor, é preciso construir caminhos alternativos, abrir e se abrir para novas perspectivas. Pode até não dar certo e ser obrigada a mudar de rumos, mas a vida é maior do que tudo. Meu consolo foi ter enfrentado o temor da inércia, minha maior inimiga.

Entre lágrimas de alegria, perplexos pelo entusiasmo da viagem e das conquistas, combinamos viajar por três semanas, tempo razoável para visitar Lina e os lugares selecionados.

– Estou sonhando em reencontrar Lina, abraçá-la. Vê-la de verdade, em carne e osso. Será emocionante. Como ela receberá a notícia do nosso casamento? Estou apreensiva. Vamos avisá-la antes de viajar? Precisamos sincronizar as datas, roteiro e interesses com as possibilidades de ela vir conosco.

– Só isso? Então, temos muitas coisas a providenciar!

Permanecemos aconchegados no sofá da sala até chegar a hora da partida. Pedro embarcava para Curitiba. Tinha um compromisso assumido com Marta, que havia passado o fim de semana na casa dos avós. No dia seguinte, bem cedo, precisaria levá-la para a escola.

– Até o próximo fim de semana. Se der, eu venho.

– Até lá. Fico aguardando... cheia de esperanças.

– Tchau!

– Beijos, tchau!

Em nossa rotina de muitos fins de semana incluíam-se as despedidas e os embarques. Cada um precisava se preparar para o início de outra rotina, a da semana, repleta de compromissos, com pouco tempo para se pensar na separação.

13. Lina e Gabriela

Ao telefone, mãe e filha conversam:

– Lina, ouça... Pedro e eu pensamos visitar você em maio. O que acha dessa ideia? Será primavera. Paris estará florida. Tenho tantos desejos em mente!

– Estou feliz, mãe. Ótimo que venham para cá. Pena que o apartamento seja pequeno, caso contrário, vocês poderiam ficar comigo. Tem um hotelzinho gostoso e bem romântico aqui pertinho, na Passage Doisy. Estou surpresa que você criou coragem e está conseguindo deixar os meninos para viajar. Que progresso, hein! Fico contente com a sua vinda e, ainda mais, acompanhada. Pelo visto, o relacionamento com Pedro está firme. Quantas surpresas.

– É verdade. Temos nos dado bem. Ele me ajuda muito a encarar e a superar as questões que tenho com os meninos e em relação à OAT. Não se preocupe com a hospedagem. Ficaremos num hotel próximo de você. Será ótimo. Atrapalharemos menos a sua rotina e nos sentiremos mais à vontade. Isso não impedirá de nos curtirmos, passearmos, fazermos algumas comprinhas nas suas horas de folga. Paralelamente, Pedro cuidará dos interesses dele. Teremos bastante tempo só para nós duas. Estou tão contente.

– Eu também, mãe!

– Não será igual às nossas idas aos barzinhos da Vila Madalena. Haverá coisas novas e diferentes para conhecer, inclusive lojas de chocolate artesanal.

– Tem várias por aqui. Coisas boas não faltam. É melhor você aumentar o limite do cartão de crédito, tá?

– Tudo bem! Também pretendemos fazer um tour por outras cidades além de Paris. Gostaríamos que você viesse conosco. Será nossa convidada e guia especializada. Aceita?

– A ideia é ótima, mãe. Estou contente e surpresa por você e Pedro estarem construindo algo juntos tanto por vocês quanto por mim. Quando você está sozinha, fico preocupada com o volume de coisas que recaem na sua pessoa. Acompanhada, tendo um parceiro, poderei organizar melhor e com mais liberdade a minha vida. Quanto à possibilidade de fazermos um tour juntos, creio que será difícil. Tenho uma série de compromissos. Vai depender das datas e se consigo redistribuir as atividades.

– Ficaremos fora por três semanas. Queremos conhecer Paris, sem dúvida, mas também Bruxelas, Amsterdã, Bordeaux e Bayonne. Vi que nos dias 10 e 11 de maio haverá, em Bayonne, uma festividade ligada à história do chocolate. Lembra que você me contou que essa era uma das cidades que recebia açúcar, cacau, farinha, baunilha de judeus que viviam no Brasil e de outros judeus das Américas do Sul e Central? Atividades praticadas por refugiados durante as Inquisições espanhola e portuguesa? Aprendi a lição com você. Sou boa aluna, viu? Imagino que o frio nessa época será menos intenso. Poderemos passear com mais facilidade, sem precisar carregar casacos pesados. Só de me imaginar entrando em um bistrô aquecido para saborear um delicioso chocolate quente me dá água na boca.

– De fato, é uma delícia, mãe. Já conversamos sobre sua vinda para cá, mas parece que agora é pra valer.

– Descobri pela internet que essa comemoração ocorre nesses dias de maio. Fiquei com vontade de conhecer a região e ver a festa. Se não puder fazer todo o percurso conosco, quem sabe pelo menos uma parte?

– Não sei, mãe. Preciso pensar. Amsterdã, Bayonne, Bruxelas é muita coisa. Para fazer tudo seria necessário muito tempo. Ficaria puxado para mim. Bayonne está próxima a Biarritz, nos Pirineus Atlânticos, na costa basca, perto de onde fica o museu Guggenheim de Bilbao. Também vale a pena conhecer a região de Bordeaux, bonita, com boa comida e bons vinhos. Mas nas datas de 10 e 11 de maio estou impossibilitada. Estarei em Bruxelas, realizando um compromisso que não posso alterar.

– Ah! Que pena. Falarei com Pedro para ver o que ele acha. Sei que em Bordeaux há inúmeras fábricas de chocolate, mas ele se animou ainda mais quando soube que lá estão as melhores cervejas. Na verdade, não temos ainda nada definido. Fiquei curiosa. Posso saber o que acontecerá nessa data de maio? O que haverá de tão especial?

– Lembra-se do Hernandez, o meu amigo de Montevidéu?

– Claro que me lembro. Ele ficou em casa por duas vezes. É um rapaz bem legal. Quantos anos se passaram desde que nos conhecemos? Vocês romperam, depois retomaram o relacionamento e voltaram a se separar. Não é? Vocês continuam se falando?

– Ocasionalmente. Ele é maestro residente de uma orquestra no interior da Bélgica. Será sua primeira apresentação em Bruxelas. Ele me convidou e eu não quero faltar.

– Sim! Entendo! Eu não sabia ou não registrei que vocês continuavam se encontrando.

– É, falamos por Skype com alguma frequência e, eventualmente, nos vemos.

– Vocês estão namorando?

– Não sei que nome dar a essa relação. Deixei de contar para não saturar a sua cabeça, envolvida com tantas questões. Para que mais uma?

– E como vocês fazem para se ver?

– Ele vive em Bruges, uma cidade do interior da Bélgica. De tempos em tempos vem a Paris ou vou para lá, para visitá-lo. Não é muito distante, fica a uma hora de trem de Paris. Aqui tudo é perto.

– E ele te trata bem? Vocês têm projetos para o futuro?

– É uma pessoa maravilhosa. Muito sincera, sensível, mas nossas condições de vida são bastante diferentes. Cada um tem sua independência. Um tipo de liberdade sem que saibamos com clareza qual é a responsabilidade que um tem para com o outro. Sabemos que nos gostamos. Ele me dá carinho e eu tenho a quem dar meu afeto. Nossas perspectivas profissionais são diferentes e instáveis. Não dá para fazer projeções para o futuro. Somos jovens, temos tempo pela frente e muitos interesses a desfrutar. Não estamos preocupados em tomar qualquer decisão. Estamos nos aprimorando como pessoas e na vida profissional. Como diz o ditado, "o futuro a Deus pertence". Apesar de não acreditar em um deus, prefiro, neste momento, não pensar no futuro.

– Eu me preocupo com o seu futuro pessoal e profissional. Pouco temos conversado a respeito, principalmente sobre a sua vida amorosa. Desde que partiu para a Europa, acompanho suas conquistas, porém a intimidade de nossas conversas ficou para um segundo plano. Sei que você tem cabeça boa e confio nas suas decisões, apesar de termos pontos de vista distintos em uma série de questões. Você é de outra geração e tem novos costumes. Tento compreendê-la. O principal, a meu ver, é saber ouvir e se colocar no lugar do outro. Como mãe, estarei sempre ao seu lado com meu carinho.

– Que bom, mãe. Ouvir que tenho a sua compreensão me tranquiliza. Acho que nossas condições, até certo ponto, são semelhantes. Eu pouco sei da intimidade do seu relacionamento com Pedro. Imagino que no mínimo são bons amigos. E, se estão planejando viajar juntos, deve haver algo mais que simples amizade, não é? Imaginei que você estivesse tendo um caso com ele. Mas, como você nunca comentou sobre isso, eu não quis me intrometer na sua privacidade.

– Você e eu temos dedicado pouco tempo para conversarmos sobre nossas intimidades. Seria bom se tivéssemos uma cumplicidade maior. O tempo, a distância, a comunicação por Skype dão um clima diferente às nossas conversas. É diferente dos papos que levávamos tomando um cafezinho com chocolate ou uma cerveja bem gelada. Poderemos preencher, agora, as lacunas existentes em nosso relacionamento. Estávamos mais preocupadas em lidar com questões do dia a dia. Espero que nosso encontro seja bem gostoso.

– Certamente será. Comentarei com Hernandez que vocês virão para cá na época em que ele estará regendo sua orquestra em Bruxelas. Assim que eu falar com ele, eu te ligo de novo para conversarmos.

– Lina, gostaríamos de ser capazes de estar nos dois lugares ao mesmo tempo, mas já sei que não dá. Temos alguns pontos de referência que nos ajudarão a elaborar o roteiro da viagem. Falarei com Pedro e, logo que tivermos alguma definição, te avisarei.

– Excelente. Também falarei com Hernandez. Quem sabe poderemos passar alguns dias juntos? Assim, vocês poderão conhecê-lo melhor e nós, a esse novo casal.

Passados alguns dias, Lina e Gabriela retomam o planejamento da viagem:

– Mãe, ele ficou empolgado em rever você e conhecer o Pedro. Disse que sentiria prazer e orgulho tê-los como ouvintes na plateia, e ainda brincou: a família vai garantir a claque. Contou que, após a apresentação, ele terá alguns dias de férias coletivas. Poderíamos passar de quatro a cinco dias juntos e depois ele e eu viajaríamos a sós, e vocês seguiriam seu próprio roteiro. Disse-lhe que essa proposta era delicada e que poderia magoar vocês. Fale com o Pedro e me avise sobre o que pensam dessa sugestão.

– Preferiria que você ou vocês nos acompanhassem, afinal não estamos sempre na Europa. Mas, se não der, paciência. Faremos como for possível. Ninguem ficará magoado.

– Vocês poderiam chegar em Paris no começo de maio. Ficaríamos juntos alguns dias antes de viajar. Se alugarem um carro, passaríamos por Bruges, que é uma cidade linda e cheia de histórias. Chegaríamos em Bruxelas na véspera das apresentações de Hernandez. Haveria tempo para conhecer os principais pontos turísticos e algumas lojas de chocolate. Repito, ficarei contente se vocês puderem conhecer melhor o Hernandez. Sei que vai interferir no roteiro de vocês, mas acho que poderá ser bom. Depois vocês compensam as perdas de alguma outra forma.

– Estou entendendo. Falarei com Pedro. Quero ouvir o que ele acha e voltamos a nos comunicar. Aos poucos vamos estruturando a viagem.

Pedro ficou muito irritado quando ouviu de Gabriela a proposta de Lina:

– Você havia planejado a viagem considerando as datas das festividades em Bayonne e, agora, Lina propõe outra coisa! Ela não poderia se adaptar ao nosso roteiro?

– Pedro, você precisa entender que esse concerto é importante para Lina. Talvez Hernandez seja mais que um simples amigo. Ela ficará feliz com a nossa presença. O rapaz insistiu que fôssemos assisti-lo, não quero decepcioná-los. É um momento importante para eles. Eu abro mão de ir a Bayonne, paciência. Não quero gerar conflitos desnecessários. Vejo pouco minha filha. Será uma oportunidade para um encontro diferente. Assistiremos a um concerto, conheceremos um jovem maestro, visitaremos Bruges e Bruxelas, que já estavam em nosso roteiro. Alguma outra coisa o está incomodando para ter ficado tão nervoso. O que será? Lina também disse que se preferirmos ir a Bayonne para ver as festividades, eles compreenderão. Verifiquei que não será difícil irmos de carro ou trem de Paris a Bruxelas, situada ao norte, mais ou menos 300 quilômetros, e depois, conforme nossa disposição, conheceríamos Bordeaux, cidade que fica mais ao sul de Paris, aproximadamente uns 550 quilômetros e, quem sabe, Bayonne, que não é muito distante de Bordeuax.

– Era nossa lua de mel. Queria proporcionar a você a realização de um dos seus sonhos – disse Pedro.

Gabriela procurou acalmá-lo, mas o nervosismo dele persistia, até descobrir que ele estava enciumado do seu relacionamento com Lina e da atenção dirigida a Hernandez.

– Pedro, eu sei que o momento é muito importante para nós. Nossas discussões só nos geram desgastes. Vamos sossegar.

Ele se enfiou pensativo no sofá e acabou se abrindo:

– Minha preocupação se deve a uma questão: como e quando contar para Lina sobre o nosso casamento? Que estaremos em lua de mel!

– Faremos uma revelação-surpresa quando estivermos em Paris. Pessoalmente, será mais fácil explicarmos possíveis questionamentos. Certamente, Lina perguntará qual a necessidade de formalizar o casamento, inclusive pelo fato de morarmos em cidades diferentes, sem perspectivas de mudanças reais em nossos modos de vida. É algo mais emocional, não é?

Pedro se resignou com a ideia:

– É verdade. Será mais fácil dizer para Lina que estou cansado de ser namorado, que desejo assumir com você um compromisso de responsabilidade recíproca. Se a distância entre Curitiba e São Paulo é grande, meus sentimentos por você são de proximidade. Espero que a recíproca seja verdadeira.

Olhando fixamente nos olhos dela, Pedro afirmou:

– Prefiro ser o padrasto de Lina e dos meninos e que você seja a madrasta de Marta. Não quero ser apenas um caso seu.

– Concordo, Pedro. Estou contente, apesar de também temer que, ao assumirmos esse compromisso, a gente venha a desequilibrar nossa relação. Entendo sua posição. Também quero ter você como meu homem, meu marido. Pensando melhor, se algo vier a desequilibrar a relação, poderá ocorrer casados ou não.

Acalmados os ânimos, Pedro e Gabriela voltaram a discutir o roteiro da viagem. Seria melhor um percurso restrito. Tornaria a viagem mais econômica, menos cansativa e mais proveitosa. Concordaram sobre a importância de compartilhar com Lina as apresentações de Hernandez em Bruxelas. O relacionamento deles era longo, e o desejo de Lina estar ao seu lado nesse momento importante da carreira revelava a presença de sentimentos profundos.

Em novo telefonema, Gabriela comunicou a Lina a decisão de acompanhá-la. Entusiasmada, Lina se prontificou a organizar uma visita à sua escola de *chocolatier* e *confisseur* em Paris:

– Será um encontro com um dos profissionais mais renomados da atualidade. Você poderá perguntar a ele o que quiser sobre a fabricação de chocolate artesanal e ponderar sobre a inserção de jovens com deficiência intelectual no processo.

– Maravilhoso, filha. Estou animadíssima com as perspectivas da viagem. São muitas as novidades. Que bom!

– Também estou elétrica com a perspectiva do nosso encontro, mãe.

Lina pôs-se a pensar sobre a vida que a mãe vinha levando e a entrada de Pedro em sua rotina. Questionou a si mesma como seria a relação entre os dois, um vivendo numa cidade a quilômetros de distância do outro. Imaginou que seu caso com Hernandez seria mais fácil por serem jovens e estarem em formação profissional. Não estavam em busca de estabilidade nem de continuidade assegurada. Nada perguntou à sua mãe. Acreditava que o tempo revelaria o enigma dessa relação.

Gabriela, após alguns dias, ligou para Lina, confirmando a viagem:

– Chegaremos em Paris no início de maio, como você sugeriu, e seguiremos com você para Bruxelas para assistir às apresentações do Hernandez. Gostou da ideia?

– Muito, mãe. Que legal! Hernandez também vai adorar.

– Resolvi fazer no sábado, antes de nossa partida, um almoço de despedida. Lamento você não estar presente. Convidei meus pais, os meninos, Pedro e Marta. Meus pais ficarão em casa para ajudar a cuidar dos meninos. Meu pai mudou de ideia e deverá ficar aqui com minha mãe o tempo que for necessário. Estou apreensiva para ver a reação de todos.

Gabriela não revelou que o almoço seria mais que uma despedida pela viagem, e sim uma despedida de solteira. Da vida de solteira. Pedro e Gabriela haviam decidido contar para toda a família a intenção de se casarem. Os pais de Gabriela possuíam uma visão liberal da vida e viam o casamento como uma formalidade desnecessária. Seu pai costumava dizer que valia mais o sentimento de compromisso, a palavra e a ética que um monte de letras colocadas em uma folha de papel.

Após alguns dias, Lina liga para sua mãe, tomada de alegria:

– Mãe, consegui reestruturar minha agenda. Antecipei as férias, alterei o calendário e consegui reposição de algumas aulas, outras serão substituídas por colegas. Reorganizei a retirada de material da biblioteca e a programação de leitura. Quanto à parte prática do curso de *confisseur*, farei a reposição das aulas durante alguns finais de semana no próximo semestre, não serão muitas horas. Meus colegas e professores compreenderam a importância desse momento, com a vinda de vocês para cá. Estão dispostos a me ajudar para que eu possa curtir as férias em família e alguns dias com Hernandez. Ah! O *chocolatier* do qual lhe falei confirmou a entrevista com você para conversarem sobre o projeto de abertura de uma fábrica artesanal de chocolate e a possível inserção do Fabinho e do Lucas na parte de produção ou como auxiliares na administração.

– Maravilha, minha filha. Muito obrigada. Estou contentíssima.

– Mãe, deixarei uma cópia da chave do apartamento com vocês e o código de entrada do prédio. Imagino que se sentirão mais à vontade caso queiram preparar algo para comer. O hotel é bem pertinho do apartamento, talvez uns duzentos metros. Agora estou morando sozinha. Minha companheira preferiu ficar com o apartamento antigo, menor, e eu fui para um maior com quarto, cama de casal, banheiro completo, uma sala ampla para os moldes franceses e cozinha americana. Fica em uma região bem francesa de classe média, próximo à estação Argentine, da linha 1, amarela, do metrô. Ela serve os principais pontos turísticos da cidade.

– Estaremos, então, bem servidos! Tudo muito chique. Quantas emoções, minha filha!

– Estou ansiosa para que chegue logo o dia do nosso encontro.
Também estou muito feliz!

Os preparativos da viagem e o envolvimento com os trabalhos de casa e com os meninos fizeram com que o tempo passasse rápido. Chegou o almoço de despedida. O clima era de alegria, congraçamento, surpresa e um certo estranhamento gerado pelo encontro das famílias. Lucas e Fabinho aos poucos se encantaram com Marta que, rapidamente, se integrou e se prontificou a ler o livrinho de história que havia trazido para eles. Depois, ajudou-os a montar um quebra-cabeça trazido pelos pais de Gabriela. Marta, por sua vez, havia ganhado dos seus novos avós um pequeno diário encadernado. Só faltava Lina.

Durante o almoço, Gabriela e Pedro comunicaram que o momento era uma comemoração de despedida tanto pela viagem quanto da vida de solteiros. A viagem era para matar as saudades e encontrar Lina, mas seria também um presente que estavam se dando de lua de mel. Nessa hora, os pais de Gabriela tiveram uma explosão de alegria, risos e lágrimas. O pai dela começou a chorar, a bater palmas, a dançar e cantar, dizendo palavras que pareciam incompreensíveis: *Mazal tov, mazal tov! Lechaim, lechaim, lechaim!*

Ninguém entendeu nada. O que era aquilo? Aos poucos, ele se acalmou e conseguiu dizer que na infância dele, em momentos de alegria, comemorava-se cantando assim. A grande emoção deu lugar a lembranças. Ele contou sobre sua infância, como fugiram da Europa levados por uma família desconhecida. Atravessaram a fronteira da Bessarábia, hoje Moldávia, com a Romênia, parte da qual havia sido anexada à época à extinta União Soviética; a outra parte da Romênia uniu-se à Alemanha nazista. Era uma noite escura e de muita neve. Lembrou do latido dos cães policiais e das crises de medo até chegar em liberdade ao Brasil. Era um passado não revelado, provavelmente, pelas dores causadas pelas lembranças dos horrores vividos. Tomado pelo entusiasmo, abriu uma garrafa de vinho e serviu a todos.

– Vamos brindar. Hoje é dia de festa, um dia muito especial: *lechaim! Lechaim!*

Nesse momento, Pedro interferiu:

– Eu também trouxe uma garrafa, mas de champanhe. Não é francesa, mas é boa. Vim preparado.

Houve uma pequena disputa entre os dois na decisão de qual delas abririam.

– Então, vamos brindar com as duas para não ter briga, disse o pai de Gabriela.

– Vamos tomar o champanhe agora e o vinho durante o almoço – Sugeriu Gabriela para harmonizar o clima.

Todos aderiram à ideia. A alegria era tanta que ninguém se preocupou com eventuais riscos que poderia ocasionar a mistura dos remédios que os meninos tomavam com o desejo de dar um golinho do vinho.

Quando chegou a noite, veio aquela tristeza de fim de festa. Em meio às emoções ainda mal digeridas, Gabriela e Pedro levaram Marta para o aeroporto com destino a Curitiba, onde sua mãe a esperava. Os avós ficariam com os meninos, pois, a partir dessa noite, o novo casal começava sua lua de mel indo dormir em um hotel. No dia seguinte, cedo, voltaram para a casa de Gabriela a fim de terminarem a arrumação das malas. O embarque estava marcado para aquele dia. Era preciso separar as comidinhas que levariam para Lina: pão de queijo, goiabada, queijo branco e catupiry, paçoquinha, presentes enviados pela família e mimos dos amigos. À noite, quando se despediram, foi aquele chororô de doer o coração.

A vovó, com muita habilidade, tranquilizou a todos e colocou o casal em lua de mel, carinhosamente, para fora de casa. Eles não podiam se atrasar para o embarque.

O voo de quase doze horas tinha sido cansativo. Gabriela estava excitada com a proximidade do encontro com Lina que os esperava no aeroporto Charles de Gaulle. Ao cruzar a porta do desembarque, imediatamente Gabriela cruzou com o olhar atento de Lina à procura da mãe. Ambas abriram um grande sorriso e logo se perderam em um longo abraço.

– Que alegria, mãe! Quantas saudades! Oi, Pedro, como vai? Fizeram boa viagem? Lá fora, está um pouco frio e chuvoso, para variar. É bom se agasalharem. Como foram de viagem? Devem estar bem cansados e com fome. Preparei um lanchinho no apartamento. É pertinho do hotel. Vocês deixam as bagagens na recepção e depois iremos até o apartamento.

– Você não está cansada após um dia de trabalho, compromissos e ainda ter ficado em pé nos aguardando?

– Não se preocupem. Estou bem. Me organizei para ter um tempo livre para desfrutarmos juntas. Mais tarde descansaremos. Com certeza, pela diferença de fuso horário vocês ficarão atrapalhados nos primeiros dias. Deverão acordar mais tarde. Quando estiverem se adaptando já estará na hora de irem embora. Por hora, não há por que ter pressa. Relaxem e aproveitem. O hotel é bem gostosinho. Pela manhã, tomem um bom café, explorem a região. Há muitas coisas interessantes para conhecerem aqui no entorno; sem que percebam, logo estarei de volta.

– Estamos cansados, mas excitados com tantas novidades. Ninguém vai querer deitar agora. Deixaremos as malas grandes no hotel e a menor levarei para o seu apartamento com as coisas que trouxemos para você.

Lina havia preparado um banquete. Comprou uma tábua de queijos e frios muito bem decorada, uma cesta de pães, uma torta de limão e outra de amêndoas e, como não podia faltar, champanhe e vinho. A conversa se prolongou até tarde da noite. Exaustos, porém felizes com as novidades, Pedro e Gabriela, anunciaram:

– Temos uma novidade. Resolvemos nos casar.

– Casar? Nossa! Que notícia boa. Muito bem! Então, vão morar juntos?

– Não, Lina. Tudo continuará do mesmo jeito.

– Como assim?

Pedro explicou:

– Não há condições no momento. Marta está na escola e não poderá se mudar para São Paulo, pelo menos nos próximos tempos. Lucas, Fabinho e sua mãe dificilmente poderão se mudar para Curitiba. A oficina abrigada está funcionando. Lucas está se adaptando bem, e Fabinho, aos poucos, encontrará seu caminho. A vida deles está mais estabilizada. É bem provável que, dentro de algum tempo, quando minha filha for maior e estiver mais independente, eu possa me transferir para São Paulo.

– Mas, então, por que casar? – indagou Lina. – Não estou fazendo nenhuma crítica. Quero apenas entender!

Pedro e Gabriela sorriram, encabulados, pois tinham certeza de que ela faria essa pergunta.

– Toquei em algum segredo – disse Lina.

– Não, Lina. Não há nenhum segredo – Pedro prosseguiu. – É uma questão emocional e de conveniências. Trata-se de um pacto de compromisso entre nós. Acreditamos que isso nos dará uma sensação de maior segurança. A sugestão foi minha, e Gabriela aceitou.

Porém, não sem questionar a decisão. Você sabe como ela é. Gosta de questionar as coisas. Entramos em um acordo. Compartilhamos nossas vidas já há um bom tempo, ainda que a distância. Questões legais e benefícios econômicos com vistas ao futuro, como as aposentadorias, previdência privada, seguro-saúde, pagamento de impostos, são fatores que participaram dessa decisão. Mas o mais importante é o desejo de construir uma família. Estamos identificados um com o outro e temos propósitos de vida em comum. Uma opção consciente de aprisionamento – Disse entre sorrisos.

– Bem, espero que seja bom para vocês – disse Lina.

– Eu também – acrescentou Gabriela.

A madrugada de céu azulado empalidecia quando Pedro sugeriu:

– Façamos um brinde em nome da felicidade, a saideira, para dormirmos ainda mais felizes. Estou exausto, ou melhor, estamos...

– É verdade – Disseram Lina e Gabriela em coro.

– Esperem mais um momento – disse Lina. – Eu também tenho uma novidade para contar.

– Vai se casar? – perguntou Gabriela com os olhos arregalados.

– Não que eu saiba. Apenas quero dizer que Hernandez é mais do que um amigo. É um parceiro sempre presente.

– Como? Entendi que ele mora no interior da Bélgica? – indagou Gabriela. – Pensei que vocês se vissem de forma ocasional.

– É verdade, mãe. Nos vemos de tempos em tempos. Mas hoje em dia tudo é mais fácil e virtual. Conversamos diariamente e assim mantemos nosso relacionamento aquecido. Às vezes vou ao encontro dele. De trem é rápido. Outras vezes é ele que vem para cá.

– Ah! Por isso você tem uma cama de casal no seu quarto – brincou Gabriela.

– Você me deixa constrangida, mãe. Também não sou de ferro, né?

– Posso entendê-la muito bem. Até fico mais tranquila, sabendo que você tem um relacionamento estável. Um amor para dar e de quem receber, e algo que a aquece, na medida do possível. É bom, não é?

– Quer dizer que não estamos sozinhos em nosso casamento moderno – ironizou Pedro. – Este brinde tem ainda mais significado. Tim! Tim! Saúde para todos! Vamos colocar mais um copo para o Hernandez, que desta forma se fará presente.

Entre abraços e lágrimas, permaneceram por um tempo unidos, quando Gabriela se manifestou:

– Acho que agora já podemos dormir. Estou fatigada. Por hoje, já foi o suficiente. Muitas emoções.

Pedro e Gabriela não deixaram que Lina os acompanhasse até o hotel. Caminharam abraçados em direção ao pequeno e romântico hotel da Passage Doisy envoltos por uma brisa suave e fria, comum na primavera. O silêncio da madrugada úmida e tranquila foi quebrado pela aproximação de um caminhão de lixo que recolhia o material dos contêineres verdes deixados nas portas dos edifícios, dando um movimento diferente à rua solitária.

Pedro, assim que se estirou na cama, adormeceu profundamente. Gabriela permaneceu desperta, ainda excitada pelas emoções do dia e num mar de pensamentos ao se dar conta de que Lina havia crescido. Era uma mulher, e não mais a adolescente. Falava de mulher para mulher. A feminilidade acolhedora, sensível, se mesclava a um vigor viril de quem sabia lutar para conquistar seu espaço. Possuia uma presença forte, sóbria, alegre e tranquila de quem tem autoridade e confiança em si ao conquistar virtudes, autonomia, determinação e flexibilidade. Ela não precisava negar suas fraquezas, sonhos, singularidades e nem mesmo algumas extravagâncias como partes de sua personalidade: "Vive-se melhor ao se fazer escolhas incertas, ciente de que os resultados poderão ser corrigidos". Era preciso respeitar a própria intuição, acreditar por onde se quer andar. Ousar, errar, corrigir e perdoar, ser grato, elementos que lhe serviam de lema no encontro da realização pessoal. Condições que a faziam sentir-se forte entre doses de dúvidas.

No dia seguinte, Pedro e Gabriela acordaram lentamente. Foram passear por alguns becos e jardins de Paris. Algo de provinciano estava presente naquela metrópole agitada. Pessoas conversando nos cafés, lindas vitrines, ruas limpas, nem todas, e ajardinadas. Podia-se ver também a pobreza dos desempregados, dos moradores de rua, dos *clochards* nas calçadas.

Mais habituados à vida de Paris, entraram em um bistrô para tomar uma cerveja. Aguardariam Lina para juntos irem visitar algumas *chocolateries* famosas. Babaram, literalmente, diante de vitrines tentadoras. Saborearam chocolates e o seu preço elevado. Passados alguns dias, ninguém aguentava mais comer chocolate, pois os efeitos gástricos da gula já estavam se manifestando. Visitaram a escola de Lina, onde uma aula prática fora preparada para que pudessem sentir, de perto, as fases de processamento do produto bruto até a fase final. Lina foi mestra:

– Toquem as sementes, sintam os aromas, triturem e mexam a massa, provem as diferentes formas e sabores dos chocolates. Aí saberão valorizar as dificuldades e riquezas de nuances na manipulação desse alimento milagroso.

Concluída a primeira etapa da viagem, partiram de carro rumo a Bruxelas. O tema central da conversa durante o trajeto girou em torno da evolução dos meninos, particularmente, quanto ao desenvolvimento e suas perspectivas. Interrogações e conquistas eram manifestas como a satisfação de Lucas com os progressos na escola, na vida social, nas terapias e, agora, no trabalho. Estava mais atento e responsável. A melhoria da autoestima estava estampada em seu rosto, que refletia o orgulho de ter recebido seu primeiro salário como aprendiz. Era uma pessoa doce, respeitada pelos colegas, colaboradora e querida. A sexualidade presente requeria orientação na busca de meios para dar vazão aos desejos como qualquer outro adolescente. Provavelmente não teria dificuldades para trabalhar na fábrica de chocolate, desde que houvesse o acompanhamento de um supervisor.

– E Fabinho? – indagou Lina.

– Ele é quem mais me preocupa. As dificuldades motoras, de coordenação e de comunicação são importantes – Respondeu Gabriela. Estamos fazendo o que é possível para ele. Não se pode exigir mais do que ele é capaz. Ele faz o que pode. Deixei de me afligir. Temos de nos adaptar à realidade. Suas perspectivas são mais sombrias. Quem sabe durante a eclosão da adolescência algumas potencialidades adormecidas virão à tona. Mas me fale de você, já conversamos muito sobre os meninos. Como estão seus projetos? Tem planos para retornar ao Brasil?

Pedro dirigia compenetrado, mas inquietou-se quando Gabriela fez essa pergunta, temendo por uma resposta enviesada.

– Estou bem, mãe. Na faculdade me sinto integrada; trabalho como monitora, uma espécie de auxiliar de ensino junto a um dos meus professores de História Econômica. Foi complicado. Tive de vencer a concorrência de colegas franceses, monstrar competência e tenacidade para superar os nativos. Não foi mole. Nos cursos de *confisseur* e de *chocolatier* também estou tendo uma boa evolução. A vida na França está sorrindo para mim.

– Você já defendeu ou vai defender seu doutorado? Não nos contou mais nada sobre isso! Achei estranho. Pelo tempo que você está aqui pareceu-me que já deveria estar terminando ou ter concluído essa etapa.

– Sim, mãe. Já defendi. Preferi não contar para não perturbar a vida de vocês. Imaginei que ao querer vir para cá você teria de enfrentar dificuldades econômicas. Não queria causar expectativas nem esse tipo de transtorno.

– Fico chateada, disse Gabriela. Você bem que poderia ter compartilhado comigo. Eu que resolvesse se queria ou não vir, em vez de você decidir por mim. Provavelmente eu não teria vindo e me angustiaria, mas teria me nutrido do prazer da sua conquista; seria um orgulho para mim. Não gosto de segredos nem de ser tratada como se eu não pudesse lidar com o problema.

– Bem, mãe, agora já foi. Não vamos estragar o momento por causa disso. Mas continuando... eu estava dizendo que fiz bons amigos, estou integrada à cultura parisiense. A amizade aqui é diferente, difícil de explicar. Poucos frequentam sua casa ou a convidam. Encontramo-nos na faculdade, em bares ou saímos para comer. Vai-se a shows e exposições, atividades não faltam. De vez em quando vou à piscina pública. Tive alguns namorados ocasionais. Mas com Hernandez tem sido diferente. Nosso relacionamento é bem legal. Trocamos ideias, nos questionamos. Somos muito sinceros um com o outro e nos entendemos bem no amor.

– E quais são as perspectivas?

– Por enquanto, nenhuma. A profissão dele é difícil. Depende de oportunidades e de propostas feitas pelos agentes artísticos mais do que dos seus desejos de trabalhar aqui ou ali. Ele viaja algumas vezes por ano com a orquestra subvencionada pela prefeitura local e conta com alguns apoios privados. O grupo está se consolidando, juntamente, com a projeção dele como maestro. Para um estrangeiro, e ainda por cima sul-americano, é uma glória, um privilégio, ocupar essa posição de destaque. Mas, como emprego, é muito instável, pois o contrato se renova a cada ano sem maiores garantias de continuidade. O que prevalece é a eficiência conquistada com dedicação, estudo e relacionamentos. Há sempre uma sombra de que a qualquer momento poderá vir a ser substituído por algum europeu. A concorrência é grande. Com a projeção dele no grupo, surgiram rivalidades, ciúmes, inveja, tornando as relações de trabalho complexas e tensas devido às disputas internas, ambições pessoais, questões sindicais e busca de melhores salários.

– Vamos parar um pouco – disse Pedro –, estou cansado de dirigir.

Na loja de conveniência do posto de gasolina encontraram uma nova marca de chocolate que resolveram provar. Descobriram que mesmo entre as grandes marcas distribuídas por meio de franquias havia produtos de segunda categoria, deixando-os decepcionados diante do primeiro chocolate belga provado. Porém, ao chegarem em Bruxelas, foi surpreendente encontrar verdadeiras boutiques de chocolates finos, ornamentadas com muita delicadeza e luxo, artisticamente distribuídas nas vitrines em lindas caixinhas de madeira e outros materiais, muito bem confeccionadas, pintadas a mão com motivos sugestivos e inspiradores. Podiam ser preenchidas segundo o gosto de cada cliente. Entre elas, havia bandejas com pirâmides de chocolates dos mais diferentes tipos, sabores e cores. Uma perdição.

Gabriela quis entrar e conversar com os atendentes de cada loja, sempre com a ideia de provar alguma coisinha. No final do dia, estavam saturados de andar e comer. Gabriela e Pedro foram visitar lugares turísticos e badalados de Bruxelas. Lina foi ao encontro de Hernandez. Queria ficar um pouco a sós com ele, mas só seria possível vê-lo nos intervalos dos ensaios. A estreia estava marcada para o dia seguinte. Os lugares na plateia foram reservados no centro e um pouco à esquerda, onde costumam colocar o piano. Lina havia contado a Hernandez que Gabriela, quando jovem, sabia tocar piano. Sua predileção nas salas de concerto era poder observar os movimentos das mãos e as expressões do rosto do solista.

A cidade estava em festa. Havia turistas chegando de várias partes do mundo. No dia da apresentação, uns estavam vestidos de forma chique; outros, como eles, nem tanto. O afluxo de espectadores era grande e o *hall* de entrada, pequeno para tanta gente, que acabou por lotar a grande sala de espetáculos.

A apresentação foi um sucesso. Comentários entusiasmados, cumprimentos, fotos, reportagens. Uma grande badalação. Gabriela, Pedro e Lina entraram em uma longa fila formada ao longo do corredor onde o regente e a direção da orquestra receberiam os cumprimentos. Foi muita emoção. Hernandez e Lina abraçaram-se longamente e assim queriam permanecer, mas havia a pressão da fila. Imediatamente, Hernandez reconheceu Gabriela e abraçou-a com entusiasmo. Com Pedro, ele foi mais formal. Pediu que ficassem ali, próximos a ele, enquanto recebia os cumprimentos. A família preferiu aguardar no *hall* de entrada. O agito era grande e decidiram procurar um lugar mais calmo, o restaurante do teatro. Pedro sugeriu:

– Vamos brindar com uma taça de champanhe enquanto o astro não fica liberado para nós.

Após um tempo, Hernandez chegou acompanhado da direção da orquestra. Ele fez questão de apresentar um por um. Quando chegou a vez de Lina, puxou-a para perto de si:

– Esta é minha melhor amiga, a brasileira Lina.

O grupo da direção, da produção da orquestra e o maestro haviam combinado de comemorar o êxito da apresentação com um jantar em um badalado restaurante da cidade. Lina, Pedro e Gabriela sentiram-se um tanto deslocados, mas foram com o grupo.

Conversaram sobre as interpretações musicais, falhas e trapalhadas que normalmente acontecem durante as apresentações e nos camarins. Lembraram do caso de um maestro que havia chegado atrasado e bêbado para o início da apresentação; outro havia esquecido a batuta e não queria reger sem ela; e, por fim, riram de um famoso maestro que regeu um movimento errado, mas teve a coragem e a humildade para interromper a apresentação, se desculpar e prosseguir regendo. Alguém ainda comentou o caso de um maestro que, para não perder a apresentação em uma sexta-feira de trânsito caótico, vestido de fraque, pegou carona com um *motoboy* para atravessar a cidade. Mil gargalhadas e fofocas que Lina traduzia para a mãe e Pedro. O clima alegre era contagiante, regado a muita cerveja e vinho.

Na apresentação do dia seguinte, Hernandez regeria a mesma programação da estreia. Pedro e Gabriela preferiram fazer um programa a dois. Queriam namorar um pouco. Lina também queria uma folga. Estava desacostumada a ter a mãe por tanto tempo ao seu lado e preferiu aguardar Hernandez. Quando terminou a apresentação, Lina deixou uma mensagem no celular da mãe:

– Não dormirei no nosso hotel. Vamos nos encontrar amanhã às 13h30 no local indicado. Hernandez está nos convidando para almoçar no The Lodge, um lindo restaurante com jardins e terraços em vários níveis, à beira de uma lagoa. Lugar romântico, descontraído, familiar e de boa comida. Seremos convidados dele. O endereço está anexo. Há um pedido especial da parte de Hernandez: não insistam em querer pagar ou dividir a conta. É ele quem está fazendo o convite.

Impactados com o convite, Pedro e Gabriela ficaram felizes com a iniciativa, certos de que seria mais uma comemoração pelo êxito das apresentações. Gabriela achou que poderia ser uma forma de retribuição pelas vezes que Hernandez ficou na casa dela.

Chegaram ao restaurante na hora combinada. Era um dia lindo de primavera, luminosidade incrível, muitas flores e alegrias. Lina e Hernandez estavam muito bonitos, bem arrumados, ambos de roupa branca. Até parecia que haviam combinado. Conversaram tranquilamente. Muitas risadas e comentários sobre as apresentações, quando Hernandez, de forma solene, disse:

– Agradeço a presença de vocês. Um verdadeiro presente a enriquecer este momento extraordinário.

Levantou-se. Apoiou as mãos na mesa. Compenetrou-se:

– Lina e eu estamos contentes por termos a família reunida. Ele segurou a mão dela para que ela se levantasse, beijou-a e ela se aninhou em seu ombro. Juntinho dele e com um largo sorriso, Lina, toda graciosa, estendeu a mão esquerda ornada com uma linda aliança de brilhantes. Atônitos, Gabriela e Pedro se olharam, sem entender, mas entendendo, a emoção daquele momento especial. Com um jeitinho delicado e *naïve*, Lina falou:

– Acabo de ser pedida em casamento. Aqui está a prova. Ganhei de Hernandez esta noite, acompanhada de um pedido de casamento... que eu aceitei.

Exclamações de espanto, expressões de alegria, olhares perplexos, silêncios indagativos, abraços, beijos e lágrimas contagiaram o momento.

Hernandez havia preparado tudo. Fez sinal para o garçom, que imediatamente trouxe um balde com gelo, cálices, uma garrafa de champanhe *rosé*, torradinhas com caviar e patê de *foie gras*. Já um pouco mais calmos, Hernandez pediu licença para falar:

– Pode parecer um pouco estranha essa surpresa, porém sentimos a necessidade de definir nosso relacionamento. Quando soube que vocês, Gabriela e Pedro, estariam aqui para ver Lina e iriam me prestigiar, tomei essa decisão. Sabedor das poucas oportunidades para estarmos juntos, tranquilo com a decisão de que é com Lina que desejo construir minha vida e família, pedi-a em casamento. E, felizmente, ela aceitou. Nada melhor que esse momento para declarar publicamente esse meu, e agora nosso, desejo de sermos marido e mulher. Sua presença, Gabriela, pessoa que aprendi a admirar, apesar das distâncias, e Pedro, de quem Lina tem comentado como um grande ex-amigo e, agora, marido dedicado de Gabriela, e grande colaborador da causa dos meninos. Lamento a ausência física deles, sempre presentes em nossos corações. Faço um brinde em nome da felicidade. Ah! Fiquem sabendo que somos parceiros de um casamento moderno, real e virtual, cuja distância ajudou-nos a nos aproximar e fez criar um compromisso de responsabilidade mútua. Queremos ser parceiros nos bons e maus momentos, tentando compreender e nos ajudar.

Feito o brinde, Pedro se levantou e disse:

– Bem, agora é minha vez de falar. Não sou bom nisso, mas quero fazê-lo. Somos quatro em lua de mel a promover um casamento esquisito, mais virtual que físico. Do ponto de vista afetivo é mais consistente e comprometido que muitos casamentos tradicionais, que se transformam em verdadeiros campos de batalha. Gabriela e eu temos mais tempo de vida e de experiência que vocês. Já passamos por casamentos anteriores, com seus bons e maus momentos. A vida é mais complexa do que imaginávamos. Aprendemos a fazer renúncias para construirmos juntos caminhos possíveis, e não os desejáveis. Estes têm ficado apenas como uma bússola que nos indica o norte e nos dá um certo direcionamento. O encontro da felicidade depende mais de renúncias internas e de tolerância consigo mesmo e com o próximo, aí descobrimos que a felicidade está ao nosso alcance. Muito trabalho pessoal, meditação, reflexão, gratidão e uma capacidade para perdoar, se perdoar e reparar. Brindemos à nossa felicidade e à felicidade daqueles a quem amamos, os presentes e os ausentes presentes dentro de nós.

Um grande abraço envolveu a todos ao redor da mesa, quando alguém se desequilibrou, fazendo cálices, bebida, balde de gelo e petiscos caírem ao chão. A equipe de garçons, imediatamente, colocou tudo no seu devido lugar.

– Estamos unidos, inclusive nas mesmas bagunças – disse Hernandez ao levantar seu copo, convidando a todos para retomar o brinde em clima de alegria e emoção. De cálice erguido, ele prosseguiu – Felicidades! *Lechaim, lechaim!*

– O que é isso? – perguntou Lina.

– Era a forma como meu avô brindava nos dias de festa em família.

– Mas você é judeu? – perguntou Gabriela.

– Não sei o que sou. Só sei que sou do mundo e da música, a única coisa que não tem fronteiras. Qualquer um pode ouvir, gostar, não gostar, criticar ou aprovar. É de todos e não é de ninguém. Ao longo do tempo ela se torna de domínio público. Um bem divino que preenche a espiritualidade de todos que forem capazes de sentir.

Gabriela, inconformada, insiste em saber:

– De onde veio essa expressão? É a mesma que meu pai utilizou no dia em que anunciamos para a família o nosso casamento. Foi no almoço de despedida, antes de virmos para cá!

– Soube pelo meu avô – disse Hernandez – que ele era filho de judeus que se refugiaram no Uruguai, naturais do Leste Europeu. Ele se casou com uma não judia e seus filhos também não seguiram o judaísmo. Estão muito integrados à vida uruguaia. Porém, em dias de festa é comum ele usar essa expressão hebraica para celebrar a vida e a alegria.

Emocionada com a surpreendente revelação de Hernandez, Gabriela abraçou o jovem casal, chamando-os "meus filhos":

– Meus queridos, coincidências acontecem, mas há forças estranhas que nos atraem sem que saibamos dizer os porquês. O momento é de encontros, mas também, de reencontros, cujos significados profundos precisam ser descobertos. Começo a suspeitar que os interesses de Lina pela história do chocolate, pela história dos judeus na Europa e sua dispersão pelo mundo, estejam interligados nesses encontros repletos de incógnitas. No almoço que houve lá em casa, meu pai comunicou, pela primeira vez na vida, que era descendente de judeus. Contou-nos como veio parar no Brasil. Seus pais haviam sido mortos na guerra. Mais tarde descobriu que para os judeus *lechaim* era uma palavra boa, esquecida em algum canto da memória. Surpreendentemente, ressurgiu ao anunciarmos nosso casamento. Algo que havia ficado guardado em sua cabeça sem que ele soubesse dizer a razão. Naquele momento de imensa alegria ressurgiu como se fosse uma força de vida... *lechaim*.

Gabriela tomou um longo gole do seu cálice e caiu em prantos:

– Estou muito emocionada. Ao se recuperar, acrescentou: – Não sei o que tudo isso significa em nossas vidas, mas sei que a história é curiosa ao permitir encontros inesperados e o encontro dos desencontrados.

Impactadas pelas emoções, Lina e Gabriela se levantaram para ir ao toalete. Precisavam se recompor.

A sós com Pedro, Hernandez perguntou:

– Você pretende se mudar para São Paulo?

– Por enquanto, não. Tudo continuará como está. No futuro, quando houver uma oportunidade melhor, pretendo me transferir para lá. Tenho uma filha adolescente em Curitiba, que requer minha presença. Curiosa a situação do seu avô, de não ter revelado as origens.

– Meu avô não escondeu nada de ninguém – disse Hernandez. – Ele simplesmente não teve ligação com essa cultura ou, se teve, nunca se transformou em problema para ele. Talvez seu conhecimento em relação à cultura de seus antepassados fosse pequeno devido à assimilação e consequente perda dos elos de ligação com a história familiar. O que sei é que entre mim e Lina há uma grande sintonia. Isso gera algum desconforto em você?

– Não. De maneira alguma. Apenas me surpreende a existência de segredos ou de lacunas nos percursos seguidos pelas pessoas.

As mulheres retornaram aos seus lugares e houve uma troca de olhares, como se quisessem descobrir o ocorrido entre os dois maridos na ausência delas.

Gabriela retomou a iniciativa do diálogo:

– Podemos comemorar nossas luas de mel em conjunto? Vocês serão nossos convidados!

Lina se antecipou:

– Hernandez tem férias coletivas na orquestra. Alguns poucos dias. Depois, ele virá a Paris para se despedir de vocês. Agora curtiremos juntos alguns passeios, e depois cada casal seguirá a sua lua de mel. Aí poderemos dizer "enfim a sós!"

Entre sorrisos, Hernandez ponderou:

– Todos somos vítimas de segredos revelados.

Gabriela sussurrou para Pedro:

– E o retorno de Lina ao Brasil, quando se dará? As perspectivas da nova empresa sofrerão alterações! Como faremos? Lina poderia ter nos prevenido! O retorno dela ao Brasil passou para um segundo plano.

– Como ela iria avisar se para ela também foi uma surpresa? Conosco também foi assim. Há um egoísmo de vida, de preservação a ser usado na hora certa, como nós fizemos e que eles estão fazendo. Talvez sejam mais espertos ou mais cientes do que nós. Pensemos agora nos nossos projetos. Será melhor para todos. Iremos a Bayonne e Bordeaux, e eles, para a Córsega. Cada um quer curtir seus próprios interesses. Isso não é contra você nem contra ninguém.

Gabriela e Pedro se afastaram do grupo ao caminharem em direção ao lago:

– Compreendo, mas estou chateada.

– Hernandez disse-me que gosta de fazer trilhas e lá há caminhos muito especiais. A vida é cheia de surpresas; temos pouco controle sobre elas. Buscamos uma ilusão de certeza, mas na prática a realidade se impõe. Viveremos melhor se tivermos criatividade e usarmos nossos recursos para lidar com ela.

– Estou lembrando quando, em minha juventude, João e eu fomos parar em Jericoacoara, lugar um pouco mais selvagem e precário que Bruxelas. Naquela época, queríamos reformar o mundo, mas ao descobrirmos o paraíso terrestre com paisagens lindíssimas, encontramos o inferno. Tivemos de lidar com mais problemas do que estávamos preparados para enfrentar.

– Lina e Hernandez são jovens, descobrirão como se arranjar no Brasil ou em qualquer parte do mundo. O importante é que se amem e que aprendam a se descobrir nos vínculos que são capazes de construir. Renúncias e concessões são atitudes que auxiliam no enfrentamento dos desafios pessoais, do casal e da família, um processo em contínua transformação. Como músico, Hernandez terá de desbravar inúmeros obstáculos para arcar com as demandas de uma família. A vida de artista é sempre difícil, e a de regente, ainda mais. Quantos regentes bons existem no Brasil? Quantas orquestras brasileiras são reconhecidas fora do país? Acho mais fácil Lina se estabelecer como *chocolatière*. Ela terá sucesso profissional em qualquer lugar do mundo. Imagine como historiadora? Os recursos acadêmicos são pouco valorizados e a universidade caminha de mal a pior.

– Estou exausta. É muita coisa para pensar. Agora eu só quero me deitar e dormir. Preciso estar pronta para a nossa lua de mel.

– Que, por sinal, já começou. Vem cá. Me dá um beijo bem gostoso.

Gabriela deixou registrado em seu diário de viagem:

"Passamos dias agradáveis e cordiais entre nós e o jovem casal. Visitamos museus, fomos a bons restaurantes em meio a conversas amenas e curiosidades locais, pessoas e costumes, com raras observações sobre o futuro. O relacionamento com Lina e Hernandez adquiriu um grau de formalidade ou cuidado, uma espécie de preocupação recíproca para não invadir a privacidade alheia. Era estranho ver que minha filhota havia se transformado em Sra. Lina, esposa do Sr. Hernandez.

Eu me sentia esquisita em deixar minha filha aos cuidados de um homem sobre quem pouco sabia. Pensei que, se houvesse um deus, pediria a ele que ajudasse o casal a encontrar luz e energia para enfrentar a realidade da vida conjugal.

No dia, acompanhamos Lina e Hernandez ao aeroporto de Bruxelas, pois dali seguiriam com destino a Córsega. As despedidas foram naturais, sem exageros. Depois, seguimos de carro para Bordeaux, Armagnac e Soterne. Na Aquitânia conhecemos vários vinhedos e fazendas produtoras de foie gras *de pato e ganso. Pensar em fazer regime nessa região, impossível.*

Finalmente, chegamos a Bayonne. Linda cidade cortada por dois rios. Conversando de loja em loja, provando diferentes tipos de chocolate, fomos ao museu histórico da cidade e, de lá, à universidade local para falar com uma das diretoras do arquivo histórico. Gentilmente, ela nos colocou à disposição vasta bibliografia sobre a história dos judeus que viveram ali ao lado, em Saint Esprit, e a história do chocolate na região. Histórias que se confundem e que se nutrem.

Seguimos depois para San Sebastian e Bilbao para fechar com chave de ouro a visita ao País Basco espanhol, visitando o museu Guggenheim.

O tempo passou rápido. Logo estávamos reunidos com Lina em Paris, agora em clima de despedida e à espera da chegada de Hernandez. Ainda fomos a um concerto e assistimos a um balé na Opéra Garnier, ou Palais Garnier. Visitamos algumas lojas de chocolate, que, a essa altura, já não causavam mais o mesmo impacto das primeiras visitas. Se quiséssemos seguir avante com a ideia da fábrica, teríamos que nos empenhar muito para nos aproximarmos do que tínhamos conhecido ou sermos criativos nas adaptações a serem implantadas diante de uma perspectiva mais modesta que se utilizaria da criatividade brasileira em busca de uma produção caseira. Fizemos contato com vários fabricantes que se dispuseram a nos ajudar.

Naquele momento, meus interesses se concentravam em fazer algumas compras de roupas para os meninos, Marta, meus pais e alguns amigos. Adquirimos livros especializados em educação especial e também sobre a fabricação de chocolate. Na medida em que a viagem foi chegando ao fim nos deparamos com os limites de gastos.

A perspectiva da volta gerava inquietação pela mudança do foco das preocupações, deslocadas progressivamente para São Paulo, para os meninos, para uma outra realidade."

De novo em Paris, Gabriela e Lina sairam juntas como faziam em São Paulo, ainda que poucas vezes, foram momentos marcantes na história do relacionamento delas:

– Vamos a um bistrô, será mais tranquilo para conversar, recordar nossas idas aos bares da Vila Madalena. Gostaria de resgatar algo que há tempos não fazemos, falar de nós, da vida amorosa, dos projetos pessoais. Foram tantas as surpresas e mudanças de planos em nossas vidas! Percebo que você está bem, feliz, mas pouco sei do que está pensando, pretendendo para si e em relação ao futuro. Agora que está casada, que tem um amor estável por aqui, nossos planos em relação à fábrica de chocolate ficarão na gaveta ou terão destino próprio e independente da sua pessoa.

– Puxa, mãe. É verdade. Há tempos não temos um encontro real e verdadeiramente a sós. Temos só falado por Skype. É bom, mas não é a mesma coisa. Lembro-me perfeitamente do que comemos e do que conversamos nos bares da Vila, em especial em um deles: carne seca acebolada, aipim e cerveja.

– Vai ser difícil encontrar essa comidinha por aqui, mas cerveja é o que não falta. Vamos pedir uma?

– Combina bem com um queijinho *comté*, envelhecido 18 ou 24 meses, cortado em cubinhos e com azeitonas gregas graúdas. Você quer? Esse queijo vem da Cordilheira do Jura, próximo da Suíça. É delicioso.

– Vamos provar. Só de ouvir falar já estou com água na boca. Estou gostando do Hernandez. Ele me parece uma pessoa bem íntegra, amorosa, mas não sei como vocês farão vivendo cada um em uma cidade. São jovens, desejam estar juntos, se curtir. Preocupa-me um compromisso a distância. Tudo isso não é muito precipitado?

– Mãe, estamos num barco parecido. Você e Pedro moram em cidades distantes. Isso não a preocupa?

– Na hora me incomodou e me pareceu desnecessário formalizar um compromisso, mas as alegações que ele fez fizeram sentido para mim. Nós temos filhos, as responsabilidades são outras. Muitas coisas já foram construídas. Não é o seu caso.

– No meu caso, é um compromisso moral, ético. Não temos nada a perder. Só a ganhar. A continuidade da relação poderá ser transformada em um instrumento legal. Tudo dependerá do que acontecer no futuro, sobre o qual não temos respostas. Você é contra nossa decisão?

– Não. Não sou contra. Me inquieta e me frustra no sentido de que a sua vinda definitiva para o Brasil não acontecerá nos próximos tempos. Se é que irá acontecer. Eu compreendo sua postura, aceito-a, mas me preocupa e sinto uma tristeza por várias razões que você pode imaginar. Sou assim.

– Mãe, eu sei que você é ansiosa e muito sensível. Mas pense que para mim esse compromisso ameniza o meu vazio. O tempo mostrará se aguento ou não ou que medidas criativas Hernandez e eu encontraremos para concretizar nossa união. A existência dele me ajuda a suportar a solidão. Eu gosto muito dele. Não sei o que será do amanhã. Você sabe?

– Esses sentimentos antagônicos que sentimos são sofridos e refletem a necessidade de sermos criativos na forma de lidar com eles. As insatisfações funcionam, até certo grau, como propulsoras do encontro de novas formas de ser, de sentir, de agir e de se expressar. Acho que é daí que surge a criatividade.

– Mãe, passei momentos difíceis com Hernandez diante das incertezas causadas pela imprevisibilidade da vida. A partir do momento em que ele ganhou a bolsa na Bélgica, sua vida tornou--se um pouco mais previsível ao ter um contrato de trabalho, facilitou o nosso relacionamento. Ele passou a ter endereço fixo, por mais que seja temporário. Até então, o vazio era preenchido por relacionamentos ocasionais que serviam para quebrar o galho, tapar carências e descarregar tensões. Atitudes que me faziam mal. Aprendi a atenuar as carências dedicando-me aos estudos, trabalhos, atividades físicas e criativas como formas de compensação. A vida acadêmica tem sido muito gratificante, mas a habilidade de confeiteira me dá maiores oportunidades de escolha. Todos gostam de um bom doce ou chocolate, não é verdade?

– Vocês pensam em ter filhos? Será que está grávida?

– Não, mãe, não estou grávida. Tomamos cuidado – disse entre sorrisos. – Afinal, você sempre me alertou para isso. Sobre filhos ainda não conversamos. Somos muito jovens. Há muitas coisas a serem curtidas em conjunto, aqui ou em qualquer lugar, antes de pensar em ter filhos. Não me sinto preparada para viver esse desafio. Pessoalmente, tenho meus medos, por mais que os médicos tenham dito que não há antecedentes genéticos no histórico dos meus irmãos e de nossa família. É um fantasma que me assusta e ao Hernandez também. Acho que quando resolver ter filhos gostaria de ter você por perto. Me sentiria mais tranquila. Não faço ideia de como me sentirei no dia em que isso acontecer.

Gabriela começou a chorar. Lina abraçou-a com ternura e humor:

– Mãe, nós vamos conseguir!

– Eu sei, Lina. Há uma fé, uma energia motivadora que me tira do abismo. Pedro tem me ajudado muito a modular o meu humor. Sempre digo que tolerância, amor, compreensão e reparação são as chaves que aumentam nossa resiliência à dor. Desculpe, minha filha. Vai passar. Foi só um desabafo.

– Humildade também ajuda, mãe. Precisei passar por algumas boas trombadas com Hernandez e em outros namoros para descobrir que meu maior inimigo é interno, geralmente quando me desvalorizo ao ser muito crítica comigo, ao desconsiderar as experiências já vividas. Ficar aprisionada no passado ou desrespeitar minha intuição são maus sinais, que me levam ao fracasso. Em geral, somos nós que precisamos mudar, se quisermos alcançar paz interior e tranquilidade, que sempre são relativas. E disto também não tenho certeza. Tranquila, tranquila, só morta, acho! Você quer mais uma cerveja, a saideira?

– Vamos lá, uma só, para dividir. Pode ser?

Entre sorrisos, Lina fez questão de repassar as compras, com receio de ter se esquecido de alguém:

– Cada um desses livrinhos e quebra-cabeças são para os meninos. Este outro é para Marta, e aqueles dois, para os meus avós. Também esta lembrancinha para o meu pai. Você leva?

– Escreva um bilhetinho para ele. Ele vai gostar.

– Farei agora, neste guardanapo.

– Pode deixar, eu entregarei.

As saudades já estavam presentes na imaginação antecipadora da separação. Tontinhas, caminharam de braços dados até o hotel. Lina prosseguiu para o seu apartamento. Gabriela queria se esticar um pouco e ficar consigo mesma. Mais tarde, Pedro e Gabriela se encontraram com Lina e Hernandez. Saíram para jantar em um restaurante *lyonnais* próximo à Place Saint Ferdinand. Queriam saborear a felicidade do encontro nos poucos momentos que restavam do presente entre as incógnitas do futuro.

– Amanhã deixarei o apartamento lindo com flores – disse Lina –, para que seja um marco da nossa despedida.

– Eu providenciarei a comidinha, um lanchinho reforçado, pois o voo só sairá às 23h – disse sorrindo Gabriela.

– Os rapazes trarão vinhos – disse Lina, dirigindo-se a Pedro e a Hernandez. – Que tal?

– Ótimo – disse Pedro, enquanto degustava com Hernandez uma cigarrilha com sabor de chocolate. – Nem precisaremos de maestro, está tudo afinado.

– Queijos, frios e pães ficam por minha conta – confirmou Gabriela.

– Vamos nos embebedar. Assim vocês não sentirão a monotonia da viagem nem ficarão pensando em bobagens. Dormem e pronto. Quando acordarem, terão chegado à terrinha baguncenta, mas que deixa saudades! – disse Lina.

– Espero não passar mal durante o voo. Não vou esquentar a cabeça agora – Considerou Gabriela, para não estragar o clima.

– Para fechar com chave de ouro nosso encontro de amor gastronômico, prepararei uma torta de avelã com chocolate meio amargo que acabei de aprender. Ela será servida com uma bola de sorvete de limão siciliano e, finalmente, um bom cafezinho brasileiro. Que tal?

– Melhor, impossível! Verdadeiro fim de festa de um grande casamento coletivo.

No dia seguinte, o banquete começou no meio da tarde e tinha hora marcada para terminar. Lina empurrou a mesa para um canto, espalhou almofadas pela sala de modo a dar lugar para aqueles que quisessem se esticar no chão.

Gabriela ainda trouxe alguns chocolates divinos para acompanhar o café.

– Com tanta comida, é certeza que vai sobrar, aí vocês levam para comer no avião... se tiverem fome durante o voo.

O humor de Lina servia para disfarçar a dor da tristeza pela separação que se aproximava.

– Estou sentindo um medinho semelhante àquele que se sente ao entrar no avião – disse Lina. – Imaginamos o pior, mas se pensarmos só nisso a gente não viaja.

Um silêncio nervoso percorreu o ambiente, entre sorrisos e piadinhas para afastar os medos.

Lina e Hernandez acompanharam Gabriela e Pedro ao aeroporto. As despedidas foram breves e logo desapareceram ao cruzarem o portão de embarque.

Bastou o avião começar a se movimentar pela pista, Gabriela adormeceu para acordar, ou melhor, ser acordada para tomar o café da manhã. Ao abrir a janelinha do avião, viu que ainda era madrugada. Seus pensamentos já estavam em casa, imaginando o reencontro. A viagem transcorreu tranquila e a vontade de chegar trazia tensão, cansaço e expectativas.

Em casa, os avós, junto com os meninos, prepararam um *brunch* de recepção para a volta dos pombinhos da lua de mel. Lina já havia ligado para comunicar aos avós que havia sido pedida em casamento por Hernandez. A netinha querida fez questão de, ela mesma, telefonar e contar para eles e para os irmãos a novidade. Agora, queriam saber tudo nos mínimos detalhes, perspectivas de vida, onde iriam morar, trabalhar, se iriam ter filhos, coisas que ninguém saberia dizer. Fabinho e Lucas estavam loucos para abrir os presentes.

Pedro permaneceria o fim de semana com Gabriela. Embarcaria para Curitiba no final da tarde daquele domingo. Marta estava à espera dele, cheia de saudades. Noite em que dormiria na casa do pai, pois na segunda-feira, cedo, ele a levaria para a escola. Assim havia sido combinado com a ex-mulher em relação ao sistema de revezamento. Após três semanas de ausência, não havia mais tolerância da parte dela para um novo acordo. Pedro, em seguida, retomaria as atividades no escritório. Em São Paulo, os meninos, por sua vez, na segunda-feira pela manhã, retornariam às atividades terapêuticas programadas. Gabriela passaria na oficina abrigada para se enteirar dos últimos acontecimentos e, depois, seguiria para o seu escritório. Os avós voltariam para a casa deles. Não viam a hora de que isso acontecesse. Surpreendentemente, o vovô havia permanecido todo o período da viagem ao lado da mulher e das crianças e chegou à seguinte conclusão:

– Curti meus netos, foi uma delícia. Tive tempo para ler, dar minhas caminhadas e descansar. Descobri que é possível saborear a vida.

Gabriela deixou registrado:

"Eu os vi crescidos. Souberam esperar, manifestar as saudades. Concluí que o mundo não tinha desabado. Todos sobrevivemos com a consciência de que somos

substituíveis. Os meninos tinham sido bem cuidados pelos avós, pelas cuidadoras, por nossos amigos e, principalmente, por eles mesmos, dentro do que eram capazes."

Gabriela ligou para Lina para avisar que haviam feito uma boa viagem e chegado bem:

– Foi maravilhoso, minha filha. Muito obrigada.

– Que bom, mãe. Fico contente que você se sinta realizada. Eu também me sinto assim. Hernandez retornou a Bruges. Sua agenda de segunda-feira está repleta de compromissos: discussão com a direção artística, patrocinadores, sindicato dos músicos desejosos de aumento salarial, avaliação das apresentações e preparação do repertório para a nova temporada que se inicia em outubro. Retomarei minhas atividades na faculdade e durante a semana farei reposições das aulas práticas de culinária perdidas durante as férias. Não sei quando voltarei a me encontrar com Hernandez. Ouvi boatos de que uma antiga e importante empresa brasileira fabricante de chocolates finos, a Kopenhagen, marca que havia sido vendida para outro grupo, está pretendendo reabrir suas atividades com produtos sofisticados. A nossa fábrica não existe, mas já temos concorrentes a considerar.

Entre sorrisos, se despediram:

– Um beijo, mãe. *Lechaim*, é assim que se diz?

– Sim, minha filha, *lechaim* e *shalom*, vida e paz para todos, tchau!

No fundo ouvia-se a algazarra da família que comemorava o reencontro. Logo seria segunda-feira e cada um retornaria às suas rotinas.